五步
助学法

刘兰玉 —— 著

山东教育出版社
·济南·

图书在版编目（CIP）数据

五步助学法 / 刘兰玉著 . —济南：山东教育出版社，
2021. 8

ISBN 978-7-5701-1837-3

I.①五… Ⅱ.①刘… Ⅲ.①中小学－课堂教学－教
学改革－研究 Ⅳ.①G632.421

中国版本图书馆CIP数据核字（2021）第172358号

责任编辑：孙金栋　孙光兴
责任校对：赵一玮
封面设计：杨　晋　邢　丽

WU BU ZHUXUE FA

五步助学法　　　　　　　　　　　　　　　　刘兰玉　著

主管单位：山东出版传媒股份有限公司
出版发行：山东教育出版社
　　　　　地址：济南市市中区二环南路2066号4区1号　　邮编：250003
　　　　　电话：（0531）82092660　　网址：www.sjs.com.cn
印　　刷：济南万方盛景印刷有限公司
版　　次：2021年8月第1版
印　　次：2021年8月第1次印刷
开　　本：710毫米×1000毫米　1/16
印　　张：19
字　　数：300千
定　　价：60.00元

（如印装质量有问题，请与印刷厂联系调换）印厂电话：0531-88985701

与课堂结缘三十多年，目睹了太多的学生在学习过程中从兴趣盎然到索然无味，从积极参与到避之不及的无奈变化；也看到了许多孩子从儿时的机灵活泼到步入小学、进入中学后逐步蜕化成学困生的辛酸历程。由此，我深入思考过两个问题：一是学生的学习兴趣是如何消失的？二是学困生是怎么形成的？

不可否认，绝大多数幼儿对学习新知是感兴趣的，他们生来渴望长大，渴望成熟，有追求新知和探索未知世界的内在动力。但遗憾的是，孩子们随着年龄的增长，在校时间的增多，那份激情减弱了，消失了。对于这种变化，总有人喜欢把板子打在应试教育身上，而且人云亦云地埋怨社会的功利与浮躁；也有许多教育仁人试图找出原因，并做了很多诠释，但总不能令人完全信服。

平心而论，当前课堂教学的陈旧、无序、应景、低效应是许多孩子彻底丧失学习兴趣，最终沦为学困生的关键因素。教师在课堂上不能关注到学生的真实状态，无法因材施教，使得许多学生在学习中形成了知识欠账。这样的知识欠账又导致学生的学习困难逐步增加，学习兴趣日渐消失，厌学情绪不断滋生；他们步入学困生的行列也就成了必然。

基于这种思考，我认为课堂教学中教师只有启迪与唤醒、激励与呵护、帮助与催生学习行为的发生，才能真正解决学生成长中的这两大痼疾。这要求教师首先应有正确的"学生观"，要深信学生有学习新知和自主成长的内在动力；要明确学习在本质上是学生自己的事情，具有不可替代性。教师还应有"整体观"，课堂设计应环环相扣，一气呵成，要有效指导学生自主学习，独立思考，大胆质疑；要切实助力学生激发学习兴趣，形成学习能力，完成学习任务。

实践证明，构建既有正确的"学生观"又有"整体观"的课堂模式不是一件容易的事。在参加工作之初，我曾为自己的语文课堂确立了三条标准：一是课堂上有故事，二是课堂上有笑声，三是课堂上不让任何一个学生打瞌睡。在其后的课堂教学中，我始终坚守着这三条课堂标准，并逐步形成了自己的教学风格。2019年1月，我来到商河县清华园学校，在崔吉壮校长的大力支持下推行课堂教学改革，日趋完善了"五步助学法"课堂教学模式和教育教学体系。

一、"五步助学法"的理论源流

"五步助学法"这一高效教学模式基本涵盖了我三十多年的课堂实践与教学思考，它充分继承和发扬了我国古代悠久的教育思想与教学传统，认真学习和借鉴了国外先进的教学理论与教学实践，深入关照和反思了当代丰富多彩的教学思潮与课堂模式。

"五步助学法"的理论源头是我国古代传统教育思想，特别是"因材施教，循序渐进，温故知新，学思结合，有教无类，当仁不让，不愤不启、不悱不发"等基本教育原则深刻影响了其理论构建。在一定程度上，它也受到诸多现代教育理论的启迪，如杜威的"实用主义"教育理论，以马斯洛和罗杰斯为代表的"人本主义"学习理论，凯洛夫的"五环"教学模式等都为"五步助学法"课堂体系的构建提供了整体参照。

新时期，我国涌现出一批改革先锋。他们善于探索，勇于实践，其改革理念有很强的借鉴性。如江苏省特级教师仲广群的"助学法"有机整合了启发式教学、有意义的接受式教学、探究式教学等多种教学方式的优点，给教学带来生长的力量；泰兴市洋思中学蔡林森校长的"先学后教，当堂训练"颠覆了"满堂灌"的陈旧教学观念，调动了学生的学习积极性；石家庄精英中学李金池校长构建的高效"6+1"课堂框架体系包含了"导、思、议、展、评、检，练"等环节，极大提高了课堂的有效性。它们都为"五步助学法"课堂模式的创立开辟了道路，提供了灵感。

二、"五步助学法"的课堂体系

"五步助学法"课堂突出"助学"理念，强调以学生自主发展为根本，以教师助力为手段，形成了"助学提纲、助学训练、助学课件"三大助学支撑，建立了"激情导入、自学深思、小组互学、教师助学、自主检测"五大助学模块，完善了"深度助学题库、助学免单记录卡、助学阶段调查表、故事化德育"等多层次助学保障。

（一）三大助学支撑

"助学提纲、助学训练、助学课件"这三大助学支撑由主备教师在充分备教材、备学生的基础上进行编制，再经过本学科组全体教师"三备两研"，集思广益而成。其中，"助学提纲"是"五步助学法"经典课堂的最主要支撑，是学生在新授课上自主学习的重要抓手，也是五大助学模块的呈现载体。"助学提纲"中的"激情导入、自学深思、小组互学、教师助学、自主检测"五个环节对应的正是"五步助学法"经典课堂的五大模块，它们共同助力学生实现自主学习，助力教师完成课堂教学。"助学训练"是一组与课堂学习相对应的练习题，由学生在自习课上自主完成。这组练习题由浅入深分为"夯实基础、活用知识、提升能力"三个层次，能助力学生巩固课堂知识，形成举一反三、触类旁通的学习能力。"助学课件"与"助学提纲"相辅相成，是辅助课堂教学的重要工具之一。

（二）五大助学模块

"激情导入、自学深思、小组互学、教师助学、自主检测"这五大助学模块既遵循学生的认知规律，尊重学生的自学感受，又体现知识学习中循序渐进、螺旋上升的科学精神。其中，"激情导入"是课堂的起点，可以通过图片、音乐、视频、问题、复习等形式进行，要求简洁明了，丰富实用。"自学深思"即学生在课堂上用15—18分钟的时间自读教材，独立完成"助学提纲"中对应的题目；教师则巡视课堂，及时观察记录学生自学中出现的问题。"小组互学"是学习小组内核对答案，相互提问，检查学习效果或者围绕一个问题展开讨论的环节，教师在此环节仍要及时关注学生的学习状态并做好记录。"教师助学"是教师用10—15分钟时间针对学生在课堂学习和课堂展示中存在的问题进行点拨和解疑，并通过探究课堂主问题进一步归纳学习方法，总结学习规律。"自主检测"是课堂收尾环节，要通过典型题目助力学生巩固基础知识，检测学习效果，提升学习能力。

（三）多层次助学保障

在"五步助学法"课堂教学改革中有效使用的助学保障有"深度助学题库、助学免单记录卡、助学阶段调查表、故事化德育"等。其中，"深度助学题库"是教师根据学生"助学训练"的完成情况，将易错题与重点题重新汇总分类，整理留存的试题资料。"助学免单记录卡"能够记录学生日常学习情况，对学习过程中表现积极的学生进行作业免单。"助学阶段调查表"分教师卷和学生卷两种，它能及时收集汇总广大师生对三大助学支撑使用情况和课堂教学改革推进情况的意见和建议。"故事化德育"是每日早操后，由班主任讲述根据周主题编选的小故事，向学生进行自然而然、润物无声的德育启迪。

随着课堂教学改革的深入，"故事化德育"的内涵进一步丰富，其基本形式"每早一故事、每日一新闻、每周一红歌"在商河县清华园学校很快落地生根，成为常态。在此基础上发展而来的"全员育人，自主管理"教育模式也逐渐完备，"五步助学法"教育教学体系最终构建完成。

三、"五步助学法"的独特优势

"五步助学法"课堂模式深刻诠释了"学生自主发展，教师助力成长"的高效课堂构建理念，全面落实了新课程倡导的自主、合作、探究的教学理念和学习方式，旗帜鲜明地把"立德树人"作为构建高效课堂的终极价值追求。

这一课堂模式的独特优势主要体现在以下几个方面：一是坚持以人为

本和学生主体的课堂原则;二是课堂设计遵循"实践—认知—再实践—再认知"的认知规律;三是课堂环节清晰连贯,切换自然,一气呵成,大道至简;四是重视训练,学练并重,学生持续兴奋,高效学习;五是规范易操作,适用面宽(适用不同学段和不同学科),朴实无华,使复杂问题简单化,理念问题实操化,实操问题流程化。

在商河县清华园学校的课堂教学改革中,"五步助学法"课堂模式的独特优势得到了充分发挥。当时,这所学校建校才一年半,招聘来的教师90%以上没有教学经验;招收的学生基本来自偏远乡村,特殊家庭(留守儿童家庭、单亲家庭等)学生占到75%左右。学校最初的教学管理僵化刻板,形式主义满天飞;课程设置极不合理,语文、数学、英语这些主要考试科目每天要上3—4节课,而音乐、体育、美术等非考试科目只是应景式存在;教师教学观念陈旧落后,满堂灌、填鸭式教学方式大行其道,课堂气氛沉闷,效率极低。

面对上述困境,"五步助学法"课堂教学改革从优化课程设置开始,逐步颠覆了陈旧的课堂秩序,改变了教师的教学行为和学生的学习方式,激发了学生的学习激情,全面提升了学生的学习品质和学习能力,最终实现了传统课堂难以实现的素质教育要求。课堂教学改革不仅迅速扭转了学校被动发展的困难局面,还带动学校明晰了发展目标,形成了自己特有的办学气质。

"五步助学法"课堂努力生长着,它来自乡野,带着泥土的芬芳,是有效教学实践的原生态展示,是质朴教育理念的永恒坚守。这一高效课堂模式在商河县清华园学校已经生根发芽,开花结果。它还将继续接受时间和实践的检验,继续在课堂教学改革大潮中充分显示其强大生命力!

刘兰玉

2021 年 6 月

CONTENTS 目 录

第四章 "五步助学法"课例解析

第五章 "五步助学法"实施保障

第六章 "五步助学法"应用价值

第一章

"五步助学法"成长掠影

一、经历

初涉教坛，那是20世纪80年代的事了。自己师范毕业后的第一个工作单位是一所乡村中学，学校不大，古朴、陈旧，随性、迷人。记得到校报到后，校长给我们几个分配来的师范生设宴接风。到了酒酣耳热之时，我忍不住问："校长，以后工作中有什么特别需要注意的地方吗？"校长头发已花白，他大手一挥，咳了一声，"哪有什么婆婆妈妈、盆盆罐罐，好好干就行了！"。听了这话，我们几个一下子活跃起来，在接下来的工作中更是天马行空，随心所欲，各显神通。

在那儿工作时间不长，却永远忘不了。那时很少有人关注你的教学成绩，也没有听课、教研、作业、检查之类，只要学生上课不睡觉、不打闹，你就成了全校最好的老师。我们当时最时髦的口号是"我的课堂我做主！"，上起课来大有"土皇帝""孩子王"的荣耀。那样的环境倒是随了我追求自由的天性。为了上好一堂课，我能辗转到深夜；为了查阅资料，我可以骑着自行车到二十多里外的母校去请教曾经的老师。学生退步了，我会利用休息时间进行家访，为他们补课；学生犯了错，我照样和他们一起伤心落泪，吹胡子瞪眼睛……

后来又去了几所学校，老校长那句"好好干就行"的嘱托时时激励我不断探索、前行。

自己在讲台上一站就是三十多年。虽然头发早已染秋霜，学生换了一茬又一茬，但是坚守的三条上课原则却始终没有改变：一是课堂上有故事，二是课堂上有笑声，三是课堂上不让任何一个学生打瞌睡。这三条原则不断鞭策着自己多读书，成为知识丰富的人；多交流，成为幽默健谈的人；多思考，成为上课形式多样的人。一路坚持下来，自己在上课率性的同时有了更多的规范，在散淡的课堂中增加了许多样式。

这期间，如火如荼的课堂教学改革让我接触了许多新理念、新模式、新框架，这不仅合了自己的口味，也激发了自己不断尝试、大胆创新的热情，促使我在课堂上挥洒个性的同时，对教学改革中的许多成名模式一概拿来主义，大胆试用。可是，随着时间的推移，自己上课时不仅少了"乐之者"的惬意，还增添了锁眉头的寡味，幸福感也减弱了许多。特别是看到在模式框架的规范下，许多教师的课堂生机消失，兴味索然，甚至有些滑稽可笑，面目可憎，我开始对林林总总的课堂模式产生了一些警惕和怀疑。

现在回头看看，那种随性的"个性化课堂"和规范的"模式化操作"都不过是课堂的外在形式，都有其合理性。课堂是否有效、是否有味儿才是评判其优劣的最终标准。如何个性挥洒、怎样模式规范还得从实际出发，因时、因地、因人而异才会用得得心应手，才会取得良好的课堂教学效果。

虽然自己骨子里还是崇尚"个性化课堂"，但是形势所致，也就只好和"课堂模式"深深地结缘了。

二、对话

2018年10月，崔吉壮（县域名校长，有很深的教育情怀和以人为本的管理理念，曾将一所乡村中学带成全县最好的初中学校，又用5年时间将一个教育薄弱乡镇做成了教育强镇）被商河县清华园学校聘为校长。他想在教学管理和教育科研领域找个帮手，我有幸被选中，于两个月后来到了这所年轻的学校。关于学校的课堂教学改革及发展方向，我们进行了深入的探讨。

问：一所学校长足发展的核心在哪儿？

答：课堂是学校工作的圆点，一所学校的核心竞争力潜藏于它的课堂。若能更新教育教学观念，积极进行课堂教学改革，进而构建全面落实素质教育的高效课堂模式，学校就能获得长足发展，也会培养出高素质的创新型人才。

问：现在的许多课堂效率低下，学生厌学，教师厌教，病根到底在哪儿？如何才能有效解决这个问题？

答：虽然课堂教学改革红红火火了这么多年，理念也翻新了一遍又一遍，但是教师一味灌输、学生默默听讲的课堂还是大行其道。这种强行灌输、死记硬背、唯师是从、唯书是从的做法使学生总是处于被动和从属状态。这种课堂既无法唤醒学生的学习激情，也无法调动学生学习的主观能动性。在这样的课堂上，学生的灵性被扼杀，创新精神被毁灭，独立个性被剥夺；时间一长，只能变得消极厌学。

要想改变学生被动厌学的消极状态，就得把课堂真正还给学生，要让学生成为自主学习和自我发展的主人。学生在课堂上一旦有了独立思考的空间和探究学习的机会，就容易品尝到自由挥洒的惬意和自主学习的快乐。当学生有了学习的主动性、自觉性和积极性时，高效灵动的课堂也就随之建立起来了。

问：我们学校建校才一年半，绝大多数教师没有从教经验，相当于一张白纸，如何做才能使广大教师快速站稳讲台，使学校在区域内迅速站稳脚跟？

答：走模式化道路。课堂模式化本身具有独特的优势，它可以使复杂的问题简单化，理念的东西实操化，实操的东西流程化。模式化课堂既便于教师掌握和实际操作，又便于新手上路。

当然模式化课堂也有很多弊端，历来被人诟病。如近些年风起云涌的许多所谓模式，将课堂做成生产车间，僵化起来，成了包治百病的狗皮膏药，最终只能令很多学校课堂教学改革浅尝辄止，半途而废。

其实任何事物都有两面性。如果从实际出发，因地制宜，构建适合本校实际的课堂模式，就会使散乱无序的课堂很快步入正轨，既能充分调动学生参与课堂的积极性，也能使广大教师快速成长。

问：记得你以前推崇"个性化课堂"，怎么现在对"模式化课堂"大为青睐？

答："个性化课堂"一定是优秀教师发展的必然，那种挥洒自如、随心所欲的精彩也一定是课堂精彩的必然，只是"教无定法"的境界得通过"教学有法"这一初级阶段的规范和历练才能达到。

"个性化课堂"当然能充分挖掘、尽情发挥教师自身的个性潜能。比如一个教师有朗诵才华，在课堂上往往会抑扬顿挫，自我陶醉；他若是有演讲特长，在课堂上就会滔滔不绝，风生水起……但是，有一得必有一失，这样的课堂常常忽视学生的真实感受，很难挣脱"以师为本"的传统课堂的束缚。

我们学校建校时间短，教师还年轻，走模式化道路是必然的选择。若能构建起高效灵动的课堂模式，广大师生就有了成长的平台，也一定会为学校迅速发展提供助力和保障。

问：从我们学校的现状来看，用什么课堂模式才最有效？

答：我们学校有自己的特殊性，走模式化发展道路也不能操之过急。虽然把其他名校的成功模式拿来使用有很强的说服力和号召力，会比较容易推行，但是往往带来水土不服的后遗症。我们只有从实际出发，循序渐进，大胆创新，构建起符合本校实际的课堂模式，才能使学校获得更长远的发展。

问：如果我们能构建自己的课堂模式，就要充满自信，做出我们商河县清华园学校自己的特色！只是成功的可能性有多大呢？

答：当然，我们要构建的课堂模式，既要从实践中来，体现"以人为本"和"以生为本"的新课改精神，又要突出"以学生自主发展为根本，以教师助力为手段"的高效课堂理念。这种课堂模式不仅充分体现"助学"精神,符合著名教育家杜威"思维五步"的认知规律和凯洛夫"五环"的课堂步骤规范,还是一种立足实践、博采众家之长的新型课堂模式,可以取名为"五步助学法"。

若能成功,全国首创!

……

于是,"五步助学法"课堂教学改革在商河县清华园学校拉开了帷幕。

三、准备

课堂教学改革历来是块硬骨头,既牵动利益,又颠覆观念,施行起来阻力重重。特别是老牌学校的那些所谓"业务尖子",有的思想保守,不愿改革;有的是传统课堂教学的既得利益者,担心推进课堂教学改革会使他们在教学上失去原有的优势地位,进而在与年轻人的公平竞争中落败。所以,在实践层面,这些人往往是课堂教学改革中最消极的观望者。然而,这些人在学校里往往拥有不容小觑的号召力和话语权,他们若是态度不积极,学校推行课堂教学改革就很难取得成效。这也是许多地方的课堂教学改革尽管花样翻新很快,却多流于形式的重要原因之一。

这些年来,我们看到的课堂教学改革,基本上是跟风多、照搬多、花样多、概念多,思考少、情怀少、坚持少、成功少。鉴于此,我对即将在商河县清华园学校推行"五步助学法"课堂教学改革的复杂性和艰巨性有了更深刻的认识,对即将面对的困难和阻力做了充分的思想准备。

(一) 精简机构

崔吉壮校长上任之初,发现学校行政化色彩极为浓厚,在教务处、德育处、教科室这些学校基本科室中竟然有中层领导20多人。这些人既不上课也不当班主任,只进行所谓的教学管理和教学改革。应该说,他们当时都是本校教师中的佼佼者,每个人手头上都有一项分管的工作,每个人都能对年级主任和任课教师指手画脚。那时的学校生态就是"上边千条线,底下一根针",管理者雷厉风行,任课教师手忙脚乱,疲惫不堪。

这样的人员安排使这20多位年富力强的教师脱离了教学一线，不仅极大地浪费了教学资源，还容易使这些教师随着时间的推移丢了专业能力，滋生不良习气，并有快速退化成"教育官僚"的可能性。这样的管理结构也使得学校管理效率极低，不但推诿扯皮、人浮于事现象严重，而且形式主义满天飞。

面对上述问题，崔校长从实际出发采取了三项措施：第一是合并科室，实行集约化管理。将教务处、德育处、教科室合并成一个办公室，办公室的主要任务是备案汇总，上通下达。办公室主任直接对校长负责，从技术层面做好年级与校委会的沟通工作；三个科室的那些中层领导全部分流到年级上课，多数还当了班主任。第二是施行年级负责制，进行扁平化管理。学校一切教学管理行为在年级，年级主任直接对校长和分管副校长负责。第三是去行政化，提出服务和尊重的管理理念。学校的一切管理行为都为一线教学服务，一切教育行为都以课堂教学为中心。所有教师在校内互相称呼一律不带职务，只称老师；彼此交往一律尊重宽容，平等相待。

这种以年级负责制为核心的扁平化管理模式在商河县清华园学校很快步入正轨，它既减少了管理层级，又提高了管理效率，也为"五步助学法"课堂教学改革的顺利实施提供了组织保障。

（二）课程设置

摸清学校教育教学的实际状况才能对症下药，才能为"五步助学法"课堂教学改革提供依据。因此，我来到商河县清华园学校后，首先做了三件事：

第一件事是以八年级的语文课堂为切入点进行调研，发现课堂上学生疲于应付，麻木、呆板、消极、厌学；教师也是昏昏然，不知为什么要上课，怎么去上课，上的课是否有效果。一节40分钟的语文课就在师生共同的消耗中慢慢地过去了，实在是郁闷！难熬！

第二件事是找备课组长座谈，得知学生一天要上14节课：早上2节课，上午、下午、晚上各4节课（在这些课之外还有午练和晚练）。当然，这么多课时基本上还是以语文、数学、英语这些主要考试科目为主。学生要用大把的时间去面对这三科的老师，即使审美疲劳也无可奈何，即便毫无新意也只能无聊地应付下去。语文、数学、英语三科教师更惨，有人一天要上七八节课，还得应对来自学校中层领导们无休止的指令。他们既没有时间备课，也没有时间思考，刚参加工作就丧失了上课兴趣，产生了职业倦怠。这简直就是师生俱毁的节奏！

第三件事是关注课程表，发现课程表上星罗棋布、密密麻麻的都是语文、数学、英语这三门课（特别是语文和英语，每天除了要上三四节课外，还要上晨读和午练），而音乐、体育、美术、信息技术等科目却被挤到角落里，成了应景式存在。即便如此，这些应景式科目在每次考试前一周还要"出租"给语文、数学、英语等考试科目。

充分调研后，我清醒地认识到要想推进课堂教学改革必须首先解决课程设置不合理的问题。于是，我找到七年级的年级主任郑孝妮老师，先通过座谈打消了她"上这么多课都不行，少上课会更不行"的固有观念，进而提出课程设置的具体要求：一是语文、数学、英语每天只能上一节正课和一节辅导，辅导之外决不能再留课下作业。二是每天至少要有三节学生自己支配的自习课，自习课上教师只能巡视（每个教师巡视4—5个班），不能讲课或辅导。三是早操后上晨读课，一节课分成两段，20分钟读语文，20分钟读英语，由班主任负责组织；语文和英语教师只能布置晨读任务，不能到班里讲课。四是音乐、体育、美术、信息技术等科目按照国家课程标准开齐、开足，要安排到位。五是早操和课间操分别延长至30和40分钟，要保证学生每天1小时以上的体育锻炼时间。

郑老师当时虽然疑虑重重，但还是严格照办了。于是，七年级的课程表发生了翻天覆地的变化：早晨的两节课改成一节晨读课，既读语文又读英语；上午前三节课上语文、数学、英语，第四节课上自习；下午前三节课上政治、历史、地理、生物、音乐、体育、美术、信息技术等课程，第四节课上自习；晚饭后第一节课继续上自习，后三节课分别是语文、数学、英语的辅导各一节。

这样调整课程设置后，可以预见到三种变化：一是教师都有了相对完整的备课及休息时间；二是学生新授课减少后能够更加珍惜每一堂课，每天三节自习课也会进一步培养他们自主学习、自我管理和主动发展的能力；三是为集体备课留出了充足的时间和广阔的空间。

（三）集体备课

学校建校才一年半，所有教师都很年轻，既缺少教学经验，又没有时间潜下心来深入备课，平时只好抄抄现成教案，应付应付检查，上课也只能跟着感觉走，不知其所止了。以前的所谓"大教研"也只是两周一次的教学大会，校领导点点名，批评批评现象，布置布置任务，再找几位教师象征性地发发言，然后填好表格，留下图片，以备检查。

这样的无效备课、形式化教研，既阻碍教师成长，又制约学校发展，一定要彻底改变。当时正值寒假，学校安排教师假期备课，要求备完整册书的所有内容并写出详细教案。这使得有些教师叫苦连天，有些教师狂抄教案。我和实验年级的备课组长座谈后，对假期备课安排进行了调整，要求老师们减少备课数量，提高备课质量，规范备课流程。

具体做法是：春节前个人备课，每位教师都要按照每天一节课的教学进度备出两周的课，写出详细的备课记录（有别于以前的教案）。每节备课都至少查阅五种资料（上网去查或者查参考书均可），并将备课记录以电子版形式发给备课组长，由备课组长筛选出优秀的备课记录汇总到年级。春节至正月初八，所有教师根据备课组安排主备一节课，这节备课要在春节前备课的基础上进一步深入细化，写出规范的备课记录。备课记录要包含五个课堂环节，一是简明扼要、直奔主题的导入；二是学习内容适中、学法指导明确、训练题目适当的课堂自学；三是能激发学生思考和质疑的小组学习；四是针对学习重点和难点的教师讲解；五是通过典型题目巩固基础知识的课堂检测。这份备课记录要发到备课组群，供所有教师观摩品评。每个备课组还要在此基础上选出一篇最优秀的备课记录汇总到年级，打印后进行学科间观摩交流。从正月初八到正月十三，全体教师集合，每天上午以备课组为单位进行集体教研，对前期主备的每一份备课记录从内容到形式进行精雕细琢。

假期集体备课由不温不火到渐入佳境，基本按照我的设想深入开展起来。广大教师既明确了备课要求，掌握了备课方法，又规范了备课流程，优化了备课程序。这些做法也为开学后的集体备课定了调子，做了准备。整个假期，老师们在个人备课、集体备课、二次个人备课、二次集体备课、三次个人备课的循环往复中切实体会到什么才是有效备课，什么才是深度教研。

有的教师慨叹："这时才找到当教师的感觉，以前的瞎忙活完全是小孩子过家家。"而语文、数学、英语每天一节集体备课，其他学科每节都有集体备课的形式也就此固定下来，成为常态。

（四）比武练兵

在第一次和七年级教师见面时，我和大家分享了十双筷子的寓言故事：从前有一个农场主快要死了，就把他的三个儿子都叫来，拿出一双筷子，轻而易举地把筷子折断了，又拿出十双筷子，想要折断却很费劲。他告诉三个儿子："一双筷子再怎么坚硬，力量也是有限的，而十双筷子就算都是普通的筷子，其合力也是巨大的。"于是，三个男孩懂得了团结的重要性。

我接着说："老师们刚走上讲台，没有工作经验，若是单打独斗，会成长很慢；再一味追求竞争，有时还会头破血流。如果我们握紧拳头，发挥出十双筷子的合力，互相学习，共同提高，就一定会快速成长，一定会取得更优异的成绩。"

况且，现代社会在追求竞争的同时更强调合作，也只有合作才是更高层次的竞争。老师们年轻，好胜心强，又刚入职场，没有过多的拉拉扯扯，牵牵绊绊。因此，只要引导正确，教师间团结合作与互相成就的理念就能顺利推行下去；要是措施得当，还会爆发出更大的工作激情。于是，我要求实验年级把学期末的评价方式由个人竞争性评价改为备课组捆绑式评价，学期奖励也以备课组为单位统一下发。很快，以备课组长为核心的集体备课团队在团结互助的氛围中步入正轨，并高效运转起来。

从正月初八到正月十三，各学科任课教师上午进行自主备课和集体备课，下午进行试讲、赛课，互相听课、评课。集体备课时，老师们在不断熟悉"五步助学法"的课堂结构和课堂流程的基础上，将备课记录中不恰当与不合适的内容进一步调整到位，最后定稿。当时，压抑在广大教师胸中的工作热情彻底爆发出来，那热火朝天的教学研讨场面也令人震撼。如果教学环节不合理，大家纷纷指出来，共同出主意，一起定规范；若是教学内容出了纰漏，大家都来帮着查阅资料，辨别真伪。有人试讲没有生气，另一位教师就会冲上讲台，当堂示范；本学科组观摩交流结束，有的教师又跑到其他学科组进行观摩学习……

集体备课和比武练兵使得所有教师人心思上，干劲十足。他们的备课都非常充分，试讲都有声有色。到正月十三集合结束时，每位教师都信心满满，踌躇满志，似乎已握紧了拳头，"同学们，开学吧！老师已经准备好了！"。

四、定名

自己在课堂上站了30多年，目睹了太多的学生在课堂学习中从兴趣盎然到索然无味，从眉飞色舞到愁眉不展，从积极参与到避之不及的变化过程，总有一个问题始终在脑际回旋：孩子们的学习兴趣是如何一步步丧失殆尽的呢？应该说，绝大多数幼儿对学习新知是感兴趣的，他们生来渴望长大，渴望成熟，有追求新知和探索未知世界的积极性。但遗憾的是，孩子们随着年龄的增长，在校时间的增多，那份激情减弱了，消失了。对于这种变化，许多教育仁人试图找出原因，也做了很多诠释，但总不能令人完全信服。

还记得那只钓鱼的小兔子吗？它去钓鱼，第一天一无所获，很恼火；第二天还是一无所获，很郁闷；第三天又去了，还是一条也没有钓到，很沮丧。它垂头丧气地正要往回走,一条鱼跳出水面说:"你明天再拿胡萝卜做饵,我就一巴掌拍死你!"这只小兔子喜欢吃胡萝卜,就想当然地拿胡萝卜做饵去钓鱼,只能一无所获。同样,教师在课堂上传授的知识,学生如果不是真需要、真喜欢,教学效果会大打折扣。我们许多教师掏心掏肺地把自己认为好的"萝卜"送给学生的样子,是不是像极了用萝卜去钓鱼的小兔子;而学生们不想得到"萝卜"的状态,是不是像极了极度失望的鱼儿。

德国哲学家尼采曾把人的精神状态用两种动物来比喻,他说90%的人就像沙漠里的骆驼,骆驼在那么严酷的环境下,自己并不想走,它是被人拽着打着走,它的心理状态是被动的,用语言描述叫作"你应该……"。尼采说的第二种状态是草原上的狮子,狮子在追赶羚羊的时候,没有人让它追赶羚羊,是它自己要吃羚羊才拼命地奔跑,它的心理状态是主动的,用语言表述叫作"我想要……"。

在课堂上,学生"我想要……"的良好心理状态是取得好成绩的前提和保障。他们若能像狮子追赶羚羊一样主动学习、积极思考,就会兴趣盎然地获得知识、提升能力、锻炼思维、快乐成长。在教学实践中,我始终坚信学生有自主成长的可能性和必要性,努力追求学生"不待扬鞭自奋蹄"的积极状态;广大教师也能大胆尝试,深度思考,在扬弃诸多教学理论和教学实践的基础上努力探索,认真总结。这些努力既完善了"五步助学法"课堂模式和名称体系,又使课堂教学改革取得了丰硕成果。

(一)"助学"是对"学生"与"教师"关系的再认识

德国近代教育家约翰·弗里德里希·赫尔巴特强调教师在教育教学中的权威作用和中心地位,他提出"教师中心,教材中心,课堂中心"的"三中心论"。这种教育思想对学校教育理论和实践的发展产生过巨大、广泛而又深远的影响。

由于看到传统教育的弊端,美国实用主义教育家约翰·杜威在批判旧教育的过程中提出"儿童为中心(学生为中心),经验为中心,活动为中心"的新"三中心论"，这就有效避免了儿童只能受到"训练""指导和控制"以及"残暴的专制压制"。

杜威认为，在学校生活中，儿童是起点，是中心，是目的。这种"儿童中心"的观点也被历来的教育变革者推崇。可以说，在对"以师为本""以本为本"的传统教学模式的挣脱中，几乎都是以确立学生在教学中的中心地位为目标的。而任何一种教学模式要想取得成效，构建成功，也首先要理清"学"与"教"、"学生"与"教师"这两组关系。

在"学"与"教"的关系上，蔡林森的表述较为彻底，他提出"先学后教，当堂训练"的教学模式，明确了"以学定教"和"以教促学"的课堂定位，规定了"先学后教"。课堂教学的全过程都让学生学，包括看书、检测、更正、讨论、作业等，都要学生自己发现问题、解决问题，真正发挥主体作用，而教师则是谋划自学策略，设计自学方案，发挥主导作用。这相较于传统的"先教后学"的关系认知无疑有很大进步，这也是其教学模式取得成功的关键所在。

在"学生"与"教师"关系上，我们的传统历来是师道尊严，教师是讲述传授知识的主体（所谓传道、授业、解惑就是教师主体的最好诠释），而学生则处于被动从属状态。在课堂上，教师讲得再精彩纷呈，那也如同在演戏，是一味完成剧本，一味自娱自乐，基本脱离学生的真实感受。这样时间久了，学生不再是自主学习和自我成长的主人，而且还会固化一种为师而学、为家长而学的错误观念，会形成一种"打工者"的消极心态。如果学生认识不到学习是自己成长发展中的必然要求，他们就会在消极被动的从属状态下学习，又怎么会产生浓厚的学习兴趣？

而"学生为主体，教师为主导"的新课改理念还是过分强调了教师在学生发展中的作用，无法真正做到从儿童自主发展的角度去思考问题。要知道可以孵化小鸡的一定是一枚鸡蛋而绝不是石头，鸡蛋具有破壳而出、成为小鸡的自然动力。我们的学生就是那枚可以孵化出美丽小鸡来的鸡蛋，教师在这个孵化过程中，应该提供其破壳而出的环境，助力其孵化成功，助力其茁壮成长，而不应过分地主导其孵化进程。教师只有承认学生具有自我发展与自主成长的原动力，不再做高高在上的主宰者或主导者，才会转变观念，自觉成为学生学习成长的助学者、呵护者和唤醒者，也只有在这种理念支配下构建起的高效课堂才会成为助力学生成长的主阵地。

其实，在"学"与"教"、"学生"与"教师"这两组关系中，"学"是根本，"教"是助学；"学生"是主体，具有自主学习的动力，"教师"是助学者，具有呵护和唤醒的使命。在这方面，阐述比较到位的是"助学课堂"的创建者仲广群，他强调学习在本质上是学生自己的事情，具有不可替代性，教学的作用在于帮助与促进、激发与催生这一行为的发生。

弄清楚"学"与"教"，"学生"与"教师"在课堂学习中的先后主次关系，构建高效课堂模式就有了明确的着力点。至此，"助学"理念也深深地嵌入到"五步助学法"课堂教学改革中。

（二）"五步"是对经典课堂结构的再思考

李金池校长认为高效"6+1"课堂教学模式是"体用上海，头取江苏，臂采山东，脑借陕西，源在衡水，魂归精中"，意思是说石家庄精英中学高效"6+1"课堂教学模式是集合了上海育才中学四环节、江苏洋思中学的先学、山东杜郎口中学的讨论和展示、陕西张熊飞教授的诱思探究教学、衡水中学的教学模式，最后灵魂与创新在精英中学。这是告诉我们，成功教学模式的构建一定是从实际出发，聚焦核心问题，博采众家之长，推陈出新而成的。

在提出"五步"设想之前，我曾现场观摩、深入研究了石家庄精英中学的高效"6+1"课堂运行情况，发现"导、思、议、展、评、检，练"七个环节简明实用，是在扬弃多种课堂模式基础上构建而成的。当然，高效"6+1"课堂模式明显受到了魏书生"六步教学法"（定向、自学、讨论、答疑、自测、自结）的影响，其名称也有名牌栏目《非常6+1》的影子。这种课堂模式虽然高效实用，但有略显高调、宣扬唬人的味道；况且，"展"与"评"两个环节时而交叉，时而分离，再硬性断开，难以形成水乳交融的课堂状态。其实，学生的展示与教师的评点应是课堂对话的和谐统一，在课堂上保留"导、思、议、展评、检"五个环节更有其合理性。基于这种思考，我认为将40分钟的课堂分为五个环节更符合学生思维发展的基本规律。

"五环节"课堂本来就是课堂教学设计的经典范式，只是新课程改革的理念中没有提及范式教学。约翰·杜威在《我们怎样思维》一书中论述了思维的重要作用，提出反省思维的五个形态：一是疑难的情境；二是确定疑难的所在；三是提出解决疑难的各种假设；四是对这些假设进行推断；五是验证或修改假设。思维就是方法，杜威进一步将其发展为"教学五步"，具有很大的影响力。

20世纪30年代，苏联教育家凯洛夫在继承发展赫尔巴特教学理论的基础上，主编了《教育学》一书。他在这部著作的教学论中提出了新的教学模式，即"组织教学""检查复习""讲授新课""巩固练习"及"布置家庭作业"五个环节的"五环"教学模式。在20世纪50年代，这一教学模式曾被当作教学设计（编写教案）及施教的主要依据在我国中小学大面积推广，并长时间地被广大教师奉为课堂教学的圭臬，对新中国成立后乃至现在的教育教学都产生了极深远的影响。

"五环"经典课堂模式虽然有诸多弊端，但是符合人的思维发展规律，其基本构成现在看来仍有较强的生命力，只要从实际出发，合理运用，自然还会助力课堂教学改革取得成功。想通了这一点，就不再纠结课堂步骤多寡的问题。在课堂上保留"导入、自学、交流、助评、检测"五个基本步骤，既简洁清晰，又经典实用，还体现大道至简的课堂风格。至此，"五步助学法"这一名称及基本课堂框架最终确定下来。

（三）三大助学支撑是集体智慧的结晶

在课堂教学改革之初，我对参与实验的教师反复强调两点：一是教师要有正确的"学生观"，深信学生有学习新知、自主成长的内在需要和动力。教师在学生学习过程中要启迪与唤醒、激励与呵护学习行为的发生。二是要有"整体观"，课堂设计的每个环节都应助力学生激发学习兴趣，提升思维能力，完成学习任务；课堂环节要一气呵成，要有效促进学生自主学习，独立思考，大胆质疑，形成能力。

广大教师对课堂教学改革充满期待，他们对构建"五步助学法"课堂体系更是积极踊跃，热情高涨。所有教师在备课组长的带领下认真备课，深入教研，大胆尝试，努力探索。有的教师提出以前使用的教案和导学案都是站在教师视角上进行撰写或抄袭的，不能体现正确的"学生观"，而我们撰写的是助力学生学习的纲要，近似于旅游者使用的导游图，提纲挈领，言简意赅，应命名为"助学提纲"。好！这个名称就定了下来。又有教师说，学生自习课上使用的训练题也是老师们精心编选的，与以前的基础训练、限时训练、作业训练等有本质的区别，训练题目能很好地为不同学习层次的学生提供自主练习的依据，是在帮助他们形成自学习惯，锻炼自学能力，应命名为"助学训练"。好！这个名称也确定下来。我们课堂上使用的课件，与"助学提纲"相辅相成，是上课不可或缺的助学工具，那就命名为"助学课件"。这样，三大助学支撑"助学提纲""助学训练""助学课件"全部定名。

语文组教师又充分发挥学科优势，反复斟酌后，将"助学提纲"的五个环节最终定名为"激情导入""自学深思""小组互学""教师助学""自主检测"，将"助学训练"的三个部分最终确定为"夯实基础""活用知识""提升能力"。随着课堂教学改革的深入，我又对提供助学保障的几种形式进行命名，"深度助学题库""助学免单记录卡""助学阶段调查表""故事化德育"等名称也最终敲定。

至此，"五步助学法"课堂名称体系基本构建完成。

五、活动

"五步助学法"课堂结构清晰实用，课堂气氛严肃活泼，课堂改革成效显著，课堂变化立竿见影。在课堂上，教师助学有章可循，底气十足，学生学习积极主动，兴趣盎然。

工作中，你追我赶、奋发向上的氛围已经形成，老师们个人备课扎实充分，集体教研深入细致，"助学提纲""助学训练""助学课件"的制作质量明显提升。这些可喜的变化使这所年轻的学校俨然走上了名校发展之路，而一系列教学活动的成功举办也为学校课堂教学改革的深入推进提供了有效的助力和保障。

（一）巡课式听课

"定时，定点，定人，定内容，定点评"是许多学校组织教师观摩听课的规定性动作。每到组织听课，领导郑重其事，教师闻之色变。为了准备一堂公开课，被听教师要煞费苦心，绞尽脑汁，反复演练，甚至不惜耽误正常的教学进度；听课教师也是备受煎熬，无可奈何，只好枯燥乏味地听，言不由衷地评。还有一种"推门听课"的流行做法，好像是主管领导专门用来监督教师教学行为的特权，也历来为广大一线教师诟病。

我们不能走"五定"式听课的老路，更不能办"推门听课"的傻事。而教师间互相听课评课又是提升教学能力、助力教师成长的重要方式，若能创造性地开展这项工作，一定会助力课堂教学改革的成功。于是，我根据这些年来的听课心得提出了"随时，随地，随人，随性，随评"的"巡课式听课"模式，即所有教师都有随时听每个学科及每位教师上课的权利，互相听课不打招呼，不发通知。听课可以是学习式的，也可以是指导式的；可听一堂课，也可听一堂课的某个环节（每堂课的相同时间段环节大体一致）；听课教师不带凳子，站立听课，或者走近学生进行观摩，或者深入学习小组参与讨论，极为随性。听课后可以不评课，也可以评课，即使评课也重点从学生的学习状态是否积极、教师的助学环节是否清晰、学习效果的检测是否有效三个方面进行，不要求面面俱到。

"巡课式听课"刚开始时，我去听课，有的教师不适应，还特别紧张；有的学生也不适应，还总是关注我的到来。我鼓励老师们大胆去听我的课，可以个人去听，也可以组团共同去听，听完后要评头论足，毫无禁忌。很快，整个实验年级的教师都被带动起来，"随时，随地，随人，随性，随评"的听评课方式也蔚然成风。

上课时，老师们在各班进进出出，遇到后会相视一笑，不用说，又有了新的发现与不小的收获。随着时间的推移，学生在课堂上不仅不受干扰，还更加专注地投入到学习中去，因为，谁也不希望被听课老师看成不认真学习的另类学生。

（二）常态课录制

年级主任郑孝妮老师和我说，学校以前组织教师录制优质课是一项很艰难的工作。那时，有教导处分管领导选几个自认为优秀的教师，定好点，排好班，专人管理，集体设计；录制后要评比，要存档，要准备上级检查。一学期下来，许多老师不仅弄得焦虑不安，还没录成几节课，其后便不了了之。

其实，把原生态的课堂录制下来反复观摩，以此来改进自己的课堂教学是借助现代化教学手段快速提升教师授课水平的有效方式。因此，推进常态课录制工作势在必行。当然，要推行好这项工作先要打破录课是为了形式和观瞻的固有认识，更要明确录课是为了回头看清楚自己课堂优劣得失的重要方式，还应从实际出发做好协调安排。于是，我提出以下几点要求：一是由各备课组安排好本组教师常态课录制的顺序，再由年级组进行协调统筹；二是录课内容一定是正常课时的教学进度，不做特别调整；三是录课形式一定要原生态，不搞花样；四是录课过程是教师之间（可以是同学科教师，也可以是不同学科教师）互助进行的，年级一般不干预。

常态课录制工作很快开展起来，广大教师积极性都很高，全年级40多位教师用了不到一个月的时间就完成了这项工作。录好的课例由专人汇总，存到网盘上年级共享。每一位教师都有一个专门账号，既能够欣赏自己的课堂，揣摩提升；又可以观摩其他教师的课堂，相互激发。在办公室里，常有教师在备课、看作业之余，打开网盘，一边欣赏，一边莞尔。不用问，一定是课堂上的某个情景刺激了自己的笑点，一定是课堂上的某个碰撞带来了新的收获。有了对课堂的这种反复把玩，所有教师的专业素养和助学能力都得到了快速的提升。

这以后的每个学期，"常态课录制"工作都进行一次。老师们把自己不同时间段的课堂表现进行汇总、比照、鉴别后，既看清了自己的进步和不足，又明确了改进提升的目标和方向，还切实提高了助学能力和水平。

（三）常态课展示

"五步助学法"课堂教学改革进行到第三个月，实验年级的课堂、学生和教师都发生了巨大变化：课堂助学环节层次分明，助学效果大为提升；学生课堂学习积极主动，看书做题认真细致，讨论互学热烈积极，大胆质疑和朗声回答问题成了常态；教师的助学水平和助学能力都大幅提升。为了给课堂教学改革再助把力，添把火，我顺势组织了"五步助学法"常态课展示活动。

举办活动是年轻教师的特长，他们提方案，搞创意，制作宣传彩页，具体操作安排，忙得不亦乐乎。通过认真准备，2019年5月24日上午，七年级的郑孝妮、朱金兰、王成利、袁小翠、张燕、焦茜、郑月、韩欣欣、炊家勇、胡雪等来自不同学科的10位教师各展示了一节"五步助学法"常态课（课堂常态，原汁原味；不雕琢，不伪饰）。全校120多位教师进行了观摩学习，县教研室孙迎辉主任带领初中各学科教研员莅临学校，深入课堂，与老师们共同观摩，一起评课。评课时，各位教研员对"五步助学法"课堂给予了充分肯定和高度评价，他们对学生在课堂上表现出来的自信乐观和积极主动的学习状态大加赞扬，对年轻教师的快速成长充分认可。教研员们还在教学目标的设定、教学流程的细化、教学语言的提炼、课堂管理的深入等细节方面给予了建设性指导。

活动结束后，年级主任郑孝妮将教研员们的评课意见进行汇总，并组织老师们再学习，再反思，再总结。语文教师朱金兰当时执教的是七年级下册《河中石兽》这篇文言文，她将语文教研员孙迎辉主任的评课汇总归纳成几点问题和几点建议，并表示孙主任指出的问题一针见血，提出的建议让人醍醐灌顶。这次活动不但让自己对"五步助学法"课堂教学改革坚定了信心，还为今后的进一步发展指明了方向。

几点问题：

1. 学习目标设立不够准确严谨；

2. "教师助学"环节结构不够清晰，解答学生疑问时存在学生跟不上老师思路的现象；

3. "助学课件"展示内容不够精准，缺乏冲击力；

4. "助学训练"与"助学提纲"间的衔接不够紧密；

5. 课堂语言不够精练准确，依旧有话语反复的情况出现。

几点建议：

1. 学习目标要结合文本以及学情进行设置；

2. 教材后的课后题是重点，一定要把课后原题放在教学提纲或教学训练中；

3. 规范教学结构，在师生问答环节可按照从头到尾的顺序，不落下每一个知识点，让每一个学生跟上课堂节奏；

4. "助学课件"要精益求精，注意每一个细节，如重点部分可采用动态形式，使其具有冲击力，给学生留下深刻的印象；

5. "助学训练"可进行环节分割，把本节课的检测训练和下节课的预习题分开，如前30分钟自己做检测题，后10分钟可翻阅教材进行预习；

6. 课堂上的朗读训练要继续保留，让读书声充满整个课堂，让语文课堂更加活泼有激情。

很明显，这次常态课展示活动对课堂教学改革的深化起到了推动作用。它不仅展示了三个月来的课堂教学改革成果，也使广大教师充分认识到课堂教学改革的必要性、艰巨性和复杂性，明白了商河县清华园学校的"五步助学法"课堂教学改革已进入深水区。

这次活动的成功举办使广大教师尝到了甜头，老师们也充分认识到活动的开展对提升自己助学水平的积极意义。于是，他们在积极推进"巡课式听课"和"常态课录制"工作的同时，又在精心策划"五步助学法"常态课展示（第二季）了。

经过认真准备，商河县清华园学校在2019年12月13日上午再一次成功举办了"五步助学法"常态课展示（第二季）活动，六年级的刘彬、王昌峻、侯小月，七年级的尚建敏、乔霞、李明月、韩梅、姚春燕、杨雪晴，八年级的李雯、孙彬、陈毅志、王英杰、伦忠亮、郭拂晓、崔爽、炊家勇等17位教师分别展示了一节常态复习课。县教研室中小学各学科教研员及郑路中学的20多位教育同仁莅临指导，本校的170多位教师进行了现场观摩。

活动开始前，县教研室和郑路中学的领导及老师们同"五步助学法"工作室成员在清华楼会议室进行座谈。崔吉壮校长首先代表学校对各位领导及教育同仁的到来表示欢迎，对本次活动提出期待；我接着介绍了"五步助学法"的思想源流、探索过程、课堂构建、助学支撑、助学保障等相关内容；县教研室李以贤主任也对我校"五步助学法"课堂教学改革给予了高度评价和热切期望。

座谈结束后，各位领导和老师深入课堂，切身感受"五步助学法"教学模式带来的课堂氛围的变化、师生关系的转变及学生学习方式的变革。学生在"自学深思"环节严谨的学习态度，在"小组互学"环节激烈的质疑讨论，在"教师助学"环节精彩的发言和昂扬的斗志，在"自主检测"环节高效而准确的作答，一次次成为课堂上亮丽的风景线。评课时，县教研室和郑路中学的领导及老师们一致肯定了我校在课堂教学改革上的创举，并由衷称赞了我校新教师的快速成长和学生的精彩表现。

商河县清华园学校的"五步助学法"课堂教学改革已经迈出了坚实的一步。在践行"学生自主发展，教师助力成长"这一高效课堂构建理念的道路上，我们将一如既往地深入开展"巡课式听课""常态课录制"及"常态课展示"等活动，也坚信"五步助学法"课堂教学改革的步伐越来越稳健，成果越来越丰硕。

（四）故事化德育

生活里的故事

人的成长离不开故事的启迪和滋养。

自己虽然已近天命之年，但是永不忘记的仍然是《岳飞传》《杨家将》《隋唐演义》等评书中一段段精彩的故事，浮现于脑海的依然是刘胡兰、王二小、张嘎、雨来等英雄人物和奶奶口中那朴实稚拙的神仙鬼怪。我也始终认为：中小学生应该有享受故事的权利，他们的生活中不仅要有灰太狼和喜羊羊，奥特曼和怪兽，还应拥有更丰富的人生故事。

学校有了故事会魅力无穷，课堂有了故事会精彩纷呈，教师有了故事会启迪智慧，学生有了故事会丰盈生命。我提倡老师们在生活和工作中一定要成为有故事、会故事、讲故事的人，自己自然要身体力行，要不断用人生故事去激励自己，启迪学生，引领团队，并以此开启一段美好的人生旅程。

教师会上的故事：

从前有个老头儿，安静地居住在一个院落里，可总有一群小孩来骚扰他。孩子们爱搞恶作剧，经常往老头儿的院子里扔石子，惹得老头儿发怒，然后一窝蜂地跑掉；第二天再来扔石子，乐此不疲。

过了很久，老头觉得再凶巴巴地发火也没有用，就另想了一个办法。

有一天，一阵石子雨后，老头儿和颜悦色地出现在孩子们面前说："欢迎你们来玩，从今天起我会给每个扔石子的孩子10块钱。"小孩们一听都高兴极了："干坏事还给钱？真是太好了！"

第二天小孩们来到老头家又是一顿扔，然后每人又得到10块钱。

第三天就不一样了，孩子们扔完石子后每人只得到5块钱。

又过了两天，孩子们扔完石子后老头儿只给2块钱。孩子们对待遇的降低都不满意，石子也不好好扔了。

接下来老头儿更过分了，连屋都不出，一分钱不给。孩子们真生了气：我们这么辛辛苦苦地扔石子，他还不给钱，不给他扔了！

——困扰老头儿已久的问题就此解决。

讲完这个故事，我接着提醒老师们：当教师只有像老头儿那样抓住孩子们的心理需求，才能有效地解决教育中的问题。平时许多人信奉的教育方式，如洗个碗给多少钱，考试考到100分就给买什么，考得好就允许孩子做什么等，不过是将教育庸俗化的一种方式，后遗症极其严重。许多教师和家长反复强调的好好学习就能考上好大学，就能找到好工作之类，也是在强化学习本身没有价值，价值在于学习之后的好大学和好工作；学习本身没有乐趣，之后的奖励才是最大的乐趣。这些不恰当的说教没有抓住孩子们真正的心理需求，不能有效调动孩子们的学习积极性，时间久了，会使孩子们想当然地认为：我现在衣食无忧，既不需要好大学也不需好工作，怎么还需要努力学习。

其实，在教育孩子方面，犹太人的做法要高明得多。据说典型的犹太人家庭有个风俗，在孩子开始识字时，把蜂蜜滴在书上，让他们尝到知识的"甜蜜"。后来，这成为犹太小学生的入学第一课。孩子上学的第一天，穿戴整齐后被父母或有学问的人领到教室。在那里，每位孩子都可以得到一块干净的石板，石板上有用蜂蜜写成的希伯来字母等，孩子们一边朗读，一边舔掉石板上的蜂蜜。随后，老师会分给孩子们蜜糕、苹果和核桃——让孩子们一上学就感受到学习的神圣和知识的"甜蜜"。正因如此，很多犹太人从小就有主动学习的愿望和乐于学习的习惯，他们很早就懂得智慧的重要性，也早早地形成了正确的人生观、世界观、处世观、金钱观。

这样看来，教师最应该做的是把孩子们的成长行为变成他们自己的内心渴求，也只有这样，孩子们学习和做事才会更有激情，更有动力。一般而言，每个孩子都有渴望成长的原动力，都有渴望学习新知的愿望和兴趣。我们若能从孩子们的内心渴求出发，充分调动起他们学习的愿望和兴趣，变被动的"要我学"为主动的"我要学"，就会把课堂学习变成"乐之者"的事，自然也会收到事半功倍的助学效果。

当然，教师工作和学生学习实质是一样的，教师只有理解教书育人的意义，品尝到其中的趣味，才能使自己真正获得干事业的幸福和快乐，动力和激情；才会在"乐教""乐学"的积极状态中收获不平凡的成长和人生。

学生会上的故事：

一个谣言在森林里引起了轩然大波，每个森林居民都说熊有一个死亡名单，大家都想知道名单上有谁。

鹿第一个鼓足勇气来到熊的家里，问："说吧，我在你的名单上吗？""是的，"熊说，"你的名字在我的名单上。"鹿失魂落魄，转身离开。两天后，大家发现了鹿的尸体。

森林居民的恐惧日益增长，大家都在问同一个问题：名单上还有谁？

野猪是第一个失去耐心的，它找到熊，问自己的名字是否在名单上。"是的，"熊回答，"你的也在上面。"野猪被吓破了胆，匆匆告别熊，两天后它也死了。

这时整个森林被恐怖笼罩，只有兔子还敢找熊。

"熊，我也在名单上吗？"

"是的，你的也在上面。"

"你能把我划掉吗？"

"好的，没问题。"

在学生交头接耳、议论纷纷之后，我问："各位同学，听完这则寓言故事，你能明白小兔子为什么能成功脱离危险吗？"孩子们自然能理解到，与鹿和熊相比，小兔子做事积极主动，敢于尝试，所以能够化险为夷，转危为安。同样道理，学生在学习中如果有了小兔子这种积极主动的心态和敢于尝试的精神，就一定会进步，一定会取得良好的成绩。看到孩子们频频地点头和豁然的目光，我知道他们明白了故事的内涵。

毕业班的同学要冲刺中考时，邀我去鼓鼓劲，打打气。我同样没有道理，只有故事：毛竹四年积蓄后的疯长，荷塘第三十天才荷花满塘，有一种蝉十七年的黑暗换来的是整个夏天的歌声嘹亮……

校园里的故事

有教师常常抱怨现在的学生脆弱，娇生惯养；张扬，自私自利；迷茫，得过且过；叛逆，难以教育。的确如此，这级学生是建校后招收的第二级学生，当时因种种原因，招生遇到困难，致使招生数远未实现招生计划，招到的学生也基本来自偏远乡村，特殊家庭（留守儿童家庭、单亲家庭等）学生占到75%左右。很多学生在学校待十二天养成的良好习惯，回家两天就全部归还学校，贪玩、散漫、放浪、厌学等一切不良行为又堂而皇之地表现出来。

每当开学，哭哭啼啼不进校门的，昏昏沉沉浪迹课堂的，懵懵懂懂不知所云的，比比皆是，真真正正是12+2=0的节奏。虽然教学改革后课堂效率大幅提升，学生自主学习意识逐步增强，但是与他们多年形成的不良习惯相抗还真有点力不从心。

"得从根本上解决问题，那就讲故事吧！"听我这样说，许多教师一脸懵。看到他们疑惑的目光，我解释了故事和道理的区别：道理没有起因、经过、结果，故事有；道理没有场景，故事有；道理没有情节，故事也有。讲道理会给人高高在上的感觉，让听者觉得自己很愚蠢；而讲故事会让听者身临其境，有代入感，能自己悟出故事中的道理，有成就感（其实就是让听者感觉到故事中的道理是通过自己思考而想到的，往往会更容易接受和记住它）。我进一步说："一个人应该有故事，也应该会讲故事。只会讲道理的教师会令人生厌。老师们只有从学生的心理需求出发，坚信学生有自主学习和自我成长的内心渴望，并通过一个个人生故事去启迪唤醒，去助力成长，才会收到良好的育人效果。"虽然有的教师未必完全信服我的观点，但凭着对我故事人生的信赖还是不折不扣地行动起来。

故事从哪儿来？时间怎么保障？如何坚持下去？这是必须解决的问题。

第一，要找准时间。我发现每天早晨跑操后，班主任都要点评学生前一天在宿舍的表现，都要进行训话、打气、讲道理。当然，讲的多是些老生常谈的问题，既没有新意，又枯燥乏味；有些教师还讲得气势汹汹，学生自然听得厌烦无趣。我要求把这个点评改为五分钟小班会，每次班会都讲一个既有趣味又能启迪人生的精彩故事，称作"每早一故事"。

第二，要确定好故事的主题和内容。选取的故事一定要符合学生的思想实际，要积极向上、启迪生命，要喜闻乐见、浸润心灵。老师们迅速行动起来，集思广益之下，一学期的主题也很快确定下来：

第一大周：目标

第二大周：习惯

第三大周：激情

第四大周：拼搏

第五大周：细节

第六大周：感恩

第七大周：宽容

第八大周：诚信

第九大周：团结

第十大周：坚持

主题确定之后，所有班主任围绕各个周主题分别精选一个启迪人生的小故事，发到班主任群里共享。时间不长，故事素材就全部汇总起来，而且洋洋大观。这样，班主任们讲起故事来既生动活泼，又内容丰富，还避免了"巧妇难为无米之炊"的尴尬。

第三，要灵活有趣，形式多样。每天早晨各班跑操后，同学们就地或站或蹲或众星捧月般围绕在班主任周围，竖起耳朵倾听，形式极为灵活。可以是教师讲，学生七嘴八舌谈感受，也可以是学生讲，教师在一旁助力打气，形式多样。当然，不管采取哪种形式，都力争做到讲得投入，听得入迷。

第四，要反复督促落实，要有制度保障。活动开展一段时间后，有少数班主任又不自觉地回到批评训话的老路上，又在时间和地点上随意增减改动。如有的班主任精简故事内容，节省出时间让学生背英语单词；有的班主任回教室去讲，未必是讲故事，也减弱了整体氛围的感染力；还有的班主任感觉五分钟不过瘾，讲起来没完没了，这样就很难持之以恒。针对上述现象，我进一步强调了讲故事对学生成长和教师进步的长远意义，增加了巡查力度。年级也进一步制订规范，明确规定，反复落实。这样，"每早一故事"很快规范起来，并有效地坚持下去，成为常态。

第五，要组织活动，反馈提升。每天早操后的五分钟小班会坚持了两个多月，孩子们的精神面貌大为改观。为了进一步规范提升，七年级组织讲故事比赛，选出各班的讲故事高手进行表彰奖励；八年级组织学生写故事感悟，进行汇总交流。这些措施有效助力了校园故事的丰富性和持续性，也使得每天早操后的人生故事成了学生们不可或缺的精神滋养。

延展中的故事

"每早一故事"已成为常态，也深深嵌入班主任和学生们的生活中，令所有参与者乐在其中，欲罢不能。看到教育效果明显，我顺势提出"每周一红歌"和"每日一新闻"的设想。

每天上午的预备铃后，所有班级课前一支歌，要高唱那些慷慨激昂、催人奋进的爱国歌曲（如抗战时期的《毕业歌》《大刀进行曲》《保卫黄河》等）。"大刀向鬼子们的头上砍去"的歌声在教学楼里此起彼伏，同学们越唱越起劲，有的同学在唱歌时甚至把即将面对的难题看成了要挥刀砍去的"鬼子"。

中学生正值青春年少，很自然地会把自己的未来和国家的命运联系在一起。在这个时候，他们若能为理想而奋斗，为国家和民族而学习，有了强烈的使命感和责任感，学习的积极性和主动性肯定是强烈而持久的。这每天一首爱国歌曲唱下来，不仅滋养了学生们的爱国情怀，还彻底激发了他们的学习热情。这对学生心灵的濡养远比那些空洞口号和苍白说教深刻得多。

可惜，现在有些孩子游走在虚拟世界中，被靡靡之音等软化了身体，萎靡了灵魂。他们崇尚日流、韩流、欧美流，崇尚娱乐至上。在应试教育的大背景下，许多学生更难以做到"家事、国事、天下事，事事关心"了。随着时间的推移，他们的使命感和责任感减弱，视野变得狭窄，也极易走向消极厌学的可怕境地。因此，我们想要学生有家国情怀，有高远的人生理想和高尚的人生追求，就应启迪他们把目光投向更广阔的领域，要引导他们时刻牢记"伟大的事业还在等待自己"的历史使命。记得1910年，17岁的毛泽东离开韶山到湘乡读书时写给父亲一首诗："孩儿立志出乡关,学不成名誓不还。埋骨何须桑梓地,人生无处不青山。"正因为他有这样远大的抱负,才有了投身革命、改造中国与世界的远大理想和创建新中国的伟大事业,也就有了"恰同学少年,风华正茂;书生意气,挥斥方遒"的乐观自信和"指点江山,激扬文字,粪土当年万户侯"的恢宏气度。这样的宏观视野和革命情怀也是他留给后辈青年人最深刻的人生启迪。

孩子们需要向伟人学习,要树立远大理想,要胸怀祖国,放眼世界。为了拓宽他们的视野,我们坚持了"每日一新闻"的做法。要求学生每天中午1点20分回到教室后先观看半小时的《新闻联播》。有的班级在此基础上还要求学生写新闻摘要,这样既锻炼了学生的写作能力,又收到了很好的观看效果。很快,"每日一新闻"又成了学生们喜闻乐见的教育形式,他们能够及时聆听党的声音,深刻评点中美贸易战,焦灼地关注疫情的肆虐,深情地注视世界角落里那一双双渴盼安全和温饱的眼睛……

现在,"每早一故事、每周一红歌、每日一新闻"等教育形式在商河县清华园学校已经落地生根,成为常态。这些自然而然、润物无声的育人方式使孩子们有了更宽广的视野、更高远的目标、更丰满的理想和更润泽的情怀。它们不仅充分体现了"学生自主发展,教师助力成长"的"五步助学法"课堂教学改革理念,还完美地践行了"立德树人"的价值追求。

随着教育实践的深入,在"故事化德育"基础上发展而来的"全员育人,自主管理"教育模式也逐渐完备。至此,"五步助学法"教育教学体系最终构建完成。

六、纪实

2019年2月

按照崔吉壮校长的工作部署,商河县清华园学校启动"五步助学法"课堂教学改革,在七年级率先实现科学化课程设置。

2019年3月

实现深度教研常态化，做到了堂堂有集体备课，课课有集体反思。

实现课堂教学流程化，形成了"激情导入、自学深思、小组互学、教师助学、自主检测"五大模块的"五步助学法"课堂构建。

2019年4月

形成"助学提纲、助学训练、助学课件"三大助学支撑。

形成"深度助学题库、助学免单记录卡、助学阶段调查表、故事化德育"等多层次助学保障。

2019年5月

成功举办"一师一优课"录制观摩活动。

24日，举办"五步助学法"常态课展示，县教研室各学科教研员莅临指导，对"五步助学法"课堂教学改革给予高度评价。

2019年6月

26日，县教研室孙迎辉主任来我校调研"五步助学法"复习课授课情况，充分肯定了课堂的有效性。

2019年7月

规范组织期末复习及考试，教学成绩大幅提升。

汇总整理本学期有关资料，做好学期收尾工作。

2019年8月

"五步助学法"工作室成立，工作群及专业交流网站建立。

"五步助学法"工作室承担了商河县清华园学校"立足新起点，开启新梦想"主题学习班暨暑期教师全员培训任务。

2019年9月

按照崔吉壮校长的工作部署，"五步助学法"课堂模式在商河县清华园学校大范围实验，六、七、八三个年级联动发展，深入推进课堂教学改革。

助学保障之"全员育人、自主管理"年级管理模式形成，各年级学生会组建并运行良好，学生自主发展水平大幅提高。

2019年10月

助学保障之"故事化德育"顺利推进,"每早一故事、每日一新闻、每周一红歌"深入学生心中。

六、七、八三个年级成功举办"一师一优课"录制观摩活动。

引进智学网个性化学习手册,用现代化网络手段助力"五步助学法"课堂提升。

2019年11月

4日,信息交流中心成立,有效整合校刊编辑、校园广播、文学社等资源,全面助力"五步助学法"课堂教学改革。

15日,博兴县教育同仁一行来我校参观交流,对"五步助学法"课堂教学改革所取得的优异成绩给予高度评价。

17日,我校承办初中语文同课异构活动,青年教师朱金兰与语文特级教师程翔老师同台授课,成功展示了"五步助学法"课堂教学改革成果。

2019年12月

制订期末复习策略,做到复习新授课、循环测试、分散讲评。

13日,成功举办"五步助学法"常态课展示(第二季),六、七、八三个年级的17位教师展示了常态复习课。县教研室中小学各学科教研员莅临指导,对"五步助学法"课堂教学改革给予高度评价,对"学生自主发展,教师助力成长"的教学理念充分认可,对广大教师快速成长赞赏有加。

"五步助学法"工作室举办研讨会,汇总本学期课堂教学改革成果,制订工作室发展规划。

2020年2月

"五步助学法"工作室指导教师假期网上集体备课。

各年级做好假期防疫,线上教学准备工作。

2020年3月

网上集体备课深入开展。

网上防疫、网上班会、网上家访常态化,助力学生疫情期间安排好学习生活。

2020年4月

根据学校工作部署，高年级有效开展网上教学。

线上教学与常态教学深度融合。

2020年5月

疫情得到有效控制，按照上级精神及时组织学生返校上课。

调整教学计划，实现线上教学与现场教学的无缝衔接。

2020年6月

各学科基本消除疫情影响，全面完成了本学期的教学任务，"五步助学法"课堂优势得到有效检验。

2020年7月

规范组织期末复习及考试，教学成绩又有较大提升。

汇总整理本学期有关资料，做好学期收尾工作。

2020年8月

"五步助学法"工作室承担了商河县清华园学校暑期教师全员培训任务，培训内容主要是"五步助学法"实施策略及课堂教学改革的深化。

教师暑期集体备课有效开展。

2020年9月

"五步助学法"课堂教学改革在商河县清华园学校全面深化，就集体备课、助学提纲和助学训练的编写及课堂规范等进行深度探索。

积极引导巡课式听课，认真准备常态课录制和常态课展示活动。

2020年10月

各年级进行常态课录制。

举行循环式全员听课活动，切实提高所有教师的助学水平。

2020年11月

深入推进循环式全员听课，积极准备常态课展示第三季暨"五步助学法"工作室年会。

《济南教育》在2020年第8期对商河县清华园学校"五步助学法"课

堂教学改革及"五步助学法"工作室做了专题介绍。

"五步助学法"课堂教学改革助力教师专业成长,《"五步助学法"课堂改革研究与实践》《"五步助学法"初中语文课例解析》《"五步助学法"初中数学课例解析》等文章在《济南教育》2020年第8期发表。

2020年12月

"五步助学法"课堂模式助力各年级、各学科高效完成本学期教学任务,为冲刺期末赢得了较长的复习时间。

《齐鲁晚报》的《齐鲁壹点》栏目对商河县清华园学校的"五步助学法"课堂教学改革做了专题报道。

……

"五步助学法"课堂在努力生长着,它来自乡野,带着泥土的芬芳,是有效教学实践的原生态展示,是质朴教育理念的永恒坚守。这一高效课堂模式在商河县清华园学校已经生根发芽,开花结果。它还将继续接受时间和实践的检验,继续在课堂教学改革大潮中充分显示其强大生命力!

第二章

"五步助学法"理论源流

一般而言，一种教学模式的构建是在继承我国古代优秀教育教学思想的基础上，充分借鉴西方现代教学理论与实践模式，并吸纳我国多年的教学改革实验与探索经验，再从实际出发不断发展和完善，最后落地生根的过程。

"五步助学法"课堂模式也不例外，它的生根、发芽、开花、结果，既是对我国古代悠久教学传统的继承与变革，对国外先进教学理论与实践模式的学习与借鉴，对当代丰富多彩的教学思潮与课堂模式的关照与反思，更是对自身教学探索和教改实验的总结与提炼。

一、传统教育思想是"五步助学法"的理论源头

溯源数典，我们的先辈们在长期的教学实践中，积累了丰富的教学经验，提出了诸多重要的教学思想。例如，重视自学、强调体悟、强化记忆等都是我国古代教学的重要特点，这在现代教学体系中也有所继承，有所体现。

特别是作为中国私学教育第一人的孔子，他是人类文化史上具有开创性的教育家，他的教育伦理思想博大精深，影响深远，在经历了岁月磨砺和历史洗礼之后的今天，仍然闪烁着耀眼的光芒。其影响作用之大，影响时间之长，影响范围之广，是任何一种思想都无法比拟的。

孔子对教育教学规律有深刻的认识和精辟的见解，他在长期的教育实践中，总结了卓有成效的教育教学方法，创造并倡导了一整套正确的学习原则。他提出的许多基本原则对当今的教育理论和实践仍然有巨大的参考价值，如"因材施教，循序渐进，温故知新，学思结合，有教无类，当仁不让，不愤不启、不悱不发"等，朴素而深刻地反映了教学活动的内在规律，并在现代教学体系中得到了有效提炼和升华，成为指导中小学教育教学工作的具体原则，也对"五步助学法"课堂模式的构建起到了灯塔般的方向引领作用。

（一）"有教无类"是"五步助学法"的价值追求

随着教学实践的深入，我越来越深刻地认识到"每个学生都有自主成长的渴求与动力，每个学生都应得到充分的指导与帮助，每个学生都应享受平等的关爱与交流"是很珍贵的教育认知，也是学生主体观念的具体体现。这些教育认知和孔子的"有教无类"教育思想一脉相承，是"学生自主发展，教师助力成长"教育理念的具体化。

孔子认为，人人都可以接受教育，不分族类。这种"有教无类"的教育包含着朴素的民主思想，强调了教育在人发展中的作用，打破了当时贵族阶层垄断文化教育权、平民阶级不能接受教育的社会现实。这种与"学在官府"相对立的"学移民间"是中国教育史上划时代的革命创举，也是人类教育史上一项具有革命意义的突破。

孔子对待学生不分民族与国别，不论贵贱与尊卑，不管智愚与善恶，只要虚心求教，都平等地给予受教育的机会，都一视同仁地给予热心的指导。我们知道，不管是接受能力较强的颜回和子贡，还是智力较差的高柴和曾参，经孔子的教育，最终都成了孔门弟子中的佼佼者。即便如"冠雄鸡，佩豭豚"的子路，家无立锥之地的"贱人"仲弓，曾遭缧绁的公冶长（孔子知道他无罪，还把女儿嫁给他），孔子也是不分族类地进行教育。另外，孔子还会根据学生特点的不同、学习态度的不同（如颜回好学，宰予懒惰），分别给予相应的指导。

孔子"有教无类"的思想是以人类社会人人都有接受教育、不断完善自我的基本需要为基础的。孔子时代的人们有这种需要，科技迅速发展的今天，人们的这一基本需要更盛。联合国教科文组织泰勒博士曾说："如果人们思索一下孔子的思想对当今世界的意义，人们很快便会发现，人类社会的基本需要，在过去的两千五百多年里，其变化之小是令人惊奇的。"我们国家提出对所有学龄儿童和少年实行义务教育，对全体国民实行广泛的继续教育和终身教育，也是为了满足人们不断接受教育、不断完善自我的这种基本需要的具体体现。

但目前，面对性别、年龄、出身、智力、个性、相貌以及关系密切程度等方面均有差异的学生个体，教师很难做到一视同仁和平等施教，更难做到"有教无类"。如有的教师往往出于虚荣或其他利害有意无意地偏爱一些学业成绩好的学生，而相对忽视或歧视一些成绩差的学生，这是最为常见的歧视"差生"的现象。另外，对特殊家庭学生的歧视，城市学校里对农村家庭学生的歧视等也还存在。教师的这些歧视行为不仅有损师德，也加大了学校德育的落实难度：亲者容易产生"反正老师喜欢我，犯点错误没啥"的错误观念，形成我行我素的不良行为；疏者则可能产生"后娘身边难做人"的错误想法，形成自暴自弃的不良行为。总之，无论对亲者还是疏者，都有百害而无一利。面对这些教学困境，我们只有向孔子学习，用一颗公平善良的心去关注每一个学生，去呵护每一颗纯洁的心灵，去给予所有学生最适合的教育，进而真正做到"有教无类"，最终达到身为教师的理想及应然状态。

每个学生都有自主成长的渴求与动力，每个人都有平等接受教育的愿望和诉求，这些观念既是"有教无类"教育思想的具体体现，也是"五步助学法"课堂构建中永恒的价值追求。

（二）"因材施教"是"五步助学法"的基本原则

我们知道，"因材施教"是根据学生的个体差异有的放矢地进行教育和教学的活动。这里的"因"是根据，适应的意思；"材"就是学生的实际，从心理学角度看就是指学生的个体差异；"教"既指教育思想，也指教育方式和方法。"因材"是手段，是"施教"的基础；"施教"是目的，是"因材"的必然要求。

"因材施教"是孔子教学经验的核心，其他的教学原则和方法都是紧紧围绕这一核心展开的。孔子认为"中人以上，可以语上也；中人以下，不可以语上也"（《论语·雍也》），意思是说"中等资质以上的人可以告诉他深奥的道理，中等资质以下的人就很难让他了解深奥的道理了"。具体到教学实践中，同样是问仁，孔子根据学生的基础和个性不同分别作出了五种深浅不一的回答，依据具体对象的思想行为实际传授不同层次的教学内容。

樊迟问仁。子曰："爱人。"

司马牛问仁。子曰："仁者，其言也讱。"曰："其言也讱，斯谓之仁已乎？"子曰："为之难，言之得无讱乎？"

子张问仁于孔子。孔子曰："能行五者于天下，为仁矣。"请问之。曰："恭、宽、信、敏、惠。恭则不侮，宽则得众，信则人任焉，敏则有功，惠则足以使人。"

仲弓问仁。子曰："出门如见大宾，使民如承大祭。己所不欲，勿施于人。在邦无怨，在家无怨。"

颜渊问仁。子曰："克己复礼为仁。一日克己复礼，天下归仁焉。为仁由己，而由人乎哉？"颜渊曰："请问其目。"子曰："非礼勿视，非礼勿听，非礼勿言，非礼勿动。"

"仁"是孔子伦理思想的核心，是他心目中的最高道德标准。因为樊迟的资质比较鲁钝，理解能力比较差，所以孔子对他只讲"仁"的最基本概念"爱人"，告诫他为人处世要恭敬、忠诚、关心他人、与人和谐相处。司马牛因"多言而躁"，孔子告诫他仁德的人话不多，说话谨慎，说起话来好像是迟钝的样子，不急于表态。子张有时过于偏激，办事好走极端，所以当他请教仁德时，孔子讲得比较具体细致，告诉他如何与人相处。仲弓即冉雍，孔子认为他"可使南面"（《论语·雍也》），即可以做一个地方的长官，所以回答他的提问就侧重于仁德在为政中的应用；但仲弓对人不够谦恭，不能体谅别人，孔子就教他忠恕之道，要能将心比心，推己及人。颜渊是孔门第一大弟子，是对孔子的思想理解最深刻的一个，已有很高的德行，所以孔子对他的回答比较深奥而抽象，涉及"礼"与"仁"的关系，并提出具体的要求。

孔子对"仁"的不同解释是"因材施教"教学原则的完美呈现，是成功教学范例的最好诠释。

孔子之后，"因材施教"的教育思想又被众多教育家或思想家在教学过程中有意无意地运用并加以发展：儒家学说的代表人物孟子就强调"教亦多术"，一切应因人而异；东汉末年著名的教育活动家郑玄把孔子的"求也退，故进之；由也兼人，故退之"概括为"各因其人之失而为之"；南宋著名理学家、教育家朱熹则把它进一步概括为"夫子教人，各因其材"。

"因材施教"的原则与方法，经过历代教育家的继承和发展，在中国乃至世界各国教育史上始终起着难以估量的作用，即使在班级授课制确立之后，它仍然是重要的教学原则。现代教育家陶行知曾十分重视运用和发展"因材施教"的教育思想，他创办的育才学校，办校时间虽然不长，但因重视"因材施教"，提倡"教、学、做合一"，"教的法子必须根据学的法子"，培养出了不少优秀人才。当今流行的"分层教学""培优扶困""走班教学""分类推进"等"个性化"教学实践，也无不源于"因材施教"的教学观。目前，以美国和日本为代表的教育发达国家把培养自由发展的人作为重点，强调个性的充分解放，更是对这一教学原则的研究和运用、补充和完善。

现代教育心理学研究表明，学生的个别差异是客观存在的，人的心理发展会表现出若干个连续的阶段。由于研究者们的划分标准不同，对心理发展阶段的区分也不一致。我国学者根据个体心理发展的各个不同时期内的综合主导活动、智力特点和个性特征，将个体划分为如下阶段：

① 乳儿期（0—1岁）。

② 婴儿期（1—3岁）。

③ 幼儿期（3—6、7岁）。

④ 童年期（6、7—11、12岁）。

⑤ 少年期（11、12—14、15岁）。

⑥ 青年期（14、15—25岁）。

⑦ 成年期（25—65岁）。

⑧ 老年期（65岁以后）。

在个体心理发展的各年龄阶段所表现出来的一般的、典型的、本质的特征，称为年龄特征。学生的年龄特征反映的是同一年龄阶段学生身心发展的普遍规律，它是我们开展教育教学工作的重要依据。学生的性格、爱好、智力、能力、品德、知识基础、学习态度及意志力等方面因遗传素质、生活环境和生活经历的不同也存在很大差异。教育者只有承认学生的个性差异，遵循学生身心发展的规律，处理好学生身心发展过程中的连续性与阶段性、稳定性与可变性、个别性与一般性的关系，真正做到因材施教，才能做好培养创新意识、创新精神和创新能力的基础工作。

世界上没有两片相同的树叶，更不可能有两个完全相同的人。这就要求教育者在教学中避免"一刀切"，不能用"一把尺子"去衡量学生。而"五步助学法"课堂构建过程中始终追求的就是关注学生的个体差异和个性特点，真正做到关注个性，扬长补短，满足差异，助力成长。如"自学深思"环节的分层学习，"小组互学"环节的彼此启迪，"教师助学"环节的个性质疑，"自主检测"环节的主动练习等都是因材施教教学原则的具体体现，都是切实提高教学有效性的大胆尝试。

（三）"授之以渔"是"五步助学法"的学法指导

西方教育史过去公推苏格拉底是启发式教学法的鼻祖，教学论专家在阐释苏格拉底启发式教学理论时，常引用苏格拉底与一位青年的这段经典对话。

有位名叫欧谛德谟的青年一心想当政治家，为帮助他认清正义与非正义的问题，苏格拉底运用启发式方法和这位青年进行了下面的对话：

苏："虚伪应归于哪一类？"

欧："应归入非正义类。"

苏："偷盗、欺骗、奴役等应归入哪一类？"

欧："非正义类。"

苏："如果一个将军惩罚那些极大地损害了其国家利益的敌人，并对他们加以奴役这能说是非正义吗？"

欧："不能。"

苏："如果他偷走了敌人的财物或在作战中欺骗了敌人，这种行为该怎么看呢？"

欧："这当然正确，但我指的是欺骗朋友。"

苏："那好吧，我们就专门讨论朋友间的问题。假如一位将军所统帅的军队已经丧失了士气，精神面临崩溃，他欺骗自己的士兵说援军马上就到，从而鼓舞起斗志取得胜利，这种行为该如何理解？"

欧："应算是正义的。"

苏："如果一个孩子有病不肯吃药，父亲骗他说药不苦、很好吃，哄他吃下去了，结果治好了病，这种行为该属于哪一类呢？"

欧："应属于正义类。"

苏："如果一个人发了疯，他的朋友怕他自杀，偷走了他的刀子和利器，这种偷盗行为是正义的吗？"

欧："是，他们也应属于这一类。"

苏："你不是认为朋友之间不能欺骗吗？"

欧："请允许我收回我刚才说过的话。"

从这段生动的对话中可以看出，苏格拉底启发式教学的特点是抓住学生思维过程中的矛盾，启发诱导，层层分析，步步深入，最后导出教师所期待的正确结论（教师不断追问的所谓启发式教学深受其影响）。可见，苏格拉底的对话法实际上是一种以教师为中心，学生完全被教师牵着鼻子走的教学方法。这种启发式教学虽然也能使学生印象深刻，但是由于学生的主动性发挥不够，一旦面对较复杂的问题或涉及高级认知能力的问题时，恐怕就很难深入理解了。况且，这种方法的运用往往使学生在一种咄咄逼问下屈服，有一种无路可逃的挫败感。

再看孔子的启发式教学，只有"不愤不启，不悱不发"这八个字，其内涵比苏格拉底的"产婆术"更为丰富，更为深刻。按宋代朱熹的解释："愤者，心求通而未得之意；悱者，口欲言而未能之貌；启，谓开其意；发，谓达其辞。"[①]可见，"愤"就是学生正在对某一问题积极思考，急于解决而又尚未搞通时的矛盾心理状态。这时，教师应对学生思考问题的方法适时予以指导，以帮助学生开启思路，这就是"启"。"悱"则是学生对某一问题已经有一段时间的思考，但尚未考虑成熟，处于想说又难以表达的另一种矛盾心理状态。这时，教师应帮助学生理清思路，弄清事物的本质属性，然后用比较准确的语言表达出来，这就是"发"。

不难发现，孔子的启发式教育是以学生为中心，始终让学生处于主动地位，既让学生主动提出问题、思考问题，又让学生主动去发现、去探索；教师只是依据学生学习状态及时点拨和启迪，起指导和促进作用。两相比较可以看出，虽然这两种启发式教育在教学中都很有效，都能促进学生的思维发展，但是很明显孔子的启发式教育有更深刻的认知心理学基础，更加符合学生的认知规律，因而具有更高的理论价值。

我们在"五步助学法"课堂构建过程中，也始终以学生为中心，坚信学生有自主发展的可能性，教师是助力成长的"启发"者，课堂是助力学生成长的主阵地。学生的任何学习行为都离不开思维的提升和学习方法的熟练运用。所谓"工欲善其事，必先利其器"，"授之以鱼，不如授之以渔"。在"五步助学法"课堂上，学生通过自主学习掌握恰当的学习方法，养成良好的学习习惯，形成主动学习的意识和基本素质，最终实现"教是为了不教"的目的要求。

---

① 朱熹.四书章句集注［M］.北京：中华书局，2015.

况且，我们传统的"学而时习，循序渐进，温故知新，学思结合，当仁不让，举一反三，博学慎思"等恰恰都是从"学"的角度出发，切实关照学生的学习状态，有效提升学生学习能力的经典学习方法。这些都为重视学习方法渗透和指导的"五步助学法"课堂提供了丰富的可能性。

（四）"好学乐学"是"五步助学法"的动力源泉

在教学活动中，学生是最活跃、最积极的因素，他们有自主成长的动力，有活泼好动的天性，一切富有成效的教学活动都离不开他们积极主动的参与。因此，如何激发学生的学习兴趣是每个教师必须面对的课题。

可是现实是残酷的，学生随着课堂学习的增多，学习兴趣逐渐丧失，学习激情日渐消退。究其原因，无非是沉闷无趣的传统课堂仍然大行其道，通过图、文、声、像向学生展示形式多样和功能各异的感性材料的伪课堂屡见不鲜。这就像我们可以把一匹马拉到河边但无法强迫它低下头喝水一样，我们可以让学生在教室中安静地端坐却无法让他们的心思真正停留在我们期望停留的地方，更不要说使他们处于"好学乐学"、欲罢不能的良好学习状态了。

"兴趣比天才重要。"这就是说一个人一旦对某事物有了浓厚的兴趣，就会主动去求知、去探索、去实践，并在求知、探索、实践中产生愉快的情绪体验，也会更接近最后的成功。爱迪生对发明感兴趣，才拥有了三千多项发明的伟大成就；牛顿坐在苹果树下，被落下的苹果砸到，就开始兴趣盎然地研究思考，才发现了万有引力。研究资料表明，如果一个人对某种事情不感兴趣，那他在这方面只能发挥出全部才能的20%—30%，也容易感到疲劳和厌倦。相反，假如他对某种事情感兴趣，则能发挥他全部才能的80%—90%，并且能长时间地保持高效率而不感到疲劳。如爱因斯坦所说："我认为对一切来说，只有'热爱'才是最好的教师。"历史上许许多多成就斐然的人物正因为做了自己"热爱"的事情，才取得了事业的成功。学生的学习何尝不是这样，他们在课堂上如果兴趣盎然，"好学乐学"，就很容易获得进步与成功。

当然，学生主动求知，"好学乐学"的内驱力是需要不断激发的。子曰："仁远乎哉？我欲仁，斯仁至矣。"（《论语·述而》）孔子就认为，仁心是自己的本心，是与生俱来的，只要有了求仁的欲望，就能靠近仁，达到仁。但是，求仁的欲望也是需要去激发的，否则就不会长久地持续。亚里士多德也说："求知是人类的本性。"这一著名的哲学命题说明人具有一种求知的自然倾向，这种自然倾向在具体的求知活动中一旦表现出来就会成为人们求知的内在动力。中西方哲人不约而同地阐述了同一个道理，那就是求仁、求知是人的本心、本性，只要很好地激发和保持，就能为后边的学习源源不断地提供动力和激情。

原本，多数学生对于探索世界的各种奥秘充满兴趣，对开始学习一门新的学科充满着热切的期待和良好的愿望。当儿童长到五六岁时，初步的求知欲开始出现，如果他们在其后的生活和学习中得到系统而科学的指导和练习，求知欲会随着年龄的增长进一步增强，"好学乐学"的应然状态也会得以保持和强化。可惜，许多孩子随着课堂学习增多，在校时间延长，逐渐对某些学科甚至大多数学科丧失了学习兴趣，最终滋长了不可逆转的厌学情绪。

产生上述情况的原因很多，其中学习内容、学习形式、学习方法不能使学生的求知需要得到满足应是最关键因素。有些课堂，学习内容单调乏味，不能发掘学科自身的趣味；学习形式单一，不符合学生追求变化的实际需求；学习方法单调无效，无法给予学生提升思维和终身学习所需要的有效工具。当学生在课堂上无法满足求知需要时，失落、烦恼、焦虑的情绪会不断累积和强化，也就不可能产生兴趣和激情，更无法达到"好学乐学"的理想状态。

因此，在教学中不断满足学生正当的求知欲求，使他们产生愉快的学习体验，进而产生继续学习的动力和激情，是课堂教学改革首先要解决的深层次问题。正因为看清了这一点，"五步助学法"课堂既突出"助学"理念，又强调"以学生自主发展为根本，以教师助力为手段"有效组织课堂学习。学生在这样的课堂上能够自主选择学习内容、学习方式、学习方法，能够交流质疑、阐述展示、自主检测和自我反馈，他们的求知欲求既得到极大的满足，"好学乐学"的内驱力也不断增强。作为学生，一旦把学习当作乐趣，把好学当成习惯，把学好当成追求，就有了自主成长的力量和追求快乐幸福的源泉，他们就会全身心地投入课堂，甚至达到"发愤忘食，乐以忘忧，不知老之将至"（《论语·述而》）的最高境界。

当然，发掘学生"好学乐学"的内驱力，更少不了古人的教育智慧。《学记》中说："君子之于学也，藏焉，修焉，息焉，游焉。"意思是说："君子在教学时，是把知识藏起来，装饰它（不直接教），让学生在休息和玩耍中不知不觉地学到它。"可谓教者有心，学者无意，润物无声。

在具体教学实践中，孔子为我们提供了丰富的经验，做出了很好的示范。他常常让学生畅谈理想（子曰："盍各言尔志？"），激励学生树立远大理想和宏伟目标，要"志于道"。他从不吝啬对学生的赞美（子曰："贤哉，回也！一箪食，一瓢饮，在陋巷。人不堪其忧，回也不改其乐。"），据统计，《论语》中关于孔子对学生的表扬有17处之多。他更把批评作为激励的必要手段，在批评教育冉有不该满足公西赤过多要求的同时，也侧面批评了公西赤（子曰："赤之适齐也，乘肥马，衣轻裘。吾闻之也，君子周急不继富。"）的奢华与排场。

在一次次的理想畅谈中，在真诚的赞美和肯定中，在润物无声的批评和激励中，我们看到了孔子在培养学生"好学乐学"时丰盈而灵动的教育智慧。这些丰富多彩、有效实用的教学行为，春风化雨般的教学艺术，正是"五步助学法"课堂构建的明确目标和不懈追求。

（五）"立德树人"是"五步助学法"的精神启迪

今天的中国人对教育的重视程度似乎达到了历史的最高水平，但以升学考试为中心的应试教育也制造了太多的学生恐慌，致使许多学生因不能够理解和承受巨大的压力而产生了较为强烈和持久的焦虑。应试教育的高压也使得不少地方的教育出现了高度扭曲，唯分数论、加班加点、作业沉重、透支未来的现象比比皆是。虽然学生的学习负担越来越重，但是真正的教育并没有落到实处，对学生健康人格的培养也没有真正成为教育工作的核心。

但是，人格素质与一个人的成才又密切相关，人必须首先具有道德、思想、灵魂，才能形成一定的性格，养成独特的气质，获得足够的能力，进而达到态度端正、言行一致、有责任担当的应有水平。也就是说，人格的培养要先于知识技能的培养，人格培养是比知识传授更为重要的教育目标。我们"教书"的最终目的是"育人"，单从"教书"的角度看，任何优秀教师都无法使所有学生在学科学习上获得同样优异的成绩，而从"育人"的角度看，每个学生都可以在适当的教育条件下发展其完整的人格。

只可惜，在具体实践中，很多地方的教育将培养人格与传授知识的关系颠倒了。日本政府在20世纪80年代中期曾对这一点进行过深刻反思，提出了"教育荒废"的观点，认为由于激烈的考试竞争，用人单位偏重学历，整个教育陷入了应试教育的怪圈，出现了所谓的"问题教师"和"问题学生"。"教育荒废"导致了包括学生在内的社会各界对整个教育界的极度不信任，日本有关方面认为，有两个原因导致了"教育荒废"现象的产生：第一是为赶超世界先进国家，整个社会的注意力集中在了物质的积累上，而忽视了对精神的关注；第二是僵化、封闭、激烈的升学竞争，极端的管理措施，不仅加重了学生心理上的压抑感，也妨碍了健康人格的形成。这种升学至上的教育，逐步背离了原有的目标，既脱离了社会需求，又忽视了教育对象，甚至忽视了学生个体生命本身。

"教育荒废"倾向在我国现阶段也存在，因此，日本政府对"教育荒废"现象的反思也应当引起我们的高度重视和高度警惕，我们应避免重蹈覆辙。

值得欣慰的是，我国从国家层面已经认识到对学生健康人格的培养是教育的核心这一根本问题。早在2007年，党的十七大报告就强调指出，要"坚持育人为本、德育为先，实施素质教育，提高教育现代化水平，培养德智体美全面发展的社会主义建设者和接班人"。党的十八大报告也明确把"立德树人"作为教育的根本任务。十八届三中全会又进一步提出要坚持"立德树人"。从某种程度上讲,"立德树人"是对"培养什么人"以及"怎样培养人"的一种积极回应,教育部印发的《关于全面深化课程改革 落实立德树人根本任务的意见》也是对这一问题的进一步深化。这一文件的出台主要基于以下三个方面的考虑:一是落实党的十八大和十八届三中全会精神的需要。二是解决现实问题的需要。当前,重智轻德、重分数轻育人的现象还比较普遍,课程改革整体规划和协同推进不够,尚未形成育人合力。三是迎接未来挑战的需要。信息网络、多元化文化使得学生的成长环境更为复杂,对学生的健康成长产生很大的影响;另外,日趋激烈的国际竞争对学生综合素质的培养提出更高的要求。在这一文件中,我国专家学者们提出把培养中国学生的核心素养作为落实"立德树人"的重要举措,这也是适应世界教育改革趋势,提升我国教育国际竞争力的迫切需要。

现在将"立德树人"作为教育的根本任务,有着特定的内涵和时代意义,这对青少年学生的民族认同感和文化归属感有着极大的提升作用,对"四个自信"(道路自信、理论自信、制度自信、文化自信)以及"两个一百年"(第一个百年目标是到中国共产党成立一百年时全面建成小康社会,第二个百年目标是到新中国成立一百年时全面建成社会主义现代化强国)有着极大的奠基作用。

其实,我们民族向来重视德育教育,"立德树人"本来就是中华民族优秀的文化传统,它几乎是历代教育家共同遵循的教育理念。无论是"修身、齐家、治国、平天下"还是人生的"三不朽"(《左传》记载:"太上有立德,其次有立功,其次有立言,虽久不废,此之谓不朽。"),无论是"成人比成才更重要"还是"做事先做人",这些都在强调"德"的重要性。可以说,国无德不兴,人无德不立,道德之于个人、之于社会都具有基础性意义。察德修身是个人成长的第一要务,是一个人逐步形成人生观、世界观、价值观的必要环节,发扬"立德树人"的优良传统更是学校教育不可推卸的重要责任。

多年的教学实践也使我充分认识到,"立德树人"的主阵地应在课堂上。因此，在"五步助学法"课堂构建中，我带领老师们首先摆正培养人格与传授知识的关系，将"立德树人"落实到课堂教学的每一个环节，力争使整个课堂成为学生培育品德、涵养精神、启迪灵魂的重要战场。具体说来，教材是德育的载体，认真研究教材，深入挖掘教材的德育要素，依据不同学科性质和特点精心设计"助学提纲"和"助学训练"是落实"立德树人"的基础；注意德育渗透的自然性，把握课堂中德育教育的最佳时机，对学生进行有效启迪和助力是落实"立德树人"的关键。

此外，重视学习与生活的内在联系，从学生实际出发创设德育情境，创造德育契机，把学生置于特定的生活情境中去体验道德冲突，感悟道德选择，也是落实"立德树人"的重要组成部分。如"五步助学法"课堂教学改革中开展的系列活动，进行的"故事化德育"，既有效助力了学生自我发展和自主成长，又很好地将"立德树人"落到了实处。

落实"立德树人"是"五步助学法"课堂教学改革永恒的价值追求，虽然任重而道远，但是商河县清华园人不忘初心，砥砺前行，一定会在启迪智慧和助力成长的道路上走得更稳健、更长远。

二、现代教育理论是"五步助学法"的重要依据

现代教学思想和方法，最早是在欧洲和北美等资本主义国家发展起来的。学习借鉴国外先进的教学思想与实践模式，是我国现代教学体系得以形成的重要原因和动力。

从清末民初开始，为了给衰微的民族开一剂图存的良方，许多仁人志士把目光投向了教育。1905年，清政府正式宣布废除运行了1300余年的科举制度，学习借鉴西方教学理论与模式，建立新式学校。在接下来一个多世纪的教育探索中，我们先后引进了德国赫尔巴特的教学体系（主要是班级教学制、教师讲解法、分科教学法等），学习和实验了美国杜威的实用主义教学理论和模式（包括活动教学法、道尔顿制、教育测量等），全面借鉴了苏联凯洛夫的教学体系（重视知识教学、教师主导、班级教学、教学的教育性等）。自改革开放以来，西方发达国家教学改革的许多新理

论和新模式也相继传入我国并被广泛实验。如苏联的赞科夫、巴班斯基、阿莫纳什维利，美国的布鲁纳、布卢姆、罗杰斯等人的教学理论和实践模式，都得到了比较系统而深入的介绍与研究。

在构建"五步助学法"课堂体系的过程中，我们并不局限于一人一派，而是对多种教育理论和教学模式深入研究，广泛借鉴，大胆取舍，融会贯通。广大教师在领悟先进教学思想、使用新的教学方法与先进教学技术的同时，整体提升了自身的专业能力和助力学生成长的专业水平。

（一）"五步助学法"是对赫尔巴特教育性教学思想的扬弃

约翰·弗里德里希·赫尔巴特（Johann Friedrich Herbart，1776—1841），德国近代著名的教育家、心理学家。他是教育史上一位极其重要的代表人物，其教育思想对当时乃至之后百年来的学校教育理论和实践的发展都产生了巨大、广泛而又深远的影响。在西方教育史上，他被誉为"科学教育学的奠基人"，反映其教育思想的代表作《普通教育学》则被公认为是第一部具有科学体系的教育学著作。

赫尔巴特明确提出教育学的科学性问题，在他看来："教育学作为一种科学，是以实践哲学和心理学为基础的。前者说明教育的目的，后者说明教育的途径、手段与障碍。"[①]他在哲学的基础上建立起了教育目的论，在心理学的基础上建立起了教学理论，在伦理学的基础上建立了道德教育理论，从而奠定了科学教育学的理论基础。

赫尔巴特在西方教育史上第一次明确提出"教育性教学"的思想。他明确指出"不存在'无教学的教育'这个概念，正如反过来，我不承认有任何'无教育的教学'"。他还说："德育问题是不能同整个教育分离开来的，而是同其他教育问题必然地、广泛而深远地联系在一起的。"

赫尔巴特还根据"统觉"学说，强调教学应该是一个统一完成的过程，提出形式教学阶段理论。他将教学过程分为清楚、联想、系统和方法

---

① 赫尔巴特.赫尔巴特文集：教育学卷一［M］.杭州：浙江教育出版社，2002：187.

四个阶段。其中"清楚"是指学生清楚明确地感知新教材,"联想"是指学生通过一定形式的练习与作业将新知识与旧知识联系起来,"系统"是教师指导学生在新旧知识的基础上做出概括和总结,"方法"是教师引导学生把所学的知识应用于实际并检查是否正确理解和掌握了所学的新知识。

赫尔巴特的教育思想不仅对德国教育理论和实践的发展起了推动作用,还对世界上许多国家的教育产生了极深远的影响。20世纪初,它曾借道日本传入中国,对当时中国教育观念的变革和教育实践的发展起到了促进作用。但是,该学派试图把教学阶段建立在心理学的基础上,使教学能按照合理的步骤进行,他们把教学阶段看成是独立于教学内容以外的东西,认为任何传授知识的课都应当按这样的公式进行,这便陷入了形式主义。

现在看来,赫尔巴特的教育思想仍有许多可借鉴之处。他的教育性教学思想反映了知识与道德、智育与德育之间的内在联系。他强调通过教学进行德育,教学是形成道德观念、培养道德品质的最基本的手段。他还强调道德教育要建立在知识教学的基础之上,知识教学的目的是造就学生的德行。这种教学思想不仅在当时,即便在今日也有着积极意义。但是,教学并不是实施德育的唯一途径,赫尔巴特在强调德育与智育之间内在联系的同时,忽视了德育与智育之间的相对独立性,这是其教育思想的片面性所在。

在扬弃赫尔巴特的教育性教学思想的基础上,"五步助学法"课堂既重视德育渗透,又重视德育与智育之间的协调统一,取得了良好的育人效果,也为助力学生自主成长提供了平台和保障。

(二)"五步助学法"是对杜威实用主义教育思想的实践

在教学实践中,我始终对赫尔巴特强调教师的权威作用和中心地位有所怀疑,也对他提出"教师中心,教材中心,课堂中心"的"三中心论"持有足够的警惕,而对杜威的"儿童为中心(学生为中心),经验为中心,活动为中心"的新"三中心论"却报以极大的热情。

约翰·杜威（John Dewey, 1859—1952），美国著名的哲学家、教育家、心理学家，实用主义的集大成者，机能主义心理学和现代教育学的创始人之一。

杜威一生推崇民主制度，强调科学和民主的互补性，民主思想是他众多著作的主题。与此同时，他也被视为20世纪最伟大的教育改革者之一。杜威反对传统的灌输和机械训练的教育方法，主张从实践中学习，提出"教育即生活，学校即社会"的口号。其教育理论强调个人的发展，强调对外界事物的理解，强调通过实验获得知识。这种思想曾对20世纪前期的中国教育界和思想界产生过重大影响，培养了包括胡适、冯友兰、陶行知、张伯苓等人在内的一大批思想家和教育家。

杜威曾于1919年4月30日到访中国，偶遇了震惊世界的"五四运动"，他目睹了这个国家接受民主洗礼的过程，并决定延长中国之行，还发表大量文章向西方社会介绍中国，为中国争取更多的国际支持。当他离开北京起程归国的时候，胡适写了一篇《杜威先生与中国》的短文为之送行，登在《东方杂志》和《民国日报·觉悟》上。他说："自从中国与西洋文化接触以来，没有一个外国学者在中国思想界的影响有杜威先生这样大的。""我们还可以说，在最近的将来几十年中，也未必有别个西洋学者在中国的影响可以比杜威先生还大的。"①

杜威从实用主义经验论和机能心理学出发，批判了传统的学校教育，并就教育本质提出了自己的基本观点，"教育即生活"和"学校即社会"。他还从批判传统学校教育的做法出发，强调"儿童中心"的思想，提出了"从做中学"这个基本原则，形成了"教学五步"的基本框架。

第一，"教育即生活"和"学校即社会"。

杜威认为，教育就是儿童生活的过程，而不是将来生活的预备。他认为生活就是发展，而不断发展和不断生长就是生活。因此，最好的教育就

---

① 胡适.杜威的教育哲学［G］//白吉庵，刘燕云.胡适教育论著选.北京：人民教育出版社，1994：128.

是"从生活中学习，从经验中学习"，教育就是要给儿童提供保证生长或充分生活的条件。

由于生活就是生长，儿童的发展就是原始本能生长的过程。因此，杜威又强调说："生长是生活的特征，所以教育就是生长。"①在他看来，教育不是把外面的东西强迫儿童去吸收，而是要使人类与生俱来的能力得以生长。

由此，杜威认为，教育过程在它的自身以外无目的，教育的目的就在教育的过程之中。其实，他反对的是把从外面强加的目的作为儿童生长的正式目标。既然教育是一种社会生活过程，那么学校就是社会生活的一种形式。他强调说，学校应该"成为一个小型的社会，一个雏形的社会"。在学校里，应该把现实的社会生活简化到一个雏形的状态，应该呈现儿童的社会生活。

杜威提出"学校即社会"的具体要求包括两个方面：一是学校本身必须是一种社会生活，具有社会生活的全部含义；二是校内学习应该与校外学习连接起来，两者之间应有自由地相互影响。但是，"学校即社会"并不意味着社会生活在学校里的简单重现。杜威又认为，学校作为一种特殊的环境，应该具有三个比较重要的功能，那就是："简单和整理所要发展倾向的各种因素，把现存的社会风俗纯化和理想化，创造一个比青少年任其自然时可能接触的更广阔、更美好的平衡的环境。"

第二，"儿童中心"。

尽管杜威并不是"儿童中心"思想的首创者，但是，他是赞同"儿童中心"思想的。其最典型的一段话是："我们教育中将引起的改变是重心的转移。这是一种变革，这是一种革命，这是和哥白尼把天文学的中心从地球转到太阳一样的那种革命。这里，儿童是中心，教育的措施便围绕他们而组织起来。"②

---

① 赵祥麟，王承绪.杜威教育论著选［M］.上海：华东师范大学出版社，1981：158.
② 赵祥麟，王承绪.杜威教育论著选［M］.上海：华东师范大学出版社，1981：32.

从批判传统学校教育的做法出发，杜威认为，学校生活组织应该以儿童为中心，使得一切学校行为主要是为儿童的而不是为教师的。因为以儿童为中心是与儿童的本能和需要协调一致的，所以，在学校生活中，儿童是起点，是中心，而且是目的。杜威强调教育必须站在儿童的立场上，并且以儿童为自己的出发点。

在强调"儿童中心"思想的同时，杜威并不同意教师采取"放手"的政策。他认为，教师如果对儿童予以放任，实际上就是放弃他们的指导责任。在杜威看来，那种从外面强加于儿童和让儿童完全放任自流的做法都是根本错误的。

由于教育过程是儿童与教师共同参与的过程，是他们双方真正合作的过程，因此，在教育过程中儿童与教师之间的接触更亲密，从而使得儿童更多地受到教师的指导。杜威说："教师作为集体的成员，具有更成熟的、更丰富的经验以及更清楚地看到任何所提示的设计中继续发展的种种可能，不仅是有权而且有责任提出活动的方针。"[1]在他看来，教师不仅应该给儿童提供生长的适当机会和条件，而且应该观察儿童的生长并给予真正的引导。

杜威还特别强调了教师的社会职能。他认为："教师不是简单地从事于训练一个人，而且从事于适当的社会生活的形成。"[2]因此，每个教师都应该认识到他所从事的职业的尊严。

第三，"从做中学"。

在批判传统学校教育的基础上，杜威提出了"从做中学"这一基本原则。因为人们最初的知识和最牢固地保持的知识是关于怎样做（how to do）的知识，所以，教学过程应该就是"做"的过程。在他看来，如果儿童没有"做"的机会，那必然会阻碍其自然发展。儿童生来就有一种要做事和要游戏的愿望，对活动具有强烈的兴趣，对此要给予特别的重视。

---

① 赵祥麟，王承绪.杜威教育论著选［M］.上海：华东师范大学出版社，1981：262.
② 赵祥麟，王承绪.杜威教育论著选［M］.上海：华东师范大学出版社，1981：12.

杜威认为,"从做中学"也就是从活动中学,从经验中学,它使得学校里知识的获得与生活过程中的活动联系起来。由于儿童能从真正有教育意义和有兴趣的活动中进行学习,那么这些活动就有助于儿童的生长和发展。在杜威看来,这些活动也许标志着它们将成为对儿童一生有益的一个转折点。

但是,儿童所"做"的或参加的活动并不同于职业教育。杜威指出,贯彻"从做中学"的原则,会使学校所施加于它的成员的影响更加生动、更加持久并含有更多的文化意义。

第四,"教学五步"。

杜威的"教学五步"来源于"思维五步"。他认为,好的教学必须能唤起儿童的思维,所谓思维就是明智的学习方法,或者说是教学过程中明智的经验方法。在他看来,如果没有思维,那就不可能产生有意义的经验。因此,学校必须为学生提供可以引起思维经验的情境。

一般来讲,一个思维过程可分成五个具体步骤,通称"思维五步":一是疑难的情境;二是确定疑难的所在;三是提出解决疑难的各种假设;四是对这些假设进行推断;五是验证或修改假设。杜威指出,这五个步骤的顺序并不是固定的。

杜威认为,教学过程也相应地分成五个步骤:一是教师给儿童提供一个与他的社会生活经验相联系的情境;二是使儿童有准备去应付在情境中产生的问题;三是使儿童产生对解决问题的思考和假设;四是儿童自己对解决问题的假设加以整理和排列;五是儿童通过应用来检验这些假设。这种教学过程在教育史上一般被称为"教学五步"。杜威认为,在这种教学过程中,儿童可以学到创造知识以应付需求的方法。但是他也承认,这实在不是一件容易的事。

杜威对传统学校教育的批判至今还有启迪意义,他提出的"教育即生活"和"学校即社会"与"五步助学法"对"立德树人"的价值追求有相通之处;强调的"儿童中心"和"从做中学"等基本原则也与以学生的自主学习为核心的"五步助学法"课堂理念相吻合;特别是"思维五步"和

"教学五步"的基本框架对"五步助学法"课堂架构的形成提供了理论与实践支撑。

（三）"五步助学法"是对凯洛夫课堂五步的发展

伊·安·凯洛夫（N. A. Kaiipob，1893—1978），苏联著名教育家，二十世纪四五十年代苏维埃教育学的代表人物之一。

凯洛夫基本上是在苏维埃社会成长起来的教育家，他力图运用马克思主义的立场观点和方法分析论证教育方面的诸多问题，并大量吸收了人类教育史上的丰富遗产，实事求是地总结了二十世纪二三十年代苏联教育正反两方面的经验教训。在此基础上出版的《教育学》是人类教育史上第一次试图用马列主义观点阐述社会主义教育学理论的专著。该书曾被指定为苏联高等师范院校的教科书，具有很强的权威性，对中国、朝鲜等社会主义国家的教育事业也产生了深远的影响。

在《教育学》这本书中，凯洛夫深入讨论了教学过程的本质和教学原则问题，也对教学工作的基本组织形式、教学模式及方法、教育目的及作用等问题有详细的阐述。

第一，关于教学过程的本质问题。

凯洛夫在辩证唯物主义认识论的基础上论述了教学过程的本质问题。他根据人类起源于劳动和劳动创造人的理论，明确提出教育也是起源于劳动，教育是从人类社会的实际需要中产生，是客观的必然。同时，他指出教育存在于整个人类社会发展的各个历史时期，是一个永恒的范畴。而在阶级社会中，教育的历史性和阶级性彼此相连，教育同该社会中政治经济及社会关系也紧密相连。

凯洛夫认为学生掌握知识的过程和人类在其历史发展中认识世界的过程具有共同之处，教学过程应在科学认识论的指导下进行。他强调上课是教学的基本组织形式，教科书是学生获取知识的主要来源之一。他充分肯定教师在教育和教学中的主导作用，认为学生主要是自觉地牢固掌握和利用前人发现和整理的知识，进而完成发现新的真理的任务。

因此，在学校特别是在中小学里，学生掌握知识的任务主要是在教师指导下，采取各种教学途径来完成的。这样，就可以避免人类认识历史上的许多走弯路、犯错误的现象再发生。比如通过教科书的学习，在短期内就可以间接获得人类长期摸索积累起来的许多宝贵经验。如此一来，通过这种教学活动，学生实际上可以直接接受前人已经证实了的科学结论和概括，无须事事亲自去实践和尝试。

凯洛夫在这个问题上的见解基本上是正确的，基本反映了教学过程的客观规律，这既和以往各种从唯心主义认识论出发论述教学本质的观点划清了界限，也和那种把人的认识过程和教学过程混为一谈、不顾教学过程本身特点的观点有着本质区别。

第二，关于教学原则问题。

根据教学过程的基本环节，凯洛夫的《教育学》提出了五条指导教学工作的原则，即直观性原则，自觉性与积极性原则，巩固性原则，系统性与连贯性原则，通俗性与可接受性原则。

《教育学》的作者认为，直观性原则之所以必要，是因为学生只有在知觉具体事物的基础上才能形成观念和概念，直观是接触知识的"最初源泉"。同时，直观也是学龄儿童的年龄特征所要求的，尤其在教学的最初阶段，由于儿童过去观察所积累的形象还不多，这时直观教学就更有意义。

《教育学》指出，学生自觉性与积极性的原则旨在保证儿童的积极思维，将通过直观所得的形象和所知觉的具体事物在意识中加工，对物体及其特征进行分析、比较、对照，从对它们的概括中得出规律，形成概念。直观性和自觉性的教学原则是互为补充的，因为儿童不是容器，知识也不是向这一容器里灌入的液体，它需要思维的加工才能真正掌握。

《教育学》对巩固性教学原则所下的定义是：巩固地把知识保持在记忆中，当有必要时，要会想起这些知识并以它作为凭借。其重要性在于"如果学生不能回忆与新课题有联系的一定事实时，就不可能获取新知识"。可见，巩固的前提不仅在于充分领会，还在于教师叙述知识的清晰性与明确性程度、知识体系的形成、知识的运用程度等。

关于系统性和连贯性的教学原则，《教育学》强调了三点：一是为了保证学生知识的系统性和连贯性，需要有按照严格的逻辑联系编写的教学大纲与教材；二是教师必须负责系统地和连贯地讲述他们所教的学科；三是要求学生进行系统的学习，使自己巩固地、完整地掌握知识技能与技巧的体系。可以看出，这一原则是对20年代忽视系统知识教学的否定。

关于教学的通俗性与可接受性原则，《教育学》强调必须使教材的范围、深度与复杂程度符合各年级儿童的年龄特征，要顾及学生的知识水平、领会科学问题达到的程度及智力水平等。另一方面，该书作者也指出："所谓顾及儿童的能力，并不是说对于学生工作的努力加以限制的意思。儿童喜欢克服一切困难，而不用任何努力即易于掌握的教材并不能引起他们的兴趣。"[1]同时他们还提出了要估量每个学生的个性差异，对于学习困难的学生和进度快的学生都要提供特殊帮助的要求。

凯洛夫提出的五个教学原则，主要是为了让学生通过教师的讲授和学习教材，牢固地掌握系统知识，形成技能与技巧，以便为进一步学习打下坚实的基础。

第三，关于教学工作基本组织形式的问题。

根据教学过程的本质要求，凯洛夫强调了课堂教学应是教学工作的基本组织形式。也就是把学生按年龄和程度分成班级，对各种科目按固定课表由教师进行讲授，这种教学工作组织就是班级授课制度。他认为只有把上课作为学校教学工作的基本组织形式，才能完成教育和教学的主要任务，才能逐步地教给学生各方面的知识，进而提高学生的知识质量，培养学生的世界观和道德品质，发展学生的智力和兴趣，以及改善学生的纪律状况等。

第四，关于"五环"教学模式问题。

《教育学》这部著作的教学论中提出了新的教学模式。即"组织教

---

①凯洛夫.教育学：上［M］.北京：人民教育出版社，1952：89.

学""检查复习""讲授新课""巩固练习"及"布置家庭作业"五个环节的"五环"教学模式。在20世纪50年代，凯洛夫的"五环"教学模式被当作教学设计（编定教案）及施教的主要依据在我国中小学大面积推广。当时，我国除《人民教育》以外唯一的省级教育期刊《江苏教育》就系统地介绍了中小学各科教案，作为教师编写教案的范本用来全面推广"五环"教学模式。因此，这一教学模式长期以来被广大教师奉为圭臬，对新中国成立后乃至现在的教育教学都产生了极深远的影响。

第五，关于教育目的作用问题。

凯洛夫认为，苏维埃学校应该进行共产主义教育，教育的目的是"培养全面发展的人，培养共产主义社会的积极建设者"。为了达到这一目的，他把教育的基本任务规定为：体育、智育、综合技术教育、德育、劳动教育和美育，这六个方面的任务都要得到实现。不过，他一贯重视智育，狠抓学校的教学质量，促使教育水平不断提高，进而推动科学技术的迅速发展。应该说，他坚持学校工作必须以教学为主的观点反映了学校教育教学的一般规律。

关于教育的作用问题，凯洛夫从教育对社会发展和人的发展两方面对这一问题作了精辟的论述。他指出遗传素质是一个人发展的前提，但决定一个人发展的是一定的社会环境和教育；教育对社会的作用是前所未有的，教育永远是社会生活的重要机能。他还辩证地分析了遗传、环境和教育三者之间的关系，批判了"遗传决定论"和"环境决定论"，并对那种高估教育作用的"教育万能论"也进行了否定。他说："教育给予的东西固然很多，但是不能给予学生一切。"[①]他的结论是：教育在人的发展中起主导作用。

上述五方面的问题在《教育学》中都有深入讨论和详细阐述，其中的许多观点深刻影响了"五步助学法"课堂教学改革。我们也非常清醒地认识到，不管是对传统教学的继承还是批判，凯洛夫都是不可逾越的坐标。

---

①凯洛夫.教育学：上［M］.北京：人民教育出版社，1952：22.

他在《教育学》中讨论的有关教学过程、教学原则、教学工作的基本组织形式、"五环"教学模式等问题，仍然是现阶段进行课堂教学改革、构建高效课堂模式的整体参照。

（四）"五步助学法"是对人本主义学习理论的吸纳

人本主义学习理论是建立在人本主义心理学的基础之上的。对人本主义学习理论产生深远影响的著名心理学家有两位，分别是美国心理学家马斯洛（A. H. Maslow，1908—1970）和罗杰斯（Carl R. Rogers，1902—1987）。

马斯洛对人类的基本需要进行了研究和分类，将之与动物的本能加以区别。他在20世纪40年代提出了需要层次理论，认为人有五种基本需要：一是生理的需要。这是维持人类自身生命的基本需要，如食物、水、衣着、住所和睡眠等。二是安全的需要。这是人类避免危险的需要。三是归属的需要。当生理及安全需要得到相当的满足，友爱和归属方面的需要便处于主要地位。四是尊重的需要。即自尊和受别人的尊重。五是自我实现的需要。具体是指一个人从事自己最适宜的工作，发挥最大的潜力，达到自己所希望实现的目标。

这五种基本需要依次由较低层次到较高层次（如下页图所示）：生理需要和安全需要是需要层次的初级阶段，归属需要和尊重需要是需要层次的中级阶段，自我实现是需要层次的高级阶段。当人的某一级的需要得到最低限度满足后，才会追求高一级的需要，如此逐级上升，成为推动人继续努力的内在动力。

罗杰斯在心理治疗实践和心理学理论研究中发展出人格的"自我理论"，并倡导了"患者中心疗法"的心理治疗方法。罗杰斯在20世纪60年代又将他的"患者中心"的治疗方法应用到教育领域，提出了"自由学习"和"学生中心"的学习观与教学观。

罗杰斯认为，人类具有天生的学习愿望和潜能，这是一种值得信赖的心理倾向，它们可以在合适的条件下释放出来。当学生了解到学习内容

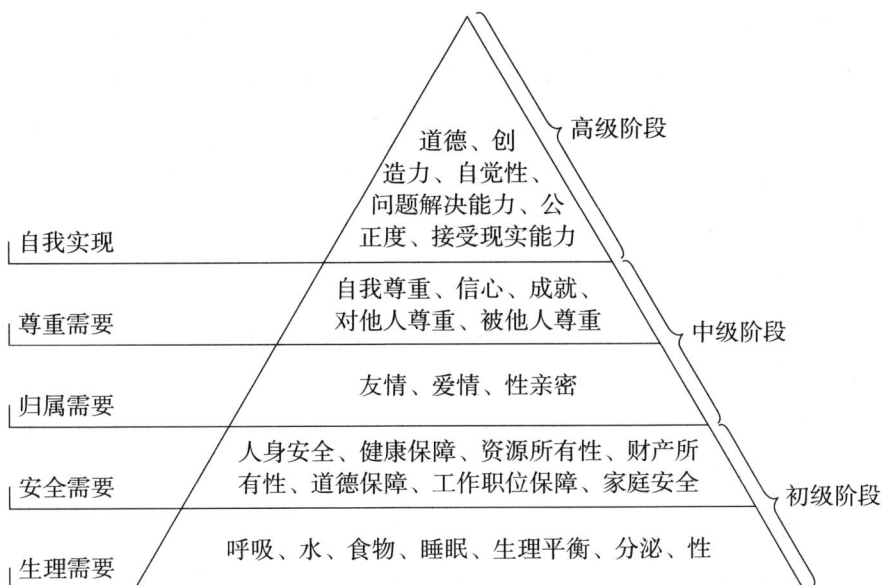

道德、创造力、自觉性、问题解决能力、公正度、接受现实能力 —— 高级阶段

自我尊重、信心、成就、对他人尊重、被他人尊重

友情、爱情、性亲密 —— 中级阶段

人身安全、健康保障、资源所有性、财产所有性、道德保障、工作职位保障、家庭安全

呼吸、水、食物、睡眠、生理平衡、分泌、性 —— 初级阶段

自我实现
尊重需要
归属需要
安全需要
生理需要

马斯洛需求层次理论

与自身需要相关时，学习的积极性最容易激发，在一种具有心理安全感的环境下就可以更好地学习。罗杰斯进一步指出，教师的任务不是教学生知识，也不是教学生如何学习知识，而是要为学生提供学习的手段。至于应当如何学习则应当由学生自己决定，教师的角色应当是学生学习的"促进者"。罗杰斯对传统教育进行了猛烈地批判，他认为在传统教育中，"教师是知识的拥有者，而学生只是被动的接受者；教师可以通过讲演、考试甚至嘲弄等方式来支配学生的学习，而学生无所适从；教师是权力的拥有者，而学生只是服从者"。因此，罗杰斯主张废除"教师"（teacher）这一角色，代之以"学习的促进者"（facilitator）。

人本主义学习理论主要贡献：

第一，重视学习者的内心世界。人本主义学习理论反对把人降低到"一只较大的白鼠或一架较慢的计算机水平"，重视对学生在教学过程中的认知、情感、兴趣、动机、潜在智能等内部心理世界的研究，主张设身处地为学生着想，使学生感受到学习的乐趣和激动，从而全身心地投入到学习中。人本主义不主张学生的行为依赖于现在或过去的环境刺激，而认为学生的自我实现和为达到目的而进行创造的能力才是他们行为的决定因素，个人所处的社会环境和文化环境只能促进或阻碍学生潜能的实现。

人本主义学习理论重视教育者对学生内在心理世界的了解，以顺应学生的兴趣、需要、经验以及个别差异等来达到开发学生的潜能，激起学生认知与情感的相互作用的目的。人本主义学习理论还重视创造能力、认知、动机、情感等心理方面对行为的制约作用，这对于教育事业的革新与进步是具有积极意义的。

第二，对学生的本质持积极乐观的态度。人本主义心理学家把人类能否适应当代世界的加速变化，解决种种社会矛盾的一个决定因素归之于能否教育好一代新人。他们反对那种强制学生适应学校、重视智育、不重视整个人全面发展的传统教育目标。提倡教育目标应该指向学生个人的创造性，是培养积极愉快、适应时代变化的心理健康的人。为了实现这种教育目标，教师应当充分尊重与理解学生，努力创设自由、宽松、快乐的学习氛围，激发学生的学习积极性，从而促进学生的学习与成长。这种观点对我国当前素质教育目标的制定，具有积极的借鉴作用。

第三，对教师的态度定势与教学风格的重视。人本主义心理学家在重视学生个别差异与自我概念的同时也重视师生关系、课堂气氛及群体动力的作用，特别是强调教师要更加重视与研究那些涉及人际关系与人际感情的有关问题。诸如自我概念与自我尊重，气氛因素及学生对新的学习知觉方式的调节，学习能力的获得，持续学习等问题，都是促使教师从学生的外部行为理解其内在心理的动因。教师在讲授知识时不仅要深入理解讲课内容，还要正确地理解自己。他们对教师心理的理论研究，为教师完善态度定势和教学风格具有十分重要的意义。

第四，重视意义学习与过程学习。人本主义心理学家主张的做中学和在学习过程中学习如何学习的观点是十分可取的，它有利于在教育中消除教师与学生、学和做、目的和手段之间的距离和对立，使学习成为快乐的事情。这对于克服我国教育中仍然存在的过分重视书本知识的作用和价值、忽视在实践活动中学习的偏向不无启示。

第五，消除行为主义和精神分析学习论的片面性，丰富了学习理论。人本主义心理学家关于学习的基本观点与理论，有力冲击了行为主义的机械学习论与精神分析的悲观发展论对学习心理与教育实践的消极影响，促进了美国当时的教育革新。人本主义大量的教育实验和研究工作所积累的经验与成果，也是教育心理学发展史上的一笔宝贵财富。

人本主义学习理论缺陷：

第一，片面强调学生的天赋潜能作用，忽视环境与教育的作用。人本主义心理学主张教育教学应当充分发挥学生的选择性和创造性，这是正确的，但认为这些心理特点都是先天的潜能，忽视社会和文化环境的重要作用，是一种强调遗传决定发展的片面的观点，是违背人的发展客观现实的。现实中的学校总是在与社会文化环境的互动中，改变着自己的教育目标、教育方针与办学模式，并改变着对学生施加的种种影响。而学生也在家庭与社会团体中接受社会文化环境的影响，成为一个既具有学校社会组织特性又具有独特个性的人。因此，过分强调学生天生的潜能，只会导致放任自流式的"自由学习"。

第二，过分强调学生的中心地位，影响了教育与教学效能。人本主义学习理论主张以学生为中心，这对教师以权威身份向学生灌输知识、强迫学生学习的传统教育起到一定的冲击作用。然而，该理论强调学习要以学习者的自由活动为中心，这样必然会在一定程度上忽视教学内容的系统逻辑性和教师在学科学习中的主导作用，影响教育与教学质量。这和我们提倡的让学生在宽松自由的学习气氛中学习，在遵循学生的角色规范和遵守必要的规章制度的前提下完成教学计划规定的教学内容有很大不同。因为学生只有在不影响他人的基础上展现其自由学习的精神，真正做到既乐于学习又善于学习，既自由又受纪律制约，才能很好地适应当前的学习与未来的生活。

第三，过于突出学生个人的兴趣与爱好，低估社会与教育的力量。人本主义学习论主张教育措施必须符合儿童心理发展水平，必须有利于儿童潜能的开发。这一理论对于满足学生个人自发的兴趣和爱好过于重视，一味迁就其原有的水平与独特性，从而忽视了良好的社会与学校教育对他们健康发展的作用。这与通过良好的社会教育和自我教育，提高学生智能水平，完善其独特性，促使其社会化，培养其德、智、体、美、劳全面发展的教育理念是相悖的。

第四，低估了教师的作用。人本主义心理学家提出了情感型的新型师生关系，提倡师生之间真诚的情感交流，这为师生交往提供了一个新模式。但是，人本主义心理学家把教师看作尽职于学生的"侍人""非指导者""促进者"等，教师的作用只是"音叉"，应学生之声而"共鸣"，这实际上贬低了教师的作用。人本主义心理学强调师生之间的情感交流是合理的，但由此而让教师迁就于学生的想法，则是不可取的。

第五，哲学基础与方法论的局限。人本主义心理学以人为本、以学生为中心的思想，猛烈地冲击了当时及当代西方心理学的教育观念，成为心理学发展中的一个新动向，值得深入研究。但是，人本主义学习理论的整个体系建立在存在主义、现象学、性善论的基础上，因而具有唯心主义的色彩。此外，它的研究方法是从心理咨询等实际工作中引进的，一些学者认为人本主义学习论在一定程度上还只是一种推理和猜想，缺乏实验和实践的验证。

虽然罗杰斯等人对教师作用的否定言过其实，有一定的片面性，但是他们的理论和观点对传统的教育理论造成了冲击，推动了教育改革运动的发展。他们强调情感在教学活动中的地位和作用，形成了一种以知情协调活动为主线、以情感作为教学活动基本动力的新型教学模式，这对"五步助学法"课堂重视学生情感体验、强调有效构建和谐师生关系的做法起到了正面积极的作用。

罗杰斯等人坚持以学生的"自我完善"为核心，强调人际关系在教学过程中的重要性，认为课程内容、教学方法、教学手段等都维系于课堂人际关系的形成和发展。这种把教学活动的重心从教师引向学生的方式，倡导以学生经验为中心的"有意义的自由学习"的理念对"五步助学法"

课堂教学改革中学生自主发展的"生本教育"理念的形成提供了参照和启迪。

三、新时期教学改革实践是"五步助学法"的灵感启迪

当今世界正处于快速变革的时期，这给教育教学工作带来更大的挑战，提出更高的要求。但是，我国目前教育教学工作中仍存在教育观念、教学模式陈旧落后，城乡之间、地域之间严重不平衡的现象。所以，构建适应社会信息化与知识经济时代要求的高效课堂教学模式，大面积提高教育教学水平和质量，已成为保障我国教学体系具有时代先进性和国际竞争力的关键。

这项工作虽然不是创新性任务，但本质上却是极富前瞻性和创造性的事业，需要广大教育工作者不断付出艰辛和努力。可惜，长期以来总有许多地方喜欢一刀切、唯一论，习惯于复制一种自认为最好的教学模式，然后把它大面积推广，从而形成整齐划一的观瞻性存在。这样做虽然短期内对推广先进教学体系起到了积极作用，也有一定效果，但是长远看负面影响非常大，它不顾实际、抹杀个性，既导致教学工作缺乏活力、机械僵化，又难以适应快速发展的现代社会需求。

当然，随着新课改的推进，一批既突出现代社会、现代教育的共同规律和基本要求，又从实际出发重视个性、倡导多样化的先进教学模式也得以构建和推广，其改革理念和课堂模式都有很强的借鉴性。如江苏省特级教师仲广群的"助学法"有机整合了启发式教学、有意义的接受式教学、探究式教学和尝试教学等多种教学方式的优点，给教学带来生长的力量；泰兴市洋思中学蔡林森校长的"先学后教，当堂训练"颠覆了以往"满堂灌"的陈旧教学观念，调动了学生的学习积极性；石家庄精英中学李金池校长构建的高效"6+1"课堂框架体系包含了"导、思、议、展、评、检、练"等环节，极大提高了课堂的有效性。他们都为"五步助学法"课堂模式的构建开辟了道路，提供了灵感。

（一）仲广群的"助学法"

小学数学"助学课堂"的创建人仲广群是中学高级教师，江苏省特级教师。主持过三项省级重点课题的研究，获得过江苏省首届基础教育教学成果评比　等奖。发表论文100多篇，出版专著《讲述：在思考中成长》《数学生态课堂的意蕴》等。

从2010年开始，仲广群开始了小学数学"助学课堂"的实验研究，经过多年的不懈努力，目前已显现出成效。"助学课堂"所展示的新理念和新方法受到了教育同行的高度认同和广泛好评。

"助学课堂"既可以理解为一种理念，又可以理解为一种方式。作为理念，它意在强调学习在本质上是学生自己的事情，具有不可替代性，教学的作用在于帮助、促进与催生这一行为的发生。作为方式，它强调"三助"：一是自助，倡导先学后教，在助学单的引领下不断提高学生的自主学习能力；二是互助，设置适宜的任务驱动情境使学生充分展示预习成果，并通过提问、补充、质疑、辩论等形式把自主探究和小组合作、同伴交流等互助学习形式配合实施起来；三是师助，教师改变传统的面面俱到式的授课方法，要以学定教，在正确诊断学情的基础上删繁就简，合理用力，实施与学生需求相匹配的针对性教学。

"助学课堂"还在发展学生的高级思维能力上下功夫，把培养学生的创新精神和实践能力落到实处。下边是仲广群老师的"找规律"教学设计与说明。

教学内容：苏教版《数学》四年级上册第48—49页"找规律"。

教学目标：

1. 使学生经历探索间隔排列的两种物体个数之间的关系，以及类似现象中简单数学规律的过程，初步体会和认识这种关系和其中的简单规律，初步学会应用这种规律解决简单的实际问题。

2. 使学生在探索活动中体会用观察、比较、归纳等方法寻找和发现规律的过程，发展分析、比较、综合和归纳等思维能力。

3. 使学生在联系实际发现和应用规律中，感受数学与生活的联系，培养用数学的眼光观察周围事物、用数学的观点分析生活现象的初步意识及能力，逐步产生对数学的好奇心和求知欲。

教学过程：

一、设境激疑，引入新知

1. 屏幕呈现从一个宝盒里往外倒球的场景，蓝色的球与红色的球交替出现。

师：这是一个神秘的宝盒，从里面倒球会出现这样的情形。猜一猜，下一个球是什么颜色的？学生猜测后，教师配合演示。

师：这里面一定有奥秘，为什么我们总是能猜正确呢？

根据学生多样化的回答，教师小结：两种物体一个一个地交替出现，依次排列，我们可以把这样的排列方式给它取一个名儿。（板书：间隔排列、一一排列、植树问题……）为了方便讨论，我们不妨先称之为"间隔排列"。

2. 说一说下面几幅图中，分别是哪两种物体间隔排列呢？

师：结合昨天的预习内容，或是发挥一下自己的想象，生活中还有什么地方能找到间隔排列的现象呢？数学就是研究规律的，既然生活中有这么多间隔排列的现象，在间隔排列中有我们要找的规律吗？（板书：找规律）

【设计意图】从宝盒里倒球的演示委实不是故弄玄虚，其关键是让学生回答"为什么我们总能猜对？"。学生在先前已有预习，新旧经验的结合，更是有着迫切表达的欲望。学生用不同的名词表达相同规律的过程，是一个调取经验的过程，也是一个将头脑中模糊的认知明晰化的过程。

二、交流成果，共享经验

呈现主题图，交流预习成果。

师：昨天我们已经预习了相关的内容，现在请大家先在小组内交流一下我们预习的成果，并准备好进行全班交流。教师组织组内交流和全班交流，并注意把握好以下几点：

（1）鼓励适当板书，并尝试用符号表达难以说清的问题。

（2）引导生生间、组际间进行提问、补充、质疑、辩论、反驳。

（3）引导学生进行自我反思，并学会总结大家的意见。

（4）教师视情形适度介入，对交流中"一一对应"的思想予以强化。

【设计意图】把学习的主动权交给学生，把机遇和挑战还给学生。对"问题块"的思考和表达，不仅有助于培养学生的整体观念和解决实际问题的能力，更因为其具备一定的弹性，为学生的互动与交流留出余地。教师实时隐退，视学生的掌握情况又适度介入，恰到好处地处理好主体与主导间的关系。

三、合作探究，深化规律

1.探索红色的球与蓝色的球的个数关系。

继续演示从宝盒中源源不断往外倒球的画面。

师：宝盒中的球是取之不尽的，可以始终像这样往外倒。如果忽然停下来了，你认为，被倒出来的是蓝色的球多呢，还是红色的球多？先独立思考，再在小组内交流。安排全班交流，鼓励补充、提问、辩论。小结性提问：通过刚才的探索，你发现了什么？

2. 变式练习。

下面的几个问题，请大家分别做一做"小老师"，把自己的理解说给同伴听。最后一小题，再进行跟进变式：①去掉图中第一棵柳树，问：桃树有多少棵？②再去掉最后一棵柳树，问：桃树有多少棵？③把中间的部分桃树和柳树虚化掉，改成"……"，问：柳树有多少棵？"小老师"分别讲解，并与其他同学进行互动交流。

师：感谢刚才几位"小老师"的精彩讲解，"一一对应"在我们小学一年级的时候就运用过，比如"比一比，4和5哪个大？"（屏幕呈现）。在我们今天解决间隔排列的问题时，它又发挥了重要的作用。

3.探索封闭图形中的间隔排列。

师：先在头脑中想象一下我们常见的钟面，钟面上有间隔排列吗？

钟面上一共有多少个数？每两个数中间是一个大格，一共有多少个大格呢？学生想象、猜测、辩论，聚焦问题：为什么12个数对应的是12个大格？教师辅助演示：把钟面拉直，更直观地看出封闭型物体中间隔排列的规律。

【设计意图】这一部分由三个环节组成：第一个环节是一道开放性问题，引导学生探索间隔排列的不同情况；第二个环节是一道巩固性变式，在夯实概念中培养学生思维的灵活性；第三个环节是探索封闭图形中间隔排列的规律，并使之与线状图形打通联系。而贯穿于始终的是这一过程中所运用的数学思想没有变，只要抓住这一上位概念，教学就能做到牵一发而动全身。

四、实际应用，整合规律

出示纯一色的蓝玛瑙项链，提问：好看吗？

师：还可以更好看，瞧，如果在两颗蓝色的玛瑙中间加上一颗红色的玛瑙，使得蓝玛瑙与红色的玛瑙间隔排列，你感觉怎样？（强调生活中的间隔排列，还常常是因为美观的需要）

出示问题：每两颗蓝色玛瑙中间隔一颗红色玛瑙，如果红色玛瑙有12颗，那么蓝色玛瑙有多少颗？

学生每四人一个小组，合作讨论研究。组织汇报，教师了解不同的解决方案，并辅助演示。

这是"助学课堂"的一节典型课例，它力求改变课堂教学中教师主宰控制的状态，改变学生顺从依附的地位；它要把课堂转变为"学堂"，把讲台转变为学生展示的"舞台"。不难看出，"助学课堂"很好地完成了从重知识传授到重儿童发展的价值取向的转移，它给教学以生长的力量，达到学生主动发展的教育境界。

通过课例可以看出，仲广群的"助学课堂"模式对学生这一学习主体充满着人文关怀，其教学架构也对"五步助学法"课堂构建带来重要的启迪，并在"五步助学法"课堂改革中得到了充分的体现。

（二）蔡林森的"先学后教，当堂训练"

蔡林森是江苏省中学特级教师，全国中学十大明星校长，江苏省泰兴市洋思中学原校长。在长期的实践中，蔡林森确立了"尊重主体，面向全体"的办学思想，形成了"没有教育不好的学生"的办学理念。他千方百计从起始年级抓起，从最后一名学困生抓起，坚持堂堂清、周周清、月月清，创立了"先学后教，当堂训练"的教学模式。

"先学后教，当堂训练"课堂理念打造了一个个教改"奇迹"。在20世纪80年代，蔡林森在洋思中学担任校长，看到校园里普遍存在着课堂"满堂灌"，大搞"题海战术"的现象。他敏感地意识到这种落后的做法一定会将课堂教学引进死胡同，只有探寻一种既能减轻师生过重负担又能大面积提高教育教学质量的课堂模式，才能使学校长足发展。经过理性思考及论证后，蔡林森于1981年提出了"当堂教，当堂学，当堂完成作业"的课堂教学要求，又经过几年探索，这种做法逐渐成熟为"先学后教，当堂训练"的教学模式。在此模式主导下，自1988年以来，洋思中学创下了年年入学率、巩固率、毕业率、合格率均为100%的好成绩。

"先学后教，当堂训练"的教学模式走出了一条成功的"洋思之路"。洋思的教改经验也引起了教育界的广泛关注，一些媒体称之为"一个朴素的教育奇迹"，"全国农村初中教育改革的一面旗帜"。时任教育部副部长的王湛评价说："洋思的教育方法先进，洋思的课堂教学先进，可与世界接轨。"

2006年，蔡林森功成身退后立即加盟河南沁阳永威学校，"先学后教，当堂训练"教学模式再一次大放异彩，他用了三年多的时间，把一所薄弱的民办学校塑造成河南教育界的一张名片。

我们还是来看一个"先学后教，当堂训练"的具体课例吧。

教学内容： 人教版《语文》七年级上册《陈太丘与友期》

学习目标：

1. 能正确、流利地朗读课文。

2. 能正确译讲并背诵课文。

教学过程：

一、板书课题

师：同学们，今天我们一起来学习《陈太丘与友期》。（板书课题）

二、出示目标

投影显示学习目标。

师：我相信咱们一（7）班的学生一定可以顺利达标。

三、第一次"先学后教"（一读课文，扫除生字词）

1. 师：怎么实现目标呢？下面请几位同学轮流朗读课文，比谁读音准确，声音响亮，吐字清晰。××你先读，其余同学认真听，发现有读错的地方，请及时举手帮助纠正。

指名几位学生轮流朗读，有错即停，指名正音。老师板书学生读错的字于黑板左侧，并及时表扬读音准确、声音响亮、吐字清晰的同学。

学生可能读错的字有：不（fǒu），通"否"。

2. 师：刚才，几个同学把全文轮读了一遍，声音很响亮，但把"不"（fǒu）读错了。下面大家一起把本文读一遍，看谁的声音最响亮。《陈大丘与友期》，开始！

学生自由读课文，鼓励质疑问难。

3. 学生齐读课文一遍。

四、第二次"先学后教"（二读课文，译讲课文）

1. 师：好！大家能够正确、流利地朗读课文了，下面请大家依据自学指导准备练习译讲课文，比谁译讲得最好。

出示自学指导：

请同学们边小声读课文，边对照课下注释练习翻译，5分钟后比谁能解释重点词并能正确译讲。（若有不会的地方可同桌讨论或举手问老师）

2. 学生看书，准备译讲；教师巡视，了解学情。

3. 检测自学效果。

师：接下来，请大家按照译讲方法开始译讲课文。

出示译讲方法：一人译讲一句。先读一句原文，再解释重点词，人名、地名、时间不必解释，最后翻译整个句子。

指名后进生先译讲，发现错误，请其他学生帮助更正；若还不对，老师更正，并板书学生译讲错的词语。

指名译讲，如有错，引导其他同学更正，老师补充并板书。

4. 质疑问难。

师：同学们认真自学，能够译讲课文了，很好，还有不懂的地方吗？请大家看书，举手提问。（师生帮助解难）

学生读书，质疑问难。

五、第三次"先学后教"（背诵课文）

师：读得很好！同学们已经能正确、流利地朗读课文并正确译讲课文了，下面比谁能在最短的时间内背诵课文。

学生自背，发现不熟的地方反复读，准备抽查背诵。

全班齐背。

指名背。

六、当堂训练

笔答题：课后"研讨与练习二"中的第4、5题。

口答题：元方"入门不顾"是否失礼？

通过课例可以看出，教师在课堂上采取三次"先学后教"，最后"当堂训练"。课堂教学从学生读书（自读或导读）开始，教师做到"四不"：不介绍时代背景（待学生读懂课文后，启发学生联系历史课上学到的知识讨论主题），不介绍作者，不解题（待学生读懂课文后，启发学生自己解题），不范读课文（把教师范读课文改为让学生自己读）。这样的"先学后教，当堂训练"使学生真正成了课堂的主人，有效获得了课堂上的成长。

当然，对蔡林森的"先学后教，当堂训练"，我们并没有怀着一种寻求应试取胜秘诀的心态来关照，也没有片面地学习和肢解洋思经验，机械地搬取与套用洋思模式。我们极为重视它对"学"和"教"关系的界定和"当堂训练"的做法：我们也始终认为"学"是"教"的前提和基础，必须有效组织和科学指导；课堂练习能有效提升学生的学习能力，是构建高效课堂的关键所在。

应该说，"五步助学法"坚持的"学生自主发展，教师助力成长"的课堂理念与蔡林森的"先学后教，当堂训练"一脉相承，他倡导的"没有教育不好的学生"这一教育理念也在"五步助学法"课堂上得到坚决地贯彻和有效地实践。

（三）李金池的高效"6+1"课堂

李金池担任衡水中学校长12年，使衡水中学迅速崛起为一所全国名校，被认为"创造了一个教育的神话"。他2004年担任衡水市教育局局长，2010年出任石家庄精英中学校长。

当时，石家庄精英中学已经病入膏肓，濒临倒闭。李金池在"救亡图存"的号召下，提出"新精中改造计划"，确立"为中华民族培育英才，为学生终生幸福奠基"的办学理念，实施"激情教育、高效课堂、精细管理"三箭齐发的办学方略，对学校进行了全方位的改革和创新，使学校很快实现了逆势崛起。

在李金池看来，素质教育体现着科学精神，其本质要求是解放学生，唤醒学生的主体意识、探索精神和主动行为。实施素质教育的主阵地是课堂，突破口和切入点也在课堂，只有不断改进课堂教学，才能最大限度地提高教学效率并促进学生的全面发展。

李金池说："没有高效的课堂，要把学校办好，那是空话。"这既是他担任衡水中学校长时所提出的"素质教育比应试教育更能提高升学率"理念的传承，又是他对精中改革的深度思考。他借鉴各地名校经验，博采众家之长，经过不断探索与实践，总结与提炼，于2012年提出一套"体用上海，头取江苏，臂采山东，脑借陕西，源在衡水，魂在精中"（上海指上海育才中学，江苏指江苏的洋思中学，山东指杜郎口中学，陕西指陕西师范大学张熊飞教授的诱思探究教学模式）的高效"6+1"课堂教学模式，在石家庄精英中学迅速推广并取得成功。

高效"6+1"课堂教学模式是李金池在精英中学最主要和最关键的改革成果，包含"导、思、议、展、评、检，练"等环节，即简介导入，研读深思，小组讨论，现场展示，教师点评，反思总结，最后是巩固提高。它从诞生以来，经过了七次变身，实现了模式、流程、导学、思维、课堂规范、备课、练习及评考等八项创新，已经较为成熟和完善。

这是《短歌行》的课堂实录：

【导】——课堂起点。引导学生进入情境与状态，给学生发导学提纲。

曹操的《观沧海》：东临碣石，以观沧海。……日月之行，若出其中；星汉灿烂，若出其里。毛泽东的《沁园春·雪》：北国风光，千里冰封，万里雪飘。望长城内外，惟余莽莽；大河上下，顿失滔滔。

是谁身处北国，看到了长城内外、黄河上下的壮美？是谁面对大海，看到了日月星辰、天地万物的运行？他们的视距是不是比普通人更长？他们的眼睛是不是比普通人更具穿透力？

不是。是因为他们胸怀天下。因为胸怀天下，他们便拥有了天下，成为英雄，成为伟人，成为天下主宰！不过，伟人有豪情，也有愁情，他们愁什么呢？今天就让我们一起走进一位伟人的内心世界。

学习目标：

1. 了解诗体及有关典故。

2. 识记文言词语。

3. 准确把握诗人情感以及相关表现手法。

【思】——自读深思。是学生在老师指导下研读课本，自主学习。

（一）判断正误：

1. 曹操，字翼德，东汉末年政治家、军事家、文学家和书法家，建安文学代表人物之一。

2. 行，歌行体，乐府诗的一种，属古体诗，音节格律比较自由。

3.《短歌行》与《长歌行》中的"长""短"非言句数篇幅，是说歌声曲调长短。

4. 毛泽东的《浪淘沙·北戴河》"东临碣石有遗篇"中"遗篇"说的就是曹操的《观沧海》,诗句"老骥伏枥,志在千里;烈士暮年,壮心不已"也出自该诗。

(二)学生朗读,注意读准字音。

(三)正音,学生齐读。

短歌行

对酒当歌,人生几何!譬(pì)如朝露,去日苦多。慨当以慷,忧思难忘。何以解忧?唯有杜康。青青子衿(jīn),悠悠我心。但为君故,沉吟至今。呦(yōu)呦鹿鸣,食野之苹。我有嘉宾,鼓瑟吹笙。

明明如月,何时可掇(duō)?忧从中来,不可断绝。越陌度阡(qiān),枉用相存。契(qì)阔谈䜩(yàn),心念旧恩。月明星稀,乌鹊南飞。绕树三匝(zā),何枝可依?山不厌高,海不厌深。周公吐哺,天下归心。

【议】——小组合作学习。要求学生站立进行,通过讨论产生灵感,解决疑点和难点。

用3分钟时间结合注释,识记重点字词。

小组选出代表准备上台解释。

【展】——规范、激情展示。口头或板书。

学生上台解释重点词句:

1. 对酒当歌,人生几何!但为君故,沉吟至今。明明如月,何时可掇?

2. 青青子衿,悠悠我心。

3. 枉用相存。

4. 契阔谈䜩,心念旧恩。

5. 山不厌高,海不厌深。周公吐哺,天下归心。

当:对着。几何:多少。但:只是。掇:摘取。

衿:衣领。悠悠:绵长。青青子衿,悠悠我心:(你青色的衣领)那个身穿青色服装的读书人,是我绵长的思念。

枉用相存:屈驾来访。用:以、来。相:用在动词前偏指一方,指代

"我"。

契阔：久别重逢。谈䜩：畅谈欢饮。"䜩"：通"宴"。

厌：通"餍"，满足（其他"学而不厌""夫晋何厌之有"）。哺：嘴含的食物。归心：人心归服。

【评】——老师点评。评是精讲，是拓展，是点睛。在评的环节，教师要讲解思路和线索，总结方法和规律。

找出"诗眼"，诗歌抒发了怎样的情感？运用了哪些表现手法？

情感："忧思"为全诗诗眼。一忧人生短暂，壮志难酬，二忧人才难得，无以辅志，表达了渴求人才、建功立业、一统天下的伟大抱负。

表现手法：反问、比喻、设问、借代、用典。

1.表人生短暂，壮志难酬之忧。

对酒当歌，人生几何！（反问）

譬如朝露，去日苦多。（比喻）

何以解忧？唯有杜康。（设问、借代）

2.表人才难得之忧，渴求人才建功立业之情。

青青子衿，悠悠我心。（用典，变情人为人才）

明明如月，何时可掇？（比喻、设问，以"明月"喻人才）

乌鹊南飞。绕树三匝，何枝可依？（比喻，以"乌鹊"喻人才）

山不厌高，海不厌深。周公吐哺，天下归心。（用典，周公，即周公姬旦，周文王姬昌第四子，周武王姬发的弟弟，曾两次辅佐周武王伐纣。"一沐三捉发，一饭三吐哺"，表达广纳人才、思贤若渴、一统天下之情）

【检】——检测反馈。最后3分钟检查学习目标的达成。

1.下列有关诗文内容手法的解读错误的一项是（　　　）。

A.伟人也有人之常情，"人生几何……去日苦多"表达了诗人对快乐人生的眷恋，对来日不多的痛苦。

B."良禽择木而栖，贤臣择主而事"，《短歌行》一文以乌鸦作良禽，以自己作明主。

C.《短歌行》一诗感情基调开头低沉，后来昂扬。

D.《短歌行》一文主要运用了用典、比兴、设问等手法。

2. 选择填空：

"青青子衿，悠悠我心""明明如月，何时可掇""乌鹊南飞。绕树三匝，何枝可依？""山不厌高，海不厌深""周公吐哺，天下归心"等诗句分别表现诗人_____、_____、_____、_____、_____人才的品格和情怀。

（仰慕、思念、广纳、善用、唯恐怠慢）

（思念、仰慕、善用、广纳、唯恐怠慢）

知识点小结：

1. 文化常识：曹操，字孟德，东汉末年政治家、军事家、文学家和书法家，建安文学代表人物。行，歌行体，属古体诗，格律比较自由。

2. 情感："忧思"为全诗诗眼。一忧人生短暂，壮志难酬，二忧人才难得，无以辅志，表达了渴求人才、建功立业、一统天下的伟大抱负。

3. 手法：诗歌涉及设问、反问、借代、比兴、用典等手法。

学生齐读《短歌行》。

从课堂实录可以看出，"导、思、议、展、评、检"六个教学环节都是高效"6+1"课堂不可或缺的组成部分，既简洁实用，环节清晰，又连贯自然，浑然一体。整个课堂能够契合学生的认知规律，使学生在紧张有序的状态下高效学习。在这六个教学环节之外还有"练"的环节，就是在练习课上通过练习、作业或活动等多种形式让学生灵活运用所学知识，夯实基础，最终达到学以致用的目的。

可以说，高效"6+1"课堂有效颠覆了以教师讲解为主的传统课堂模式，不仅充分调动了学生学习的积极性和自主性，还切实培养了学生思维的独立性与创新性。它不仅为"五步助学法"课堂构建带来整体参照，也为"激情导入、自学深思、小组互学、教师助学、自主检测"这五大助学模块的形成提供了依据。

第三章

"五步助学法"课堂解读

经过一年半的不懈努力，"五步助学法"课堂教学改革在商河县清华园学校已经落地生根，开花结果。初中先行，积累经验，日臻成熟；小学跟进，灵活运用，当仁不让。

"五步助学法"课堂有两种基本课型：一是新授课，包括"激情导入、自学深思、小组互学、教师助学、自主检测"五大助学模块，是"五步"和"助学"的有效载体，是在"助学提纲"引领下学生自主学习、教师助力成长的经典课堂模式。二是自习课，是学生在"助学训练"引领下，自主选用"夯实基础、活用知识、提升能力"三个层次的训练题目进行自主练习的课堂范式。这两种课型都立足于学生自主学习，有很强的实用性；都通过教师精心设计，有完整的技术保障；都从学生实际出发，能充分调动学生自主成长的原动力；都遵循教育教学规律，能实现高效课堂的价值追求。

本章节将结合具体教学案例对"五步助学法"课堂的两种基本课型详细介绍，对"五步助学法"课堂的经典思路和实操要领细致解读。

一、"五步助学法"课堂经典思路

"五步助学法"课堂实践在中小学各学科都取得了预期的教学效果，这些课堂呈现了共同的规律，坚持了基本的原则。在"新授课"上，学生自主学习，积极投入；教师助力成长，点石成金。"激情导入、自学深思、小组互学、教师助学、自主检测"这五大助学模块清晰连贯，环环相扣，逐步深入，助力提升。整个课堂活泼高效，规范有序，结构严谨，浑然一体。

学生的自主学习会从"新授课"自然延伸至"自习课"。在"自习课"上，学生会在"助学训练"的引领下高效学习，他们要根据自己的学习水平自主选择（是一个动态过程，学习水平提高，选择范围随之扩大）不同练习梯度的题目去完成学习任务，教师一般不做硬性干预。可以说，每个学生在"自习课"上都能各取所需，自助餐似地选用"助学训练"中的各个部分，都能在题目训练中获得成功的喜悦。

（一）激情导入

好的开端是成功的一半，好的导入是课堂精彩的关键。许多有价值的课堂导入往往先声夺人，吸引学生的注意力；精彩纷呈，激发学生的学习兴趣；启迪思维，点燃学生智慧的火花；开阔视野，增长学生广博的学识；明确目标，激发学生学习的动机。

当然，有创意的课堂导入形式是多样的，它可以是教师风趣幽默的叙述，富有感情的朗诵，漂亮美观的板书，潇洒动人的风姿，也可以是一幅美丽的绘画，一首美妙的乐曲，一个创意的道具……但是，不管哪种形式的课堂导入，都应体现共同的特点，都要遵从目的性、启发性、关联性等原则。

第一，目的性原则。

导入本身是一种课堂手段，教师在运用这一手段时要明确导入设计的原因以及这种设计方式对学生的学习可能产生的影响。导入方式和类型要服务于教学任务和目标，要服务于教学内容和训练重点，要符合学生的实际水平，不能千篇一律，不能哗众取宠，不能一味追求形式上的"花哨"。导入的目的要明确，针对性要强，要根据教学内容的特点和学生的实际状况灵活设计，要有助于学生初步明白本堂课将学什么、怎样学、为什么学等问题。

第二，启发性原则。

导入要有启发性，要有利于引起注意、激发动机、启迪智慧，要在课堂之初就能引起学生积极的思维状态，尽量做到导而弗牵，开而弗达，引而不发。导入应尽量以生动具体的事例和实验为依托引入新知识和新概念，设问与讲述要做到激其情、引其疑，发人深思，用例应当其时、适其时。

第三，关联性原则。

课堂导入的根本目的是服务于所授知识点，因此导入要具有关联性，这表现在要善于以旧拓新，温故知新。即导入的内容要与新课的重点紧密相关，能揭示新旧知识联系，导入的方法要服从于内容，导入语要与新课内容相匹配，一定要避免大而无当、海阔天空。

"五步助学法"课堂的"激情导入"就很好地遵从了上述原则，既简洁实用，又激趣高效。它一般包括导入和导学两个部分，导入开门见山、直入主题，导学言简意明、内容丰富。这样的导入不但助力自学，而且诱发激情。具体要求是：

第一，"激情导入"只有1分钟，要直奔主题，用最简洁的语言唤起学生学习的激情。上课时，教师的一个眼神、一个动作、一抹笑容、一句话语都应博得学生的好感，都要取得通往学生心灵的通行证。导入要为师生之间的信息交流和情绪反馈打开通路，铺平道路，要使整个课堂建构在学生对知识的期待和理解上，对教师的信赖和尊重上。

第二，"激情导入"既要实现旧知向新知的过渡，又要开门见山地激起学生对所学知识的好奇心。因此，教师导入的语言一定是高度凝练的，导入的图片、视频等一定是认真精选的。实践证明，任何花式的表演都无法与简洁明快的导入相媲美，那些用5分钟进行的云山雾罩的说辞、"花哨"的导入，基本上是浪费时间的"表演"，与学生的学习关联性并不强。

第三，"激情导入"最核心的部分是导学，教师要在1分钟内言简意赅地向学生说明新课的内容，告知学生本堂课的学习目标、重点难点、自学要求、自学方法、思考题目、需要解决的问题和自学时间等。这种导学既丰富又高效，不仅要求教师在备课时认真提炼课堂语言，还需要学生在上课开始就精力高度集中，情绪激越亢奋，以便为后边的课堂学习做好精神上和方法上的准备。

（二）自学深思

教师发出指令性信息后，学生进入"自学深思"环节的学习。这个环节是"五步助学法"课堂最基础、最关键的组成部分，它由学生独立完成，大约进行15分钟（随着学生自学能力的增强，后来又延长到18分钟，几乎占到课堂的一半）。这一环节包括"自学"和"深思"两个层次，"自学"是基础和保障，"深思"是深入和提升，两者之间相辅相成，浑然一体，是学思结合的具体体现。

在教学实践中，我发现绝大多数学生通过自学完全可以学会书本上的大部分知识，教师过于细致地讲解既浪费时间，又剥夺学生自主学习和独立思考的机会。通常，教师十几分钟所讲的内容，多数学生往往通过三四分钟的自学即可掌握；一整堂课的知识，绝大多数学生通过充分自学基本上可以学会70%以上。通过自主学习，学生还能很好地培养自学能力，为下一阶段的学习乃至终身学习打下基础。如果上课时教师讲得又多又细，学生就会处于被动状态，就会缺少上课的积极性。长此下去，学生就容易养成不动脑筋的习惯，就容易处于无责任的状态，学习兴趣也会逐渐丧失。

当然，"五步助学法"课堂上的"自学"是学生在"助学提纲"引领下有目的、有步骤、有顺序的自主学习，而不是泛泛地、单纯地看书做题。教师在课堂开始已经指明学习目标，提出自学要求，明确思考题目，也提醒学生自学方法和时间安排等；学生学起来有的放矢，有章可循，有"法"可依。学生的自学形式也多样丰富，灵活自由，可以读课文、做例题、看注释、做实验，也可以圈、点、画、批、注等。

"深思"是"自学"的深入和提升，两者同时进行，齐头并进，紧密结合，相辅相成。整个"自学深思"环节，学生会专心致志地看书练习，独立深入地思考钻研；教师则轻轻巡视，细心关注，既不反复进行语言提示，也不做任何打断学生学习的事情。

在"五步助学法"课堂上，学生是学习的主人，是主动成长的责任者，是高效课堂构建的主体。"自学深思"无疑是最能体现学生主体地位、培养学生自学能力的重要环节。它对学生的学习行为有很具体的要求：

第一，"自学深思"开始后，学生按照"助学提纲"上的路径图全神贯注地快速阅读课本，动笔勾画圈点；深入思考提纲中提出的问题并认真作答。

第二，学生自学时不交流和提问，遇到无法解决的问题用红笔圈出来或者记下来（在"助学提纲"上有记下疑惑、写下问题的专门区域）。

第三，学生在自学读书的基础上完成"助学提纲"中要求完成的题目，要统筹安排时间，防止前紧后松或前松后紧。记下的问题要在"小组互学"和"教师助学"环节提出并求解。

第四，学生在整个"自学深思"环节要排除一切干扰（如个别教师的过度指导，听课教师的近距离观摩，其他同学的干扰行为等）埋头读书，认真自学，深度思考，不做与课堂学习无关的任何事情。

（三）小组互学

"小组互学"这种合作探究性学习能够带来高效课堂的逻辑依据是：成长中的中小学生一展示就兴奋，一兴奋就产生灵感；一合作交流就碰撞，一碰撞就产生火花，一产生火花就会出现创造性思维。在"小组互学"时，学习能力有差异的同学相互学习，既可以为学习能力强的同学提供助力学习的平台，又能够为学习能力差的同学开拓互相启迪的空间。整个过程能使所有学生巩固知识，强化记忆，深入理解，加深印象，提升能力。

可以说，"小组互学"是"五步助学法"课堂最精彩的环节，是真正实现课堂高效的关键所在。它产生的学习效果和教师一般性讲解带来的学习效果不可同日而语，它表现的学习状态和只让学生看书思考或者默默听讲形成的学习状态有天壤之别，它对学生情感、态度、价值观的形成起到的作用是其他学习形式无法比拟的。

当然，"五步助学法"课堂的"小组互学"与一般的小组讨论不同，与简单的相互对照答案也有本质区别。因为小组讨论的目的是解决疑难问题，讨论时要主次分明，讨论后要得出结论，这无疑就把学习能力强的同学推到了重要位置上，一个小组的学生无形中就有了学习好坏之别。而"五步助学法"课堂的组织原则是所有学生都有主动发展的要求和动力，每个学生都应得到平等的课堂成长机会。所以"小组互学"的真谛在于小组内的每位同学都能平等展示学习成果，都要大胆提出自己的疑问，都有责任积极解答别人的问题。虽然组内每个人的学习水平有差别（一般四人一小组，按学习能力分强、中、差组合），但在有序交流中每个人都是具有学习主体地位的一分子，每个人都能在互助学习中品尝到平等交流的尊重与快乐！

古人云："授人以鱼，只供一饭；授人以渔，则终身受用无穷。""学会"不如"会学"，学会"会学"才能事半功倍。事实上，"小组互学"不仅在激发学生学习兴趣、培养学生合作交流能力方面作用巨大，还在培养自学能力、形成自学习惯、掌握自学方法等方面有重要的作用。在"五步助学法"课堂上，每个学习小组都有精心设计的小组文化，每次小组学习都有丰富而具体的交流内容，每个学习过程都有成果展示、互学交流、合作探究、智慧启迪、思想碰撞。所以说，"小组互学"的过程既是学生发散自己思维、汲取他人智慧的过程，也是学生完善课堂学习成果、锻炼自学能力的过程。

"小组互学"一般控制在5分钟之内，当教师发出互学指令后，所有学生迅速起立，先是对面同学合作学习，再按照组长的安排分层合作交流或全组一起质疑讨论。互学的顺序也有明确规定，在展示学习成果时先学习能力差的同学展示，再学习能力强的同学展示；在质疑答疑时，小组所有成员都要积极参与，主动提问，善于倾听，多向交流。整个互学过程，组长要合理分工，有序组织，有效把控学习进度，合理安排讨论时间。

这时，教师要巡视各小组互学讨论情况，如有必要可以提醒互学进度，点拨个别疑惑，告诫不在状态的学生。教师还要细心观察，注意发现并记下各小组有争议的共性问题，为后边的学习环节做准备。

（四）教师助学

终于到了师生交流碰撞的环节，这个环节最像传统课堂的一般样式。这个时候，教师可以走到前台进行点拨，可以引导学生展示"自学深思"的成果，质疑"小组互学"的多向和分歧，并对本环节设计的核心问题作出交流和解析。教师助力学习的核心点是理清思维结构，总结学习方法，探讨学习规律，升华人生情感，最大化地完成课程标准对本章节和本课时的各项要求。

"教师助学"环节的核心点仍然在"助学"理念的体现上。这个环节不仅是双向交流的过程，还是一个火花四射、高潮迭起、师生共同精彩的过程。在这个过程中，学生的任务是根据"自学深思"和"小组互学"的情况展示学习成果，他们可以代表小组或者个人进行展示，可以进行口头表述或者在黑板上进行板演。教师的任务是先从合作与参与度方面对小组学习情况给予评价和激励，接着点评、精讲学生在展示中暴露出来的问题和学生通过探究仍不能有效解决的问题，然后再顺势讲清知识的格式和框架，理清解题思路和线索，总结学习规律和方法。

当然，"教师助学"的落脚点还是学生的学，教师要围绕学生学习的情况讲普遍性和典型性的问题，这些问题既有学生在自主学习、互学讨论和课堂展示时暴露的容易混淆的问题，也有预设中的一题多解、综合运用、迁移训练的问题。这个环节虽然从形式上看最像传统课堂的一般样式，其间有教师的点拨、讲述、讲解、释疑、总结等，但是教师课堂活动的出发点是助力学生学会、会学，这是与传统教学最本质的区别。"教师助学"的时间一般只有15分钟，用这样短的时间助力学生完成学习目标是很不容易的，这对教师有极高的要求：一是要求教师吃透学情，吃透教材，熟悉整合课堂知识；二是要求教师掌握学习思路，熟悉学习方法；三是要求教师能随机应变，善于倾听，善于捕捉课堂火花；四是要求教师教学语言精练准确，富有启迪性。

归根到底，"教师助学"环节的主角依然是学生。在整个交流过程中，教师不能急于扮演"救世主"的角色，要学会期待和激赏，要先通过对学生的赞扬和肯定调动起他们探究的激情，要鼓励他们大胆地发表见解，大胆地质疑、挑战、补充、完善。"教师助学"的根本目的是使学生的灵感得到激发，思维更加活跃，探究的兴趣越发浓厚。所以，教师在助力学生学习新知识的同时，要创设学习情境，帮助学生产生跳起来摘到桃子的成功感、成就感和高效学习的喜悦感。

在"五步助学法"课堂上，学生们经过深度学习和相互激发，对知识已经有了比较深刻的认识。这时，教师既要帮助他们看清楚解决了多少难题，收获了多少知识，还要帮助他们认识到采取了什么方法，提升了什么能力。在这个基础上再进一步总结出牢记哪些经验教训，优化哪些学习方式，改进哪些学习方法。应该说，"教师助学"就是对课堂知识的精讲，对学生思维的拓展，对学习方法的点睛，对学习过程的结论。

不可否认，"自学深思""小组互学""教师助学"这三个环节构成了"五步助学法"课堂框架的主体，它们之间层层递进，逐步将课堂推向高潮。学生们从学知识到练能力，从独立自主到互助合作，从质疑展示到豁然提升，循环往复，渐入佳境，逐步达到自主学习和自我发展的理想境界。

（五）自主检测

课堂检测是检查学习效果、巩固所学知识、提高学习能力的重要手段。可以说，几乎所有的高效课堂都非常重视课堂检测这个环节。比如，洋思中学的当堂测试是促进学生高效学习的法宝，堂堂清、日日清、周周清、月月清是转化学困生，保证教学质量的根本；杜郎口的"三三六"自主学习模式中预习交流、明确目标、分组合作、展示提升、穿插巩固、达标测试六个环节四个涉及检测巩固；石家庄精英中学的高效"6+1"课堂中"检"的环节也是通过检测反馈来提高课堂的有效性。

正因为看到课堂检测的有效性，我们在构建"五步助学法"课堂时设计了"自主检测"环节，要求学生利用下课前3到5分钟的时间，对本节课所学的基础知识进行有效检测，反刍内化。当然，"五步助学法"课堂的"自主检测"与其他的课堂检测又有很大区别。它虽然形式是检测，但是其精髓仍然是"自主"，是学生在"助学提纲"引领下的自发主动的课堂行为，由学生在课堂结束前独立完成。"自主检测"完成后，学生还可以及时了解检测结果，迅速知道自己的检测成绩，这样既能当堂查漏补缺，又能积极主动地为后边的学习做好准备。

"五步助学法"课堂的"自主检测"会依据学科、学习内容、学习主体的不同，灵活采用不同的检测形式。它既能使学生了解自己对本节课知识的掌握情况，有效反馈学习效果，又能及时发现新的问题和学习漏洞，很好地为自习课或第二天的课堂学习提供依据。具体来讲，"自主检测"在"五步助学法"课堂中的作用可体现在三个方面。

第一，锻炼学生的做题能力。这样反复检测，堂堂进行，时间一长，学生就自然而然地勤于动脑，乐于做题，不怕考试，提升能力。

第二，锻炼学生做题的准确性及解题速度。课堂上，学生要分析题意，快速找出题干的重点信息，形成准确答案。这样反复进行测试和矫正训练，使学生做题准确性增强，解题速度提高，也为他们今后的学习考试打下坚实的基础。

第三，培养学生的学习兴趣。课堂上只有调动学生的内驱力，提高学生学习的积极性和主动性，才有事半功倍的学习效果。而"自主检测"恰恰是学生主动练习、学而时习、查漏补缺、巩固提升、自主反馈和自我悦纳的过程。当学生看到学习成果和测试成绩时会有一种冲动和不甘，也能激起他们追赶先进的迫切心情和积极上进的学习精神。

为保证"自主检测"的有效性，无论是题目的设计还是实施过程都要体现精、实、评、活四个特点。

第一，检测题的设计，体现一个"精"字。

"自主检测"题的设计针对性要强，要涵盖本节课学习的重点难点，这就要求教师备课时既要认真钻研教材，熟悉教材，吃透教材，又要熟悉学情，熟悉学生对本节课重要知识点的理解把握情况。检测题的设计要少而精，要由易到难、由浅入深、循序渐进，既要注重对基础知识的巩固性检测，又要有提高学习能力的拓展性检测。检测题的设计还要形式灵活，层次清晰，不同学段、不同学科的检测题要有区别。如小学生年龄相对较小，有意注意时间短，在题目设计时尽可能设计一些趣味性强的题目；语文、英语等语言学科要适当增加一些口头检测题目等。

第二，对学生完成情况的检查，落到一个"实"字。

在学生"自主检测"的过程中，教师要及时巡视，细心观察不同层次学生的掌握情况。各学习小组长的自主检测由教师当面检查、纠错、批改，各小组其他组员自主检测完成情况和检测题出错情况则由组长检查落实。对于出错的检测题一定要找到出错的原因，个性问题原则上组内解决，共性错误或者组内不能解决的问题要在全班进行交流。教师在课堂交流时要帮助学生找出错误根源，寻找解决办法，强化知识落实，还要根据错误的具体情况确定课后辅导的重点对象和使用的具体方法。

第三，检查后的反思，注重一个"评"字。

课堂检测是手段，课堂质量是目的，课堂评讲是关键。"自主检测"完成后要及时发现错误、纠正错误，及时进行点评和督促。对学生容易犯错的知识点，教师要在帮助学生订正的基础上理清思路，归纳方法，形成能力，避免重复犯错。设计"自主检测"要注意前后的相关性与衔接性，系统性与渐进性，巩固性与反复性。对具有代表性和典型性的问题还可以进行二次检测和多次检测，以使学生达到举一反三、触类旁通的能力要求。

第四，根据不同学科的特点，检测形式要突出一个"活"字。

"自主检测"的形式主要有口头练习检测和书面练习检测两种。口头练习检测包括朗读、对话、教师提问等多种方式，书面练习检测包括语文、英语等语言学科的听写、作文，数学、物理、化学等非语言学科的填空、选择、简答等习题。这两种检测形式各有所长，口头练习检测的优点是速度快、直观性强，特别是在语文、英语课堂上更有利于教师及时了解学生的语音、语调是否正确。书面练习检测给我们提供的信息更准确、更广泛，更能全面反映不同层次学生的学习情况。当然，学科不同，学情不同，只有从实际出发选取恰当的检测方式才能取得良好的检测效果。

"自主检测"既是学生对课堂所学知识进行的反思总结、反刍内化、自我评价，也是教师对学生课堂学习效果进行的检查验收。它切实起到了以测促学和以测固学的作用，是"五步助学法"课堂不可或缺的重要组成部分。"自主检测"就像一场精彩演出的压轴好戏，给学生带来无穷回味的同时，也带来满满的收获和美好的艺术享受。

由"激情导入、自学深思、小组互学、教师助学、自主检测"五大助学模块构成的新授课是"五步助学法"课堂的经典模式，是体现"学生自主发展，教师助力成长"课堂理念的主要载体。新授课后，务实高效的自主学习自然延伸至自习课，学生又要在安静、严谨、紧张、有序的氛围中开启另一段味道十足的学习之旅。

（六）自习课

课堂改革之初，我说："每天至少要上三节自习课！"有些教师听得一脸惊奇，眼睛瞪得溜圆，嘴巴张得很夸张。后来我了解到，那是因为他们不清楚什么是"自习课"，他们上学时没有享受过那份自由学习的快乐，参加工作后也没体验过这种真正放手的惬意。

我给老师们描述自己上学时"自习课"上的情形：那时，每天都上三四节"自习课"，同学们在"自习课"上可以自由地读书、学习、做作业，老师基本不进教室监督或辅导；即使有人偶尔违反课堂纪律，老师一般也不过问，班长管了不起作用，学习委员记了也不了了之。

那样的课堂看上去的确有些散乱，不仅有学生自由地学习和读书，还有学生散漫地发呆和冥想。但是,"自习课"确实提高了多数学生排除干扰、自主学习的能力,也真正培养了许多学生专心学习、认真求知的良好习惯,不少学生的学习成绩还有了很大进步。从那时起,我对能够自由学习的"自习课"特别神往,只可惜随着应试教育的逐步强化,学生们早已被贴上了必须强制管理才能有效学习的标签,他们也因此失去了那份自由呼吸的惬意和主动学习的动力。

既然我们要构建"学生自主发展,教师助力成长"的生本课堂,坚信学生有渴求新知和自主成长的内在动力,有自我管理和主动发展的意识追求,就应该看到学生自主学习的课堂在其成长中的重要作用,就应该积极构建在"助学训练"引领下的"自习课"。实践证明,"自习课"不仅为学生提供了自由学习的空间,搭建起自主成长的平台,也为"五步助学法"课堂教学改革取得成功提供了保障,并最终成为"五步助学法"课堂的两大课型之一。

为了上好"自习课",我们非常重视"助学训练"的编写和完善,它是"五步助学法"三大助学支撑之一,是学生在"自习课"上自主学习的依据和保障。它经过主备教师精选试题、形成初稿,再经过备课组全体教师认真备课、反复教研,最后集思广益而成。它包含"夯实基础、活用知识、提升能力"三个部分,这三个部分练习题由重基础到重运用,由重知识到重能力,逐层深入,螺旋上升。这些练习题由学生根据自己的学习水平自主选择,基础差的学生只要完成"夯实基础"部分即视为完成了练习任务,基础稍好一点的学生一般一节课内可以顺利完成"夯实基础"和"活用知识"两部分内容,基础好的学生在回顾课堂知识的基础上完成三部分的题目应该不在话下。

实践证明,"助学训练"的题目可以满足各个层次学生的练习需要,能够支撑和引领学生的"自习课"上得扎实有效。在课堂上,学生既要自己读书,自己做题,自主选择,主动学习,又要在没有教师监督和辅导的情况下自觉巩固所学知识,主动完成选定的学习任务,有效提升自学能力,进而养成自学习惯。一般而言,每个学生都能在"自习课"上得到更自由、更主动、更积极的锻炼，都能收获成功的喜悦和成长的快乐。

但是，在上"自习课"之初，许多教师并不完全相信它的有效性；有些学生也是将信将疑，无所适从。于是，我带领广大师生不断统一思想，提高认识，支持备课组长严格把关"助学训练"试题的质量和难易梯度，要求年级认真落实巡课制度，指导学生会成员和班干部做好课堂监督和引领。这一系列的措施，使实验年级的自习课堂很快呈现了规范有序、高效实用的良好态势。

当然，要使"自习课"上得务实高效，既要让学生真正明白自主学习的重要性和紧迫性，又要使他们养成入室即静、入座即学、入学即专的良好学习习惯，还应制定明确的课堂规范，采取有效的课堂保障。

实验年级制定的"自习课"课堂规范既简洁实用，又明确具体，有很强的可操作性。

第一，学生在预备铃响后马上进入教室安静下来，准备好上课用的课本、练习本、所需文具等，课代表分发"助学训练"。

第二，学生做"助学训练"一定要专心致志，按时完成，下课后由课代表收齐交给任课教师批阅和讲评。

第三，学生在"自习课"上不讲话，不讨论，不做小动作，不相互询问，不出声朗读背诵等。

第四，学生在"自习课"上不看与学习无关的报纸、杂志等，不传递与学习无关的任何物品，更不准听随身听、玩手机等。

第五，学生上"自习课"要做到不迟到，不早退，不随意走动，更不准擅自离开教室；遇特殊情况必须离开教室时，应该先向值日班长请假。

第六，每层楼（4—5个教学班）安排一位巡课教师负责巡视课堂，记录各班学习状况，填写巡课记录表，下课后将巡课记录表上交年级存档。教师巡课时发现问题及时处理，还要联系班主任跟进处理，一般不能影响学生正常的上课秩序。

"助学训练"引领下的"自习课"在商河县清华园学校很好地坚持下来，它不仅提高了课堂效率，还有效提升了学生的学习能力，切实培养了学生自觉学习的良好习惯，也为孩子们自主成长和自我发展提供了广阔的空间。"自习课"的设置彻底改变了语文、数学、英语教师每天上七八节课的残酷现实，也为广大教师认真备课、积极思考、继续学习留足了时间和空间，最终实现了解放教师的课改目标。

现在看来，"自习课"的成功构建成了"五步助学法"课堂教学改革的一大亮点，它有效改变了广大师生的思想认识和行为习惯，成功助力了教师的专业成长和学生的自主发展，收到了期许的课堂效果。

二、"五步助学法"课堂实操要领

"五步助学法"课堂具有适用范围广、实用性强的特点。它在商河县清华园学校实验之初，先在七年级试点，两个月后扩展到六年级，一个学期后六、七、八三个年级联动发展，都取得了良好的预期效果。一学年后推广到小学和初中的各个年级，落实到两个学段的每一个学科。

在全面推广"五步助学法"课堂教学改革动员会上，我打了个比方：有高铁和自行车两种交通工具可供出行选择，正常情况下，老师们应该会选择高铁，乘坐高铁的那份舒适和速度、效率和激情，一定是骑自行车无法比拟的。毫无疑问，"五步助学法"课堂模式就是课堂教学的"高铁"，它解放学生，助力学生释放学习激情，形成自学习惯；它解放教师，助力教师提高专业水平，提升助学能力；它解放生产力，不仅助力课堂效率大幅提高，也促使学习成绩大幅提升。

"五步助学法"课堂既有灵活多样的助学方式，也有永恒不变的理念坚守。它坚信学生个人发展的主体地位，坚信学生有自主成长的原动力；它要求教师成为学生成长的助力者、呵护者和启迪者，而非传统意义上的主宰者或主导者。在"五步助学法"课堂体系中，"五步"是外在形式，是符合思维发展和学习规律的步骤规范；"助学"才是需要坚守的根本理念，是课堂行为的核心价值。在实际操作层面，"五步助学法"课堂的每一个环节都有具体的流程和要求。一般而言，学生自学是前提，同学互助是基础，教师助力是提升；学生通过"自学深思"发现问题后再进行"小组互学"，他们达到"愤"和"悱"的状态时教师才走到前台进行"助学"。

当然，年级不同、学科不同、课型不同，具体操作方法也有区别。如高年级学生自主学习水平高，自律性强，可以一次性依次完成五个学习环节；低年级学生活泼好动，有意注意时间短，"自学深思"时间不宜过长，可以小步快走，学一点、教一点、练一点，在边学、边教、边练中完成学习任务。不同的学科都有自身的特点规律，不同的课型也有各自的目的要求，课堂流程会根据学科与课型的不同灵活变化。

本章节就"五步助学法"经典课堂的一般操作方法，将从下边十个方面做详细解读。

（一）配发助学提纲

离上课还有2分钟时，会有悦耳的铃声提醒学生进入教室坐好。这时，所有学生都要清理课桌上与本节课学习无关的书籍、作业本等物品，准备好上课所需要的课本、笔记本、三色笔等学习用具。

课代表检查同学们的准备状态，发现问题及时提醒，没有问题就将准备好的"助学提纲"发到各学习小组，再由小组长迅速发到本组同学手中。"助学提纲"是学科组全体教师精心编制的助力学生在课堂上自主学习的纲要式路线图，学生们都明白按照这个路线图的引领自学起来会事半功倍，自学充分了会在小组互学和教师助学环节大放异彩。所以，他们拿到"助学提纲"就像游客拿到游览观光的"入场券"，既期待又兴奋，更会迫不及待地打开，专心致志地投入到本节课的学习中去。

"助学提纲"的路径设计会引领学生很好地把握教材文本，攀登知识高峰。其正文一般包括学习目标、重点难点、助学环节、学后反思四个部分，其中助学环节是"助学提纲"的主体，清晰地标明课堂的"激情导入、自学深思、小组互学、教师助学、自主检测"五大助学模块，这五个模块既能有效助力学生由浅入深、由表及里、循序渐进地完成学习任务，又能使他们的学习水平和认知能力逐步达到了解感知、深入学习、迁移运用这三个层次的目标要求。

"助学提纲"是"五步助学法"课堂的核心支撑，也是我校在探索高效课堂模式过程中的一项微创新。"助学提纲"的质量是课堂有效性的关键，因此，我们从课堂教学改革之初就非常重视"助学提纲"的编写，一份"助学提纲"的完成要经过五道工序：一是主备教师在熟悉教材、熟悉学情的基础上，查阅5份以上的资料后精选试题，认真排序，编成初稿，发到备课组群。二是备课组的全体教师对这份"助学提纲"初稿进行网上审阅，提出修改意见，主备教师进行第一遍修改。三是备课组集体教研，每位教师从本班学生实际出发对修改后的"助学提纲"再细致审阅，提出修改意见。四是主备教师集思广益，进行第二遍修改后定稿。五是主备教师负责打印，分发到各班。可以说，每一份"助学提纲"都是备课组的多位教师经过反复打磨锻造出的精品，这也是学生们信任有加、认真对待、努力自学、兴趣高昂的原因所在。

当然，"助学提纲"发放的时机也要把握好，不可过早，也不可延迟。发早了有的学生会偷偷地将上面的题目过早做完，对其他同学有失公平，也减弱了课堂的新奇感和神秘感；发晚了会使课堂显得仓促，失去了平和有序的气氛。只有在课前2分钟，用十几秒的时间迅速发到学生手中，他们才会在期待与兴奋中按照提纲的引领读书自学和深度思考，才会有"像饥饿的人扑在面包上"的学习激情。

(二) 营造学习氛围

按一般课堂规律，课堂开始时教师要组织教学，师生之间要互致问候。可是，这个环节在很多课堂上只是流于形式，学生起立时拖拖拉拉，参差不齐，形象松垮，精神萎靡；师生问候起来言不由衷，有气无力；课堂展开毫无力度，太过随意。殊不知，有效组织教学，营造良好学习氛围，对整个课堂会起到很重要的开启作用。

第一，有效组织教学能快速集中学生的注意力，有效调动学生的学习积极性。学生在课前或课间休息时，多半是闲谈议论上节课的内容或做游戏，如果教师上课时不进行组织教学或者组织教学时仪式感不强，上课开始的几分钟学生的思维就会停留在课下状态，一切学习行为就会徒劳无功。长此以往还会使学生养成注意力难以迅速集中的不良习惯，会直接影响他们良好个性品质的形成。

上课开始，教师如果有效组织教学，用一种强刺激打断学生原有的思路并引起注意的转移，学生就会主动把自己的注意对象从闲谈辩论和游戏中迅速转移到课堂学习中来，也会充分调动起他们自主学习的积极性。

第二，有效组织教学能迅速完成学生的学习情绪准备，引起学生的学习兴趣。我们知道，高涨的学习情绪能有效推动学生的学习，而低落的情绪则妨碍和干扰学生的学习。上课铃声响起，学生虽已进入教室坐在座位上，但学习情绪尚未形成。有效组织教学可以使学生迅速进入最佳情绪状态，精神焕发地做好上课准备。如果教师忽视了这个环节，就会延迟或阻碍学生高涨学习情绪的形成，学生的学习情绪不能迅速高涨或始终处于低潮就会直接影响甚至干扰学生的思维活动，就会影响整个课堂的高效运行。

第三，有效组织教学能很好地促进师生间的情感交流，激发学生的学习动机。情感是人脑对客观事物与其需要之间关系的反映，师生心理相容，情感互通是提高教学质量的关键因素之一。教师只有"爱其生"，才会乐于"传其道"，学生只有"亲其师"，才会"信其道"。有效组织教学既能使教师产生"传道、授业、解惑"的强烈动机和把自己的知识无私奉献给学生的强烈愿望，也会使学生真切感受到教师对自己深沉的爱，从而产生强烈的求知欲望和学习动机。如果教师组织教学不到位，师生情感得不到应有的交流，学生与教师在课堂上就难以默契配合，这时，教师难以打开学生的心扉，学生也无法主动捕捉教师输出的信息，学习效果就会大打折扣。

第四，有效组织教学能有效加强学生的纪律训练，培养学生良好的行为习惯。要使学生具有自觉遵守纪律的良好行为习惯，就必须首先使其具备与之相适应的纪律心理。这是因为纪律心理具有以下五种功能：一是有利于促进学生个性和社会化的发展，二是有利于促进学生良好个性品质的形成和发展，三是有利于促进学生道德品质的提高，四是有利于稳定学生的情绪和行为控制，五是通过有效的强力暗示可以引导学生的行为方向。实践证明，上课前的准备能有效警告和约束注意力不集中的学生，会有效加强他们的纪律心理训练，进而培养他们良好的学习习惯，也会对本节课的教学产生直接而深刻的影响。

正因如此，"五步助学法"课堂实际操作非常重视通过有效"组织教学"去营造良好的学习氛围。通常情况下，离上课大约还有100秒时，学生都能拿到"助学提纲"，他们会很珍惜这宝贵的100秒，会迅速地将"助学提纲"浏览一遍，看清楚这节课的学习目标是什么，学习重点难点在哪里，看书需要看哪一部分，用什么读书方法在多长时间内完成阅读，读书结束后要完成哪些练习题等。基础好的学生还能迅速看清需要在哪个点上深度质疑，在哪个点上展开互学，在哪个点上寻求教师助力。到了开始上课时，多数学生已经全面了解了"助学提纲"的主要内容，对课堂上的深度自学更加信心满满。

上课铃声响起，师生要互致问候。这时，教师要目视前方，亲切真诚；学生要立正、抬头、挺胸站立，声音洪亮，感恩激情。有的教师和学生还创造性地设计了班级口号和课堂口号，用一种更有魅力的形式代替简单的"老师好"，具有很强的振奋人心的力量。摘录如下：

1. 激情学语文，誓做中国人！

2. 天地转，光阴迫，一万年太久，只争朝夕。

3. 为理想，早起三更，读迎晨曦；为目标，晚卧夜半，梦醒星辰。
这些是语文课的韵味悠长。

4. 惜光阴，众志成城，拼搏第一；细安排，龙争虎斗，谁与争锋。

5. 点线面体，勾勒大千世界，加减乘除，演绎无限苍穹！
这些是数学课的逻辑谨严。

6. Losers are always in the wrong.胜者为王，败者为寇。

7. Impossible is nothing, just do it！一切皆有可能。

8. Don't be shy, just have a try. 不要胆怯，勇于尝试。

这些是英语课的活泼精练。

9. 今日政治学霸，明朝治理天下。

10. 文定天下，武定江山；学好历史，智勇双全。

这些是政史课的人文情感。

11. 上知天文，下知地理；学好地理，天下无敌。

12. 人为生物王，我班生物强。

这些是地生课的铮铮誓言。

13. 学好物理，上天入地。

14. 物态万象，理学高深。

15. 乐学实学，挑战化学；勤勉向上，成就自我。

这些是理化课的探索追求。

每次上课，所有学生铿锵有力地呼喊出这些个性化的口号时，整个课堂立刻沸腾起来。那种激情四射，震撼全班的声音会感染每一个学生，会营造良好的学习氛围，会开启一段有兴趣、有激情、有味道的学习之旅。

有魅力的"五步助学法"课堂就此展开。

（三）揭示学习目标

"五步助学法"课堂非常精致地设计了课堂开始的60秒，这60秒既简洁实用，又激趣高效，是学生学习激情的开始，是课堂高效的起点。其基本做法是：课堂口号5秒，导入和板书课题15秒，导入之后的导学40秒。在40秒的导学中，教师要用简洁的语言指明新课要学的内容，提炼强调本节课的学习目标、重点难点、自学要求等。

在这60秒的精致设计中，最核心的是学习目标的揭示，因为学习目标就像大海中的灯塔一样为学生课堂学习指明了方向。应该说，科学的学习目标是学习活动的灵魂，它既指明本节课的学习内容、重点难点、学习方式、学习策略和学习深度广度，又制约着学习活动的全过程，影响着学习方法、学习媒体、学习评价及学习效果等各个方面。好的学习目标一定是以学情为基础，体现目标设计的针对性；以课程标准为依据，呈现目标设计的准确性；以行为目标为基底，加强目标设计的可操作性；以学习反馈为手段，反思学习目标的实效性。

当然，制订学习目标更要讲究科学性和实用性，要充分考虑课程标准、教材内容、学生学情三个方面的要素。

第一，国家课程标准是课程改革的纲领性文件，它具有法定性、核心性、指导性的地位和作用，也是新课程实施过程中教师教和学生学的直接依据。可以说，教师对课程标准的领悟程度如何，将直接决定着课堂教学的质量和学生学习的效果。如果说"课程是教育的心脏"，那么"课程标准就是课程的核心"。因此，具体体现课程标准的学习目标不管如何设计，都必须紧扣课程标准所规定的基本素质要求，不能脱离这个中心。

第二，新教材本身就是按三维目标设计的，知识与能力、过程与方法、情感态度价值观等要素需要教师仔细体味，充分挖掘。新教材与老教材相比内容更丰富，栏目更细化，这要求教师在使用时必须深入分析，灵活运用，准确把握重点难点。只有这样，才能更准确地理解把握教材，更恰当地提出学习目标，最大化地发挥教材应有的作用。

第三，要把握学情就得从三个方面进行分析，一要充分考虑学生在知识技能方面的准备情况和思维特点，掌握学生的认知水平，便于确定双基目标；二要充分考虑学生在情感态度方面的适应性，了解学生的生活经验，从促进学生全面发展的需求出发，去审视制订学习目标；三要充分考虑学生的学习差异、个性特点和达标差距，以便按照课程标准确定学习目标要求，为不同状态和不同水平的学生提供适合他们最佳发展的教学依据。在日常教学中，教师要经常主动与学生沟通交流，认真听取他们对学习的意见和建议，从心灵上贴近学生，读懂学生，为制订更具针对性和实效性的学习目标做准备。

"五步助学法"课堂学习目标的制订会充分考虑以上三方面要素，既指向学习结果，又指向学习过程与方法；既立足近期知识能力目标的实现，又看重远期情感、态度、价值观的培养。在目标设计上，还力求做到具体而不抽象，简明而不烦琐，学生看了一目了然。

学习目标在"助学提纲"上有明确呈现，教师还应通过多媒体和口述等形式准确提炼概括，适度揭示表述，从而最大化地提高学习的质量和效益，有效促进学生主动学习和全面发展。

在揭示学习目标时，教师还要依据学生实际情况，注意情感投入，讲究艺术效果，做到准确适度。具体要求既不降低也不拔高，既不搞偏也不搞错。哪些内容需要了解知道，哪些内容要求当堂运用，哪些知识能够形成能力，哪些知识能够陶冶情操，教师一定要胸中明确，揭示到位。这个时候，学生需要精力高度集中，情绪激越亢奋，要紧跟课堂节奏，努力为后边的课堂学习做好精神上和方法上的准备。

（四）指导学习方法

课堂教学改革深入进行，我们对"助学提纲"的编写也有了更高的追求。在每个助学环节知识提示之外又加进了明确的学法指导，既要注明阅读这一章节得使用什么读书方法，完成有关习题要抓住哪些关键词去审题，又要明确如何运用联想、迁移、归类去作答，怎样达到举一反三和触类旁通的能力要求等。在40秒的课堂导学中，教师对学法指导仍要适度指明，简要解析。

毋庸置疑，科学有效的读书方法既会使学生读书高效愉悦，也会助力他们的课堂学习事半功倍。鉴于有的教师自己的读书方法比较单一，在指导学生读书方法时存在力不从心的实际状况，我组织广大教师开展"畅谈读书方法"交流活动，并结合自己多年来的读书心得，汇总整理出10多种有效的读书方法，编印出来供广大教师灵活选用，供不同学生自主选择。

第一，博精读书法。

博精读书法是一种将博览群书与精深阅读相结合的读书方法。也就是说，人们的读书学习，既要面广一些，多学些知识，又要读得精深，在某一方面有独到的见解，能够独树一帜。

大凡读书求学问，既要广博，又要精深，两者是辩证统一、相互渗透、相辅相成、相互促进的。古语说："博见为馈贫之粮，贯一为拯乱之药。博而能一，亦有助乎心力矣。"外国也有一句发人深省的谚语："聪明人接触各种知识，但他以精通一门来认识世界。"

任何一门学科，固然有它本身的特殊规律，但也有与其他学科相同的普遍规律。因此，唯有博才能功力于专，唯有专才能融会于博。精通一门可以"闻一以知十"，广读博览又可以促进我们对某一学科的精通。可见，学科的精通又是博览的结晶。在一节课内，学生读书何时博？如何精？都应有明确的说明。既不要只浏览不精读，也不要"精读于一而漏万"，更不要把应当浏览的精读，应当精读的浏览。浏览和精读的范围颠倒或互不联系，就会"学不善法"，其结果自然就会事倍功半。

若学生在课堂上能依据学科特点和自己的认知水平，采取恰当的读书方法，做到博精结合，就会成果丰硕，厚积薄发。课堂效率也能大幅提高。

第二，提炼读书法。

提炼读书法是指在读书时提炼中心词，以利于从宏观上把握句、段、文的读书方法。先看下面这个例子：

1840年英国政府对中国发动侵略战争。战争是由英国强行向中国推销鸦片引起的。积极主张禁烟的两广总督林则徐率领军队进行了抵抗，广州人民也自发组织起来抗击英军，使英国侵略者受到很大的打击。但腐败无能的清朝政府妥协投降，竟于1842年和英国签订了丧权辱国的《中英南京条约》。

这段话是在解释"鸦片战争"这一历史事件。有四个句子，分别说明四层意思：战争性质，战争原因，我国军民抗英斗争，清政府投降。我们可以提炼出四个中心词：侵略战争，推销鸦片，抵抗（联系军民抗英及成绩），妥协（联系清政府腐败，妥协的结果是签订条约）。当然也可以换一种方式来加以提炼。比如利用形象来提炼中心词：洋人——代表侵略；鸦片烟——代表战争起因；林则徐——代表抵抗力量；清朝庸官——代表投降。由此例不难看出，提炼中心词对学习大有裨益。

再比如：

价值规律是商品生产和商品交换的经济规律（下定义）。它的基本内容是：商品的价值量由生产商品的社会必要劳动时间决定（从定义的"商品生产"方面说明），商品交换要以价值量为基础，实行等价交换（从定义的"商品交换"方面说明）。

可以提炼中心词：生产与交换，价值量（劳动时间决定），等价（价值量为基础）。记住这几个中心词，价值规律这个概念就不难记住。

由此可见，提炼读书法对迅速把握阅读材料的核心内容，对提高阅读效率都极为重要，学生应广泛运用到读书学习中去。

第三，标记读书法。

读书动笔标记是古人常用的读书方法，在书上"勾勾画画"也是当代学人在读书中总结出的经验。钱锺书少时就有边读书边加圈点的习惯，他早年在清华大学求学时曾遍读清华图书馆的书籍，每次看书他都喜欢用又黑又粗的铅笔画下佳句、妙句。据他的同学讲，清华图书馆里有标记痕迹的书俱出自此君之笔下。毛泽东读书也是这样，他每读一本书，都在重要的地方画上圈、杠、点等各种符号。早年他读泡尔生著、蔡元培译的《伦理学原理》时，全书逐字逐句都用笔加以圈、点、单杠、双杠、三角、叉等符号。

学者伟人读书尚且如此，我们读书更应这样。如果说某种知识能够被存在脑海里且挥洒自如，那么这种知识很大程度上来自"标记精读"的读书方法。课堂上学生能认真仔细地读书，深度思考着读书，圈点勾画着标记读书，就会对下一次的复读带来便利与良好启发，也会带来丰硕的读书收获。

标记精读的常用标记一般有："～～～"较重要的内容，"——"重要的内容，"＝＝＝"很重要的内容，"≡≡"最重要的内容；"■"重要批注记号，"■■"重要而关键的字或词，"▲▲▲"要注意的地方，"？？？"表示不同程度的疑问。另外还有"（ ）、‖、※、！！！"等符号。以上这些记号及其相应的意义只是一种参考，学生在使用时也可以根据自己的需要和习惯规定一套自己的标注记号体系。

在课堂上，学生使用标记读书法读书很容易做到熟读深思。一般来讲，熟读是深思的基础，只有熟读才能记得牢，只有记得牢才能思得深；深思又是熟读的条件，只有思得深才能领会得快，才能读得熟。实践证明，善于标记读书既能帮助学生熟读深思，又能助力学生深入领会书的要旨，快速寻得书中精髓。

第四，笔记读书法。

古人读书有一条著名的治学经验，即读书要眼到、口到、心到、手到，其中的手到就是动手做笔记。记笔记是读书的重要方法，是治学的主要工具。

教育家徐特立读书生活长达八十多年，他积累了丰富的读书经验，其中一条经验就是"不动笔墨不读书"，他每读必记，总是把书本的重点、难点、疑点、新鲜之点都用笔写下来。徐老说："我读书的办法总是以'定量''有恒'为主，不切实际的贪多既不能理解又不能记忆。要理解必须记忆基本的东西，必须'经常''量力'才行。"徐老之所以这样重视记笔记，是因为笔记既是思考的激发器，又是记忆的储存器，还是创造的发源地。

读书笔记主要有以下几种：一是眉批笔记。在阅读时随手进行，就是在书中重要句段下面标上圆点、直线、曲线、波浪线、双线等记号，也可以把读书时产生的心得、评语、疑问随时写在书页的空白处。这种笔记简单方便，可以在下一次读书时带来阅读提示，既指明书的要点，又告诉你上次阅读时有哪些体会。二是摘录笔记。可以摘录原文，通常是名言警句、资料典故、原始数据等，也可以作内容提要，用自己的话把原文缩记下来，这适用于较长的段落和不需直接引用的资料。三是提纲笔记。适用于较艰深的书和文章，将其内容及要点用排列的形式记下来，便于掌握全书内容和逻辑结构，其效果比重读一遍还要好。写完后还要与全书核对一下，看有无片面或遗漏之处。四是心得笔记。也就是读后感，是比较正规的笔记形式，把读书的心得体会写成短小的文章、札记、随笔，作为自己的研究成果保存下来。

"最浅的墨水也能胜过最好的记忆"，这句话道出了笔记读书法的精髓。前人和别人的方式方法对于学生读书学习是大有益处的，学生可以进行参考和借鉴。当然，学生在课堂上记笔记要从实际出发，讲究实用，要根据自己的具体情况灵活运用。

第五，储蓄读书法。

历史学家吴晗在读书时，每当发现有价值的资料就随手抄在本子上。后来记得多了，发现这种方法很杂乱，抄在本子上的各种资料眉目不清，等到想用某个资料时，在厚厚的本子里翻上半天也找不到。他吸取了经验教训，改用卡片记资料。他总是随身携带一叠卡片，在阅读书籍报刊时遇到对自己有价值的资料就抄在卡片上，每张卡片只记录一件事或一段话，并且记下出处。多年来，他亲手做读书卡片几万张，并按内容分类，把大量的资料储存起来，就像使用银行中储蓄的钞票一样，随时用随时取。这样既方便，效果又好。

记卡片确实是读书和自学中储存知识的好方法，有效使用不仅能够帮助加强记忆，还能够储蓄资料，有助于增长自己的学识。而且读书卡片便于保存，便于携带，易于整理，方便查找，比其他的读书笔记更具有优越性。这种方法简单易行，读书者只要手勤心细，形成习惯就能很好地使用。

为了把读书卡片记得更好，发挥更大的作用，还须注意以下几点：一是卡片的大小要差不多，用稍厚的硬纸即可，可以自己裁制，也可以买做好的卡片。二是记卡片的格式要一致，如题目、内容、出处等要按照一定的格式写，不能太随意，以免杂乱无章，用时查起来麻烦。三是资料最好统一记录在卡片上。如果是自己订的报刊资料，可以剪下来贴在卡片上；如果剪报比卡片大，可以折叠一下，用曲别针夹在卡片上。四是字迹要清楚，不能马马虎虎。五是用完卡片以后应及时放回原处，以便今后再次查找。

当然，对记录的卡片还要科学管理，要及时进行分类后装入纸袋或卡片盒中，标上类别，按照一定顺序整齐地存放起来。卡片的资料就像记录者的另一个大脑，卡片盒就是储蓄知识信息的宝库。学生能养成记卡片的习惯，必将影响到他们一生的成长和学习。

第六，质疑读书法。

"尽信书，则不如无书"，毛泽东常用孟子的这句话告诉人们不要迷信书本，不要盲目读书，要善于发现问题。他每看完一本书或者一篇文章，总要提出自己新颖的看法和理解。（在他存世的大量读书批语中，就能见到许多这样的看法和见解）这是他采用质疑读书法读书的最好见证。

古人认为"疑是觉悟之机"，小疑有小进步，大疑有大进步。做事是这样，读书更是这样。朱熹曾把疑问看成读书过程，说它是一个从无疑到生疑，从释疑到前进的过程。读书善于质疑，就能开发思路。与"装筐式"或"填鸭式"相比，质疑读书法的效果不知要强多少倍。

质疑读书法就是在读书时提出疑问，同时还要深入实践，通过实践解决疑问，产生新观点。也就是说，把书本上的疑点带入实践中，从实践中作出正确的判断。阿伯拉尔说过："由于怀疑，我们就验证，由于验证，我们就获得真理。"利用质疑读书法，既能打破知识旧框框的束缚，又能促进新的发明和创造。

当我们在学习中使用质疑读书法的时候，请记住培根的名言吧："如果一个人从肯定开始，必以疑问告终。如果他准备从疑问着手，则会以肯定结束。"让质疑读书法为学生读书学习插上高飞的翅膀，用善疑好问这把钥匙，去开启知识宝库的大门吧！

第七，浏览读书法。

浏览全书是精读的前奏，其目的在于大致了解阅读物的主要内容，浏览范围包括封面信息、内容提要、目录、序言和后记等。

每本书都有其主题和重点，浏览就是要抓住重点，弄清结构，以形成一个概括性的了解，为进一步的精读奠定基础。查看封面信息（书名、作者、出版单位等）；查阅内容提要（概括全书的主要内容，提炼全书的主旨，指明全书的主要思想价值和艺术价值的简洁文字）和目录（全书内容的纲目，比起内容提要来，更具体，更详尽，包含着更大的信息量）；查阅序言（介绍适应该书的阅读对象，书籍的主要内容，写作目的，编写体例等）和后记。这些都是阅读整本书首先要浏览的内容，也是要求学生读整本书的起点。

其实，每堂课的阅读材料也有其主题和重点，一篇文章、一份材料、一个例题都需要学生先浏览阅读，了解概貌，做到胸有全局。这样就能很好地为下一步的自学和深思提供方向，奠定基础。可以说，浏览读书法在"五步助学法"课堂的每一个环节都会得到充分运用。

第八，精读读书法。

"精读"也称为"详读""细读""十目一行"式的阅读。古今名人学者对"精读"都有很多精辟的论述。宋代朱熹就认为熟读之后应该"继以精思，使其意皆若出于吾之心，然后可以有得尔"。的确，对于重要的知识、重要的材料或潜心研究的攻关项目的材料等，只有用"十目一行，字字入心"的精读方法细心研究才能有所收获。正如叶圣陶曾经告诫初读书者"精读是准备"，在"博中求精"才能打好知识的基础结构，向更高的阶段发展。

"精读"有三个主要特征：一是有明确而特定的目的；二是读的速度较慢，甚至反复读；三是要在书上做些勾画、眉批、编注，或做些读书笔记、卡片、心得体会之类。因此，精读者要做到三勤：勤查，勤问，勤记。

"精读"读书法主要方式有如下几种：

一是四遍研读法。即一遍细读书中全文，联系文题思考本书主要的内容；二遍默读深思文章的内容层次，中心要旨；三遍连读分析本书的写法和特点，注意从材料选择、谋篇布局、表现手法、语言特点等方面去分析和理解；四遍研读书中或文章最精彩的部分，细细地玩味，从而领略书和文章的妙处。

二是点面结合法。就是采用重点研读和全面阅读相结合的方式来阅读，一般来说要把整本书都细细地研读是很难办到的，也是没有必要的，采用点面结合的方式阅读往往会收到事半功倍的效果。

三是咬文嚼字法。采用逐字逐句细读的方式，对全书都一一分析，并且由字面理解到内容分析，一丝不苟地进行。这种方式主要用于文言诗文的学习和理解。

四是比较鉴赏法。是指将同一类书或者同一作者的两篇以上作品拿来比较，以分析其发展演变或者将两个以上流派的作品拿来比较，以分析其不同或相同的特点，从而更深层地分析作品的意义。这种方法适用更高层次的阅读，可以对中学生进行引导渗透。

学生读教科书是最典型的一种"精读"，它包括以下几个程序：上课之前先阅读一遍，找出疑点问题；上课时对教材进行反复阅读勾画，理解书中的重点和难点；课后要复习上课时读的材料，对关键句段或生僻词句、重点段落、精彩章节、公式定理、推导过程、图表等背会记牢，在此基础上完成书中规定的作业。因此，指导学生读教科书时一定要专心致志，做到精选内容，理清线索，把握实质。

第九，立体读书法。

立体读书法就是要求读书时不仅从一方面去读，还要从多角度、多方面去读。读书既看正面也看反面，既横阅也纵阅，即可左顾也可右盼。总之，务必将各方含义都理解。

教育家加里宁曾经说过："当你们独自阅读时，你们只了解到一面，即令了解了三面，还是没有了解到第四面。终于把四面全都了解了，哪知这东西不是一个平方体，而是一个立方体，却总共有六面。"这句话很形象地说明了读书要使用立体读书法全方位阅读的重要性，这种读书方法符合人的思维规律，是一种立体思维的呈现。

使用立体读书法首先要多思，既要从不同方面思考，又要深入思索。只有多思才能理解书的多方面意义，才能不仅知其正面还知其反面，不仅知其表面还知其骨髓，不仅知其本意还知其寓意、转意及言外之意。其次要重读，人的读书是与著书者当时的认识水平、所处环境和关心的问题发生直接关系的，这次不理解的问题下次读就可能理解，这次不需要关注的内容下次读就可能是最急需的。因此，重读一次就能有一次新的收获。再次要多议，就是找人多讨论，只有在互相碰撞激发中才能博采众长，才能达到读书的最高境界。

总之，平面书可作立体读，恰当而灵活地运用立体读书法不但能把书读得更深透，理解得更全面，而且思维的触角还会不断触及平时被忽略和遗忘的每一个角落，从中挖掘出新的知识"宝藏"。

第十，层级读书法。

大凡书本知识的内在逻辑都是从低级到高级、由浅薄到高深、由简单到复杂逐步展开的，读书的过程也一定是从基础书籍读起，逐步积累、逐步加深的。也只有读过一节再读一节，读过一章再读一章，读完一本再读一本，才能打好基础，循序渐进，逐步升华，渐入佳境。

这种一级一级而上、最终达到屋顶的读书方法就是层级读书法。美国哲学家阿德勒对这种读书法曾有系统而精辟的论述，他把读书分为初级阅读、检视阅读、分析阅读、综合阅读四个层次。

初级阅读是基本的阅读或开端的阅读，是初学者首先接触的阅读层级。检视阅读是读者必须在规定的时间内完成的阅读步骤，它包含略读和预读两种不同的方式，其主要目的是要知道该书是否有精读的必要。分析阅读就是全面而完整地阅读，一般不受时间的限制。综合阅读指在一段时间内阅读较多的彼此内容相关、主题相近的书籍和文章的阅读方法，它是一种最积极、最费心的阅读。这四个阅读层次层层递进，逐步升华，是学生读书的一般顺序。

以上十种读书方法既丰富了教师的读书、教学、思考，又指导了学生的阅读、自学、深思。它们使广大教师指导学生读书时有"法"可依，学生自主学习时有"法"可循。这些读书方法更为"五步助学法"课堂的灵动高效提供了充分的可能性。

（五）约定自学深思

"五步助学法"课堂始终秉持"学生自主发展，教师助力成长"这一助学理念，始终把激发学生学习兴趣，培养学生自学能力，形成学生自主意识作为课堂设计的优先考量。因此，"自学深思"这一助学环节无可争议地成为"五步助学法"课堂最基础、最关键的组成部分。

从所需时间看，"自学深思"这一助学环节用时较长，大约进行15分钟。当然，不同学段、不同学科会有所区别。如低年级学生有意注意时间相对短一点，这个环节的时间也适度减少；高年级学生有意注意时间较长，自学能力逐步增强，这个环节的时间也适度延长；有的课堂根据学科特点甚至延长到18分钟，几乎占到40分钟课堂的一半。

从学习主体看，这段时间完全由学生在"助学提纲"这个路线图的引领下自主完成本环节的学习任务。在这个环节，学生要认真读书，独立思考，深入钻研。当然，自学的形式丰富多样，既可以读课文、做例题、看注释、做实验，也可以圈、点、画、批、注等。深思是对自学的有效推进，两者相辅相成，密不可分。整个学习过程，学生都要专心致志地排除一切不必要的干扰性信息，自主高效地深入学习。具体来讲，一是学生按照"助学提纲"上明确的目标要求、自学范围、方法提示等信息全神贯注地快速阅读课本，深入思考"自学深思"部分的相关问题，发现疑惑在"助学提纲"的专门区域记下来。二是埋头读书，动笔勾画圈点，整个过程尽量不与同学交流，不向教师询问，有急迫的问题可以举左手示意教师悄悄过来后低声提出，不能影响其他同学。三是要有时间观念，要统筹分配好时间，避免前紧后松或前松后紧。不在某一个问题上或者某一个问题环节上过多浪费时间，过度投入精力；对不能及时解决的问题或不能思考顺畅的节点用红笔圈起来，以备"小组互学"和"教师助学"时向组内其他同学及教师提出求解。

从助学主体看，教师这时既要"管住嘴"，不提示，不发言，不做任何打断学生自主学习的事情；又要"迈开腿"，轻轻巡视，细心观察，及时搜集助学环节所需要的学情信息。学生举左手求助时，教师要悄悄走过去低声答复，不影响其他同学，避免一个同学问，周围同学都把脑袋伸过来的场景出现。在巡视时，教师既要慢慢走过，不制造声音，不打扰学生学习，又要细心观察学生的一颦一蹙，及时关注学生的自学进度和自学时遇到的困难，一边做好记录，一边及时调整课堂环节设计和预设的助学内容，使之更符合学生的实际学习需求。

从"助学提纲"的编写看，"自学深思"环节是重点改革、大胆创新、着力打造的部分。这一环节是广大教师花足够的功夫认真钻研、深入理解、有机整合教材、仔细琢磨学情、精心设计而成的。它经过了三备（个人初备，个人再备，个性化备课）两研（线上一研，线下二研）的反复打磨和认真修改，对学生自主学习有很强的指导意义。先看下边的两个例子：

示例一： 人教版《语文》九年级上册第二单元第8课《论教养》中"自学深思"（15分钟）摘录。（主备教师：王双）

知识链接——作者简介

利哈乔夫（1906—1999），苏联学者、作家。苏联解体后其地位相当于托尔斯泰和陀思妥耶夫斯基，是具有国际影响力的文化大师，被誉为"俄罗斯知识分子的良心"。他的著作有《善与美书简》《俄罗斯思考》等。

1.速读课文，结合课下注释，完成下列题目。（5分钟）

（1）给下列加点字注音。

恪守（　　）　箴言（　　）　自吹自擂（　　）　允诺（　　）

妨碍（　　）　愚蠢（　　）　絮絮叨叨（　　）　尴尬（　　）

积淀（　　）　谚语（　　）　大发雷霆（　　）　矫揉造作（　　）

（2）根据意思写成语。

＿＿＿＿＿＿：形容文雅、有礼貌的样子。

＿＿＿＿＿＿：形容对人或事物冷淡，一点儿也不关心。

＿＿＿＿＿＿：一切都由着自己的心意，想怎么做就怎么做。

＿＿＿＿＿＿：不听劝告，固执地照自己的意思行事。

＿＿＿＿＿＿：自己吹喇叭，自己打鼓，比喻自我吹嘘。

＿＿＿＿＿＿：不敢从正面看，斜着眼睛看，形容畏惧而又愤恨。

＿＿＿＿＿＿：把弯的弄直，把直的弄弯，来制造器物。形容过分做作，极不自然。

_____：为了装点门面而结交文人，参加有关文化活动。（多含贬义）

_____：形容举止言谈不大方。

_____：跟着情况的变化，掌握时机，灵活应付。

2.跳读课文，完成以下任务。（5分钟）

（1）作者认为有教养的人具体表现在哪些方面？

（2）梳理文章脉络。

引入论题	（1—2）_____
分点论述	（3—12）讨论_____的表现，点明什么是真正的教养
	（13—17）剖析教养的重要表现_____
总结	得出结论：归结教养的本质_____

3.研读课文第13段，从下列一组题中任选一题进行解答，并就这一段内容提出新的质疑。（5分钟）

（1）文章谈论"教养"，为什么要谈"风度"？二者之间有什么内在联系？

（2）第13段作者批驳的错误观点是什么？他是如何批驳这一错误观点的？

我要作答：_____

我要质疑：_____

这份助学提纲的"自学深思"充分体现了"五步助学法"的课改精神，既为学生自主学习提示了具体的时间安排、自学方式和读书方法，又通过表格揭示了议论文结构的一般样式，从而降低了学生梳理文章思路的难度。这样的设计使学生不仅逃离了题海的束缚，还有了更充足的时间去阅读课文。学生的读书过程能够从整体到局部，层层递进，逐步深入，其思维进程也鲜明地呈现出来。

示例二：北师大版《数学》八年级下册第二章第二节《不等式的基本性质》中"自学深思"（18分钟）摘录。（主备教师：郑孝妮）

（一）探索新知

自学课本第40—41页，完成下列问题。

1. 用 ">" 或 "<" 填空，并总结其中的规律：

（1）5>3，5+2_____3+2，5-2_____3-2，5-a_____3-a；

（2）-1<3，-1+2_____3+2，-1-3_____3-3，-1-a_____3-a。

不等式的基本性质1

不等式的两边都加（或减）同一个整式，不等号的方向_____。

（3）6>2，6×5_____2×5，6÷2_____2÷2，6÷a_____2÷a（a>0）；

（4）-2<3，(-2)×6_____3×6，(-2)×$\frac{1}{3}$_____3×$\frac{1}{3}$，

(-2)×a_____3×a（a>0）。

不等式的基本性质2

不等式的两边都乘（或除以）同一个_____时，不等号的方向_____。

（5）6>2，6×(-5)_____2×(-5)，6÷(-2)_____2÷(-2)，

6÷a_____2÷a（a<0）；

（6）-2<3，(-2)×(-6)_____3×(-6)，-2×($-\frac{1}{3}$)_____3×($-\frac{1}{3}$)，

-2÷a_____-3÷a（a<0）。

不等式的基本性质3

不等式的两边都乘（或除以）同一个_____时，不等号的方向_____。

2.（课本变式）利用不等式的基本性质将下列不等式化成 "x<a" 或 "x>a" 的形式：

（1）x-1>2；（2）-2x>4；（3）$\frac{1}{2}$x≤3；（4）-x<$\frac{5}{6}$。

（二）课堂训练

1. 若x<y，则x-2_____y-2。（填<、>或=号）

2. 若x<y，则-x-2_____-y-2。（填<、>或=号）

3. 已知有理数a，b，c的位置在数轴上如图所示，用不等号填空：

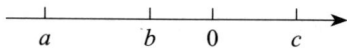

（1）$b-5$ _____ $c-5$；（2）$a-b$ _____ 0；（3）$a+b$ _____ $a+c$；

（4）$b-a$ _____ $b-c$；（5）ac _____ bc；（6）ab _____ bc。

4.利用不等式的基本性质将下列不等式化成"$x<a$"或"$x>a$"形式：

（1）$x-1<3$；（2）$\dfrac{x}{3}<5$；（3）$-4x>3$。

这节课的学习目标有两个，一是经过不等式基本性质的探索过程，初步体会不等式与等式的异同；二是掌握不等式的基本性质。设计者从学生现有的知识水平出发，通过简单的具体运算判断两数的大小，感受不等号符号的变化，进而总结出不等式的基本性质。接着通过对应知识点的小检测题强化巩固不等式的基本性质，有效达成本节课的学习目标。

这次"自学深思"最大的特点就是有新旧思维的衔接和题目难易程度的梯度设计，课堂设计从学生的最近发展区展开，引导学生思维逐步向本节课的学习目标延伸，不仅有效助力学生自主学习，也使他们顺利完成了学习任务。

（六）组织小组互学

"小组互学"环节一般不超过5分钟，它是"五步助学法"课堂中学生参与面最广、参与度最高、主体意识表现最强烈的一个环节。它有效搭建了所有学生展示学习成果、提出学习质疑、解答别人问题的平台，集中体现了学生间互相学习和多向交流的平等精神。

一个学习小组一般由四个人组成，四个人的学习水平有差异，学习能力最强的担任"教授"（相当于小组长，定期轮换），负责本学习小组的学习组织和安排，牵头制订小组学习目标、小组学习公约、小组名称和小组口号等。学习能力中等的两人担任"助教"，协助"教授"收发"助学提纲"和"助学训练"，积极参与课堂学习，维持小组纪律，记录本小组"助学免单记录卡"的得分情况等。学习能力较差的同学称为"博士"，要努力学习，积极参与小组质疑与讨论，努力争取课堂机会，尽快达到与"教授"和"助教"有效交流的学习水平。总之，小组中每个人都是平等的具有学习主体地位的一分子，每个人都要在互相学习中品尝平等交流的激情、相互尊重的幸福和合作学习的快乐！

学习能力强的学生完成"自学深思"的有关题目后会自动起立，一方面表示自己已经完成了学习任务，另一方面也对其他同学起到提醒和督促的作用。站起来的同学一边继续审视自己的"助学提纲"，进一步整理思路，完善答案，积极准备"小组互学"的辩论性问题；一边观察组内其他同学的自学进度，必要时轻轻提醒学习拖沓的同学要专心致志，尽快完成学习任务。这时，还在埋头学习的同学会产生紧迫感，也能更积极思考，认真做题。教师则要及时巡看站立同学的"助学提纲"，看题目做得是否认真，字写得是否工整，哪个知识点需要强化，哪个答题思路需要理清，进而为"教师助学"环节的交流提升做充分的准备。

教师发出明确指令后，"小组互学"正式开始，所有学生迅速起立。前排同学转身先和对面同学合作学习，一问一答或我说你记、我背你听。然后再按照"教授"的安排进行分层合作交流或全组一起质疑讨论，讨论时小组所有成员积极发言，认真倾听，分享成果，提出疑问，消除困惑。发言顺序也有明确规定，先有"博士"发言，再有"助教"依次发言，最后是"教授"总结归纳。遇到唇枪舌剑、互不相让时，教师要及时关注，及时调控互学的情绪和节奏。

"小组互学"结束后，所有学生迅速坐到原位，收回思绪，及时在脑海里整理互学成果，为后边的展示环节做准备。教师先用最简明的语言将巡视时观察到的情况进行总结与评价，然后自然过渡到"教师助学"环节的学习。

"五步助学法"课堂的"小组互学"是高层次的学习过程，它安排的时机恰是学生经过自学阶段的深度思考，有了较丰富的学习所得并急于向同学展示学习成果、分享学习体会、交流学习疑惑、碰撞思维火花的时刻。在具体实践中，"小组互学"形成了明确的规范和具体的要求：一是小组成员平等参与，合理分工，有序组织，每位成员都积极主动地多向交流。二是"教授"把控学习进度，科学安排互学时间，防止前松后紧或前紧后松。三是教师巡视小组学习情况，必要时提醒讨论进度，点拨个别疑惑，告诫不在状态的学生，还要记下各小组有争议的共性问题，为下一环节的课堂交流做准备。

"小组互学"不仅为学习能力强的同学提供助力学习的平台，也为学习能力相对较差的同学提供互相启迪的空间。这个学习环节备受学生的青睐，它的学习效果超过了教师的一般性讲解，它以一种尊重、信任、平等、开放的姿态彻底改变了传统教学中教师大水漫灌、学生被动学习的消极状态。

"小组互学"既充分调动了学生的学习积极性，又培养了学生的质疑探究能力。应该说，这积极互动的5分钟，是思维碰撞、知识升华的5分钟，是情感交流、互信加深的5分钟，是体现速度、放飞激情的5分钟，也是学生热切期待、欲罢不能的5分钟。

（七）规范学生质疑

我们要培养新时代所需要的创新型人才，就必须在课堂上大力培养学生的质疑精神，因为质疑精神不仅与学生的个性张扬和自由意志息息相关，还与民族的创新能力及人类文明进步的步伐息息相关。

但是，我们传统教育评价机制强调的是规范和统一，这在某种程度上禁锢了学生"对教学问题直言不讳和对各种权威观点敢于质疑"的精神。通常情况下，学生在课堂上质疑会被认为是有意刁难老师，学生提出问题会被认为是不安分守己，学生表现出的好奇心和想象力也会被认为是歪点子。这样就使得大部分学生无法在质疑中思考，在质疑中创新。长此下去，许多学生不但缺少质疑精神，他们探究性的质疑思维也不可能得到真正的发展。

鉴于此，"五步助学法"课堂教学改革之初就特别重视保护学生的问题意识，努力培养学生善于发问的习惯和刨根问底的质疑精神。在课堂上，老师们能以欣赏的眼光看待学生对教师、对书本、对权威的质疑，能积极鼓励引导学生通过实验去验证自己的猜想。可以说，"五步助学法"课堂设计的每个学习环节都为学生留足了质疑的空间，提供了会疑、有疑、敢疑的契机，搭建了思维碰撞、火花四射的平台，也有效提升了学生的质疑水平。具体做法是：

第一，创设课堂情境，促使质疑。如在"小组互学"环节，学生能够积极参与，畅所欲言，他们在比较、联想、矛盾和悬念中，不断激发思维，大胆质疑。若质疑问题有深度就集体碰撞交流，质疑问题较肤浅就不作为重点，只用三言两语一带而过。在这样的氛围中，如果学生总是提不出质疑问题就显得学习不够深入，思维比较迟钝。学生大多争强好胜，谁也不会在这样的竞争中自甘落后。因此，所有学生都会在这个环节积极主动地参与到质疑中去。

第二，通过课堂提问，示范质疑。在"教师助学"环节，教师会精心准备课堂主问题，去引导学生学会质疑。如在概念教学时，教师可以提出"概念的关键词是什么？概念是怎么形成的？此概念与相近概念的区别在哪儿？"等问题，借以引导学生在概念内涵的挖掘及外延的拓展上质疑。在计算教学时，教师可以提出"这样计算的依据是什么？还可以用什么方法运算？有没有更简便的计算方法？"等问题，借以引导学生在计算方法和多角度思考上下功夫质疑。因为教师在课堂上做好了示范，学生的质疑水平自然得到大幅提升。

第三，明确质疑点，引导质疑。在知识学习时，教师要告诉学生找准质疑点，如在新旧知识的衔接处质疑，在知识的来龙去脉上质疑，在教学内容的重难点处质疑，在知识的运用上质疑等。另外，也要和学生说清楚质疑要采用"是什么""为什么""怎么办"等基本形式进行多角度提问，可以有正面提问、反面提问、侧面提问等。

在"助学提纲"完善的过程中，广大教师创造性地在"自学深思"环节设置了选择性问题和模仿提问的版块，通过规范的形式逐步提高学生的质疑水平。请看下边的例子。

示例：人教版《语文》九年级上册第三单元第10课《岳阳楼记》中自学深思第3题：

认真研读3、4自然段内容,从下列一组题中任选一题进行解答,并就这两段内容提出新的质疑。

① 第3自然段描绘了一幅怎样的画面?其中蕴含着迁客骚人怎样的心境?

② 第4自然段描绘了一幅怎样的画面?其中蕴含着迁客骚人怎样的心境?

我要作答:_____

我要质疑:_____

以上学习设计为学生课堂练习提供了自主选择的空间,也为他们进行课堂质疑创造了条件。这样的微创新在"五步助学法"课堂设计中比比皆是,不仅丰富了"助学提纲"的内容,激发了学生"自学深思"的激情,也真正培养了学生敢于质疑、乐于质疑、学会质疑的精神和能力。

现在,学生向自己学而未解的知识质疑、向教师所授质疑、向教材权威质疑的行为会贯穿到"五步助学法"课堂教学的每个环节,而规范学生质疑也成为"五步助学法"课堂教学改革的重要组成部分,成为"助学提纲"设计的常态化做法。

(八) 提升教师助学

"小组互学"结束,教师终于要从幕后走到前台,来进行一次完美的助学之旅。在接下来的"教师助学"环节,他们要与学生进行思想的碰撞和情感的交流,要对学生进行知识的激发和灵魂的启迪。

按照"五步助学法"的课堂要求,"教师助学"环节一般在15分钟左右,它的行为主体表面上是教师,实际展开还是围绕学生的学。整个过程,学生和教师在双向交流中火花四射、高潮迭起、共同精彩。学生已经在"助学提纲"的引领下进行了认真自学和深度思考,也经过了相互学习和质疑讨论,总有一种想展示学习成果的跃跃欲试或解答心中疑惑的热切期盼。教师通过"三备两研"的认真准备,早将本节课的知识点熟练掌握,对答题思路和答题方法也清晰明了,在"自学深思"与"小组互学"

时，又对学生的学习状况有了认真观察和深入了解，这时，每位教师都能成竹在胸，信心满满，都有一种大显身手和启迪心灵的渴望。

在短短的15分钟内，教师既要精讲知识、拓展思维，又要点睛方法、做好结论。教师在这个环节的具体任务：一是从自学、合作、参与度等方面对小组学习情况给予评价和激励，并在"助学免单记录卡"上记下各小组的具体表现。二是引导学生展示"自学深思"和"小组互学"的成果，小组间进行质疑交流。三是点评精讲学生在展示中暴露出来的问题和学生通过探究仍不能解决的问题，还要对本环节设计的核心问题作出交流和解析。四是在助学中顺势讲规律、讲思路、讲方法，讲线索、讲格式、讲框架。整个"教师助学"环节，教师要理清思维结构，总结学习方法，探讨学习规律，升华人生情感，最大化地完成课程标准对本章节和本课时的各项要求。

在这个环节，教师虽然走到前台，但也不能唱独角戏。教师的点拨、讲述、解析、释疑、总结等一定要围绕学生的学习情况来进行，一定要通过对学生的启发、激赏和肯定充分调动学生参与课堂的信心，探究知识的激情。当然，在这样短的时间内助力学生完成学习目标会对教师提出更高的要求，它不仅要求教师对教材知识、学生情况、学习思路和学习方法等了然于胸，还要求教师随机应变，善于倾听，善于捕捉课堂火花，同时要求教师的教学语言更加精练，更有启迪性。这样高的要求，年轻教师短时间内很难做到。但是，他们信心十足，干劲冲天，能自觉读书学习，主动观摩听课，在"五步助学法"课堂教学改革中进步很快，助学能力和专业水平也有了很大提升。

"教师助学"环节从形式上看虽然最像传统课堂的一般样式，但是它和传统意义上的教师讲解有本质区别。因为教师助学的对象是学生，教师助力的核心是学生的自学，这一环节的主角仍然是学生。在整个过程中，学生的任务是根据"自学深思"和"小组互学"情况积极展示学习成果，大胆进行课堂质疑，认真回答课堂提问，清晰表述思维成果，规范板演核心问题等；而教师则是在启发、点拨、概括、提炼中助力以上学习行为的发生。

有了"教师助学"环节，学生的思维得到梳理，灵感得到激发，成功感和成就感得到呵护。在教师的助力下，他们探究问题的兴趣更加浓厚，学习知识的动力越发十足，思维更加灵动，心情更加愉悦。

（九）丰富自主检测

我们知道，任何高效课堂的构建都会重视课堂练习及课堂检测，"五步助学法"课堂自然也不例外。它的"自主检测"环节就能有效助力学生复习巩固课堂知识，锻炼培养做题能力，检查反馈学习效果，反思矫正学习习惯，从而最大化地实现课堂的优质高效。

"自主检测"是"五步助学法"课堂的最后一个助学模块，它是利用下课前的3—5分钟，对本节课的核心知识点进行练习巩固和有效检测的助学环节。其检测试题主要是基础知识和重要知识点的变式呈现，要求学生在"助学提纲"的引领下自发主动地完成。因此，这个助学模块虽然从表现形式上看是检测，但核心理念仍然是"自主"。环节的完成方式也丰富多样，既可以是同学间的对话交流，小组内的听写问答，也可以是静静地做题，默默地写作……

实践证明，"自主检测"既是"五步助学法"课堂不可或缺的组成部分，又是实现课堂优质高效的重要环节。它的作用主要体现在三个方面，这在"五步助学法"课堂经典思路部分已详细介绍，在此不再赘述。

"自主检测"的题目设计既要紧扣课堂所学内容，又要有科学性和实用性。这就要求教师在备课时认真揣摩学生的学习心理，全面熟悉课堂内容和课堂要求，创造性地进行知识整合和题目设计。精选的检测题要做到由易到难、由浅入深、层次分明、循序渐进，题目设计要有针对性，要符合不同学段学生的心理特征，如高年级要多进行书面练习检测，低年级应多进行口头练习检测。

学生"自主检测"时，教师要及时巡视课堂，细心观察不同层次学生的掌握情况，要根据学生检测情况及时调整自习课的练习梯度，也为下一节课"助学提纲"的制作做准备。"自主检测"完成后，各组"教授"完成的检测题由教师当面检查、纠错、批改，各小组其他成员的检测题由"教授"检查并督促。对于个性问题原则上组内解决，对于共性问题要在班内共同解决，教师还要根据试题出错的具体情况及时点评纠正，及时确定课后辅导的重点难点和方式方法等。

"五步助学法"课堂的"自主检测"不仅内容丰富，形式也很灵活，一般采用口头练习检测和书面练习检测两种形式。其中，口头练习检测包括朗读、对话、教师提问等多种方式；书面练习检测包括语文、英语等语言学科的听写、作文，数学、物理、化学等非语言学科的填空、选择、简答等习题。课堂上选择什么样的检测方式，则要根据不同学段学生的年龄特点、不同班级学生的学习能力、不同学科的特点和课型要求来确定，不能一刀切。

丰富的"自主检测"既能有效助力学生对课堂知识进行反思总结和反刍内化，也能切实帮助教师对学生的课堂学习效果进行检查验收和客观评价。这个环节既像精彩演出的压轴好戏，又像这场演出的绕梁尾声。有了它，"五步助学法"课堂才有了完整的体系，才能对学生的自主学习和自我发展进行完美的诠释。

（十）完善自学反思

每份"助学提纲"上都设计了"自学反思"区域，要求学生下课一二分钟内迅速记下课堂学习中最大的收获、最深的思考和最无法忘记的触动。

开始时，有的教师把"自学反思"当成了课下作业，要求学生反思时一定要全面深刻，一定要达到字数要求，这样既加重了学生的课下负担，又违背了"自学反思"真正的价值追求，更无法保证每个学生都能记下真实的课堂感受。还有的教师认为课堂的五个环节已经结束，"自学反思"可有可无，采取了放任自流的态度，致使这一安排成了"助学提纲"的花样点缀。

为了提高所有教师对"自学反思"的认识，我召开了座谈会，对"自学反思"的积极作用、具体要求、反思形式、预期效果等进行了集中研讨。

第一，"自学反思"能使学生课后及时梳理、巩固、消化、吸收课堂知识，也有助于学生对自己的学习过程进行反思总结，对自己的思维过程进行概括抽象，对自己的思维结果进行深度认知。"自学反思"如同生物体消化食物和吸收养分一样，形成习惯后会自然而然地对生活中的所作所为进行反省、矫正、强化、提升，这是自主成长的重要环节，是其他任何形式都难以替代的。

深层的"自学反思"不仅是对学习一般性的回顾与重复，还涉及知识与方法，思路与策略等，具有较强的科学研究价值。有效的"自学反思"不仅可以促使学生的学习活动成为探究性和研究性的活动，还可以提高学生的学习能力和创造能力，进而帮助学生学会学习，学会思考，主动成长，全面发展。由此看来，每节课的"自学反思"若能落实到位，必将成为学生生命成长的奠基石。

第二，"自学反思"要及时，应在下课一二分钟内迅速完成；要真实，是学生课堂学习中的真收获，真思考，真触动；要落实，要在"助学提纲"规定的位置迅速地记下，提纲挈领，精炼实在。学生反思内容既可以是自己的学习过程和结果，也可以是关于学习过程和结果是否完善的自我评判，还可以是关于哪些经验教训可总结，哪些方式方法可提炼，哪些质疑探索可优化，哪些学习内容可深入的积极思考。

第三，"自学反思"是一种积极的思维活动和探究行为，通过反思可以使学生拓宽思路，完善思维，优化学法，形成能力。这一过程是学生通过主动、自觉、积极探究的活动自我完善的过程，是学生通过自我认知、自我分析、自我评价获得自我体验的过程。它以"学会学习"为目的，既关注学习的直接结果，又关注学习的间接结果；既关注学生眼前的学习成绩，又关注学生未来的身心发展；既要完成学习任务，又要使学生的理性思维得到发展。

第四，教师是学生的引路人，教师更是学习反思的促进者。教师只有不断对自己的教学进行反思，努力提高自己的助学水平，才能对学生的学习反思进行引领。同时，教师也要积极创造反思条件，加强反思的督促和引导，最终实现学生的自觉反思和深度反思。

为此，教师应当做好以下五个方面的工作：一是强化学生的反思意识。让学生明确反思不仅能及时改正错误，还能优化已有认知，提高学习水平。二是为学生创设反思情境。教师要从实际出发引导学生在轻松、信任、合作的氛围中开展反思活动，还要通过提供适当的问题或实例来提升学生的反思水平。三是培养学生的反思技能。在反思中，教师要有意识地指导学生培养经验技能、分析技能、评价技能、策略技能、实践技能、交往技能等。只有反思技能得到培养，学生的反思才不是简单的回顾和一般性的分析，他们才会从新的层次、新的角度看到新的问题和现实的不足。四是增强学生的反思毅力。反思在一定程度上是自我揭短、诱发痛苦的行为，学生在反思中战胜困难、忍受痛苦的持续性和韧劲是反思毅力的具体体现。五是建立互动的反思关系。"自学反思"是一种合作互动的学习实践和交流活动，它不仅要有合作和信任、协调和互动的反思环境，还要求反思者有一个开放、宽容、负责、执着的心态，更需要师生之间建立一种互动激发的反思关系。

随着课堂实践的深入，广大教师深刻理解了"自学反思"的重要意义，积极营造了"自我反思"的浓厚氛围，认真培养了学生"自主反思"的良好习惯。同学们在逐步提升反思能力的同时充分保持了对知识学习应有的警觉，他们的自主学习水平和自我成长能力也得到切实的培养和提高。

第四章

"五步助学法"课例解析

　　"五步助学法"课堂是既有正确的"学生观"又有"整体观"的生本课堂。它彻底颠覆了传统课堂中"填鸭式""满堂灌"的教学模式，不仅能有效指导学生自主学习，独立思考，大胆质疑，还能切实助力学生激发学习兴趣，形成学习能力，完成学习任务。

　　在这样的课堂上，教师需要转变教学观念，提升助学意识，优化课堂行为。学生则需要在"助学提纲"的引领下自主读书，勾画圈点；深度思考，有效练习；互学讨论，交流碰撞；分析归纳，总结规律。课堂设计的五个环节环环相扣，一气呵成，每个课堂环节都能体现学生自主学习和自我发展的主体意识，都能唤醒学生积极进取和激情昂扬的学习精神。

　　实践证明，"五步助学法"课堂的确优质高效，而"助学提纲""助学训练""助学课件"这三大助学支撑也确实起到了极为重要的保障作用。特别是支撑经典课堂的"助学提纲"，既是五大助学模块的呈现载体，又有效引领了学生在新授课上的自主学习，具有极高的使用价值，是我校在课堂教学改革中的一个微创新。本章节将对"助学提纲"的使用进行细致说明，对初中各学科的课堂设计进行深入解析。

一、中学语文课例解析

八年级下册《关雎》助学提纲

【学习目标】

1. 朗读、背诵《关雎》，感受诗歌的节奏美和韵律美。

2. 了解"兴"的表现手法并体会其表达效果。

3. 理解"淑女""君子"的人物形象，树立正确的爱情观。

【重点难点】

重点：有感情背诵《关雎》，感受诗歌的节奏美和韵律美。

难点：理解"淑女""君子"的人物形象，树立正确的爱情观。

【助学环节】

一、激情导入（1分钟）

相传，孔子曾对儿子孔鲤说："不学诗，无以言。"这里的"诗"就是我国第一部诗歌总集《诗经》，孔子这句话的意思是说："如果不学习《诗经》，就无法好好与人交流。"的确，有了《诗经》的教化，我们的古人便有了"温柔敦厚"的气质，今天再读《诗经》，我们同样会有人生的启迪。现在就让我们一起走进《诗经》，去领悟冠于《诗经》之首的《关雎》的艺术魅力吧！

操作说明：

在激情导入环节，我选用孔子教育孔鲤的名言"不学诗，无以言"切入，让学生们认识到《诗经》在古人修身中的重要作用。在明确学习《诗经》现实意义的同时，又进一步指出《关雎》是《诗经》的首篇，有很高的艺术价值，从而激起学生对本堂课学习的重视。

二、自学深思（14分钟）

链接一 《诗经》是我国最早的一部诗歌总集，收录了从西周到春秋时期的诗歌305篇。最初称为《诗》《诗三百》，为五经之一。《诗经》的作品分为风、雅、颂三类，表现手法有赋、比、兴三种。《关雎》是风的第一篇，也是《诗经》的第一篇，孔子曾评价《关雎》"乐而不淫，哀而不伤"。

链接二 赋：铺陈直叙。

比：类比，借此物比彼物。

兴：先言他物，引起所咏之词。

（一）自学

1.初读

（1）齐读正字音；

（2）个读控节奏；

（3）齐读感受节奏美和韵律美。

2.再读

（1）教师范读，体味情感；

（2）学生自由朗读，学生有感情地齐读。

3.三读

自由背诵，填空检查。

（1）第一遍填空检查。

关关雎鸠，＿＿＿＿之洲。窈窕＿＿＿＿，君子好逑。

参差荇菜，左右＿＿＿＿。窈窕＿＿＿＿，寤寐＿＿＿＿。

求之＿＿＿＿，寤寐＿＿＿＿。悠哉悠哉，辗转反侧。

参差荇菜，左右＿＿＿＿。窈窕＿＿＿＿，琴瑟＿＿＿＿。

参差荇菜，左右＿＿＿＿。窈窕＿＿＿＿，钟鼓＿＿＿＿。

（2）第二遍填空检查。

关关雎鸠，＿＿＿＿＿＿。窈窕＿＿＿＿，＿＿＿＿＿＿。

参差荇菜，左右＿＿＿＿。窈窕＿＿＿＿，＿＿＿＿＿＿。

求之＿＿＿＿，＿＿＿＿＿＿。悠哉悠哉，＿＿＿＿＿＿。

参差荇菜，左右＿＿＿＿。窈窕＿＿＿＿，琴瑟＿＿＿＿。

参差荇菜，左右＿＿＿＿。窈窕＿＿＿＿，钟鼓＿＿＿＿。

（3）第三遍填空检查。

关关雎鸠，＿＿＿＿之洲。窈窕淑女，＿＿＿＿好逑。

_____，____流之。_____，____求之。

求之____，_____。_____，_____。

_____，____采之。_____，____友之。

_____，____芼之。_____，____乐之。

（一）深思

1.结合课下注释，疏通文义，对不理解的句子进行标注记录。

2.本诗每一节分别写了什么内容？试用简洁的语言概括。

第一节：_____之情；第二节：_____之情；第三节：_____之情。

3."兴"是指先说别的事物，引出所吟咏的对象。本诗第一节运用"兴"的表现手法，先言_____，引出_____。

操作说明：

自学深思部分设计了三个层次：知识链接，自学，深思。

知识链接：《关雎》是《诗经》的首篇，也是初中生学习《诗经》的开端。因此，这部分对《诗经》的概括性介绍能帮助学生对风、雅、颂，赋、比、兴等基本知识有轮廓性了解。学生可以自主浏览，自由择取，为后边的吟咏背诵提供助力。

自学深思——读：好的语文课堂要有琅琅读书声，特别是《关雎》这样的经典诗词，学生更要通过诵读去体会诗歌的音律美与艺术美，最后还要当堂背诵。基于这一学习目标，此环节进行了多样化朗读设计。初读采用齐读和个读相结合的方式，意在引领学生读准字音及节奏；再读采用了听读、齐读、自由读相结合的方式，意在引领学生体会情感；三读通过填空读让学生发现诗文特点，并在此基础上尝试背诵。学生在本环节的朗读达到十遍左右，90%以上的学生可以当堂成诵。在这一学习环节，教师为学生搭建了诵读的平台，提供了诵读的方式，进行了适度的朗读指导。

自学深思——思：把思考的权力还给学生是"五步助学法"课堂的真谛，正因为学生经过了多层次朗读和反复揣摩，本环节设计的疏通文义、概括段意、总结手法这三个问题才会水到渠成，迎刃而解。学生独立思考、认真做题时教师进行巡视，并记录学生在思考中遇到的疑难问题。

三、小组互学（5分钟）

1. 小组交流翻译结果，互相提问质疑，把小组讨论仍无法理解的语句记录下来。

_____

_____

2. 请结合具体诗句说一说"淑女"应具有哪些品质。

_____

_____

操作说明：

"小组互学"是课堂的一个小高潮，学生在完成"自学深思"后起立，小组内同学共同解决"自学深思"中遇到的难题，特别是翻译诗句时不理解的个别字词要看注释、查资料，集思广益，力争在组内解决。小组交流仍无法解决的问题，要在"教师助学"时提出质疑，重点交流。这个环节还要探讨更深层次的问题，即对"淑女"形象的理解，这是引导学生形成正确价值观的重要目标。在"小组互学"过程中，教师继续巡视课堂，及时关注每个小组的互学情况，对于互学动力不足、观点偏差的小组进行适当指导与点拨。

四、教师助学（15分钟）

1. 学生提出组内还未解决的问题，师生共同探讨解决。

2. 探讨："琴瑟友之""钟鼓乐之"体现了君子对感情怎样的态度？今天的我们能够从这种态度上得到什么启示？

_____

_____

操作说明：

"教师助学"是教师走到前台，与学生碰撞交流的环节。在这个环节，教师要精讲重点知识，引导学生对诗歌进行背诵和品味；教师还要带领学生突破难点，特别是对"君子""淑女"形象的理解。当有的同学观念有偏颇时，教师应适当矫正，正面引导。学生在"自学深思"和"小组互学"时仍未解决的问题，也要当堂质疑，当堂解答。

在本节课，正确理解诗歌中"君子"和"淑女"的形象是学习的关键，能从形象入手理解诗歌的现实意义是更高层次的感悟。能够借诗歌的学习帮助学生树立正确的价值观和爱情观，引导学生学习古代"君子"和"淑女"的良好品质，实现诗歌学习的现代教育意义，才是"教师助学"环节真正的价值追求。

五、自主检测（5分钟）

1.简单概括本篇诗歌的内容。

本诗运用_____的表现手法，先写_____，再引出对_____的描写，表达对_____的向往和追求。

2.将诗文补充完整。

关关雎鸠，_____。_____，君子好逑。

参差荇菜，_____。窈窕淑女，_____。

求之不得，_____。悠哉悠哉，_____。

参差荇菜，_____。窈窕淑女，_____。

_____，左右芼之。窈窕淑女，_____。

操作说明：

课堂最后的5分钟留给"自主检测"，该环节是对本堂课核心知识点的变式巩固和有效检测，测试的题目少而精，针对性强，能助力学习目标的有效达成。这堂课的"自主检测"设计了两道填空题，分别对诗歌的内容及重点语句进行巩固和检测，如果能和整首诗的背诵检查结合起来，在琅琅的诵读声中结束课堂，会有更好的启迪效果。

【教后反思】

"五步助学法"课堂将学习时间还给了学生，这样的自学与互学也充分调动了学生学习的主动性和积极性。当然，这样的课堂不仅对教师的备课能力、助学能力、课堂管理能力都提出了更高的要求，也有效助力了教师的快速成长。

我在本堂课有以下两点收获：

第一，有琅琅书声的语文课堂会使学生真正感受到语文学习的魅力，可以充分激发学生的学习激情。

第二，把发现问题和解决问题的权力还给学生，学生会还教师一个惊喜。

当然，在本堂课中以下几点还可以做得更好：

第一，课前需要更充分的调研，掌握学生对《诗经》的了解程度，更准确地做好课堂预设。

第二，减少啰唆或多余的语言，让助学环节更高效。

第三，提高课堂把控力，及时调节互学节奏，让"小组互学"环节更高效。

（主备教师：朱金兰）

二、中学数学课例解析

九年级上册《矩形的性质与判定》助学提纲

【学习目标】

1.熟练掌握矩形的判定方法。

2.能运用矩形的定义、判定定理解决简单的证明题和计算题，进一步提升分析问题、解决问题的能力。

【重点难点】

重点：熟练掌握矩形的判定方法。

难点：运用矩形的定义、判定定理解决简单的证明题和计算题。

【助学环节】

一、激情导入（1分钟）

同学们，前面我们学习了矩形，我们一起回忆一下有关矩形的知识有哪些。

1.有_____个角是直角的平行四边形叫作矩形。

2.矩形的_____都是直角。

3. 矩形的对角线_____。

那么矩形的判定方法有哪些呢？今天我们一起学习。

操作说明：

在这节课之前，学生已经初步掌握了菱形的性质与判定，也有效学习了矩形的定义和两个性质。这节课要在类比菱形性质与判定的基础上，通过回顾已经学习的矩形性质进行矩形判定的学习，所以本节课采用复习导入的方式引入课堂，在复习导入时，学生快速抢答课件上的一组问题，引起回忆，激起兴趣。

二、自学深思（15分钟）

阅读课本第14—16页，自主完成下列问题。

（一）矩形的定义

1. 定义：有一个角是_____的平行四边形叫作矩形。

自测题1：如图，要使▱$ABCD$成为矩形，需要添加的条件是（   ）。

A. $AB=BC$

B. $AO=CO$

C. $\angle ABC=90°$

D. $\angle 1=\angle 2$

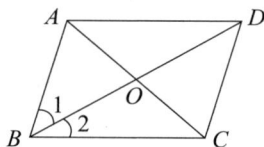

（二）矩形的判定

2. 定理1：有_____角是直角的四边形是矩形。

已知：四边形$ABCD$，$\angle A=\angle B=\angle C=90$。

求证：四边形$ABCD$是矩形。

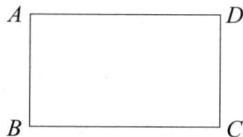

自测题2：对于四边形$ABCD$，给出下列4组条件：①$\angle A=\angle B=\angle C=\angle D$；②$\angle B=\angle C=\angle D$；③$\angle A=\angle B$，$\angle C=\angle D$；④$\angle A=\angle B=\angle C=90°$。其中能得到"四边形$ABCD$是矩形"的条件有_____。

3. 定理2：对角线_____的平行四边形是矩形。

已知：▱$ABCD$，对角线$AC=BD$。

求证：▱$ABCD$是矩形。

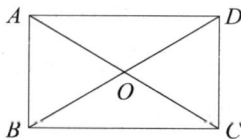

自测题3：能够判断一个四边形是矩形的条件是（   ）。

A. 对角线相等

B. 对角线垂直

C. 对角线互相平分且相等　　　D. 对角线垂直且相等

拓展题：如图，在 $\square ABCD$ 中，对角线 AC 和 BD 相交于点 O，$\triangle ABO$ 是等边三角形，$AB=4$。求 $\square ABCD$ 的面积。

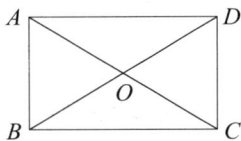

操作说明：

本节课学习的重点是一个定义和两个判定定理，均在"自学深思"部分重点呈现，每个知识点后面紧跟一个自测题，用来强化学生的理解与记忆。

本环节设置时间为15分钟，学生先自学课本内容，然后完成相应的训练题目。教师也要及时巡视学生做题情况，发现问题及时纠正并做好记录，为"教师助学"环节做准备。

为了规范学生的书写步骤，定理1和定理2的证明和例题请三位同学在黑板上板书证明过程。如果有同学发现证明过程有问题，可主动用其他颜色笔纠错。

三、小组互学（8分钟）

1. 学生组内交流答案，讲解或讨论做题的思路与方法。

2. 如图，四边形 $ABCD$ 的对角线互相平分，要使它变为矩形，需要添加的条件是_____。

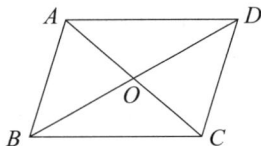

操作说明：

"自学深思"结束后，学生开始主动起身与其他组员进行"小组互学"。在这个环节，学生需要将有疑问的题目进行积极讨论，讲清思路。互学讨论时要站直身子，拿着板夹，对着图用笔边比画边讲解。教师巡视学生互学情况或参与互学讨论，并进行适当指导。

除此之外，学生还需要重点讨论"小组互学"模块的拓展题目，进一步加深对矩形两个判定定理的灵活运用和对概念的理解，从而达到对"自学深思"里的知识点进行理解和应用的目的。此题答案不唯一，学生在互学中讨论出的答案越多，说明思维越活跃，对知识的掌握越牢固。

四、教师助学（10分钟）

1.检查、交流"自学深思"与"小组互学"中的问题。

2.强化本节课重点，并升华课堂。

操作说明：

"教师助学"是教师助力学生成长的重要环节，这时，教师要引导学生总结矩形的判定定理，强化本节课的重点知识——矩形的判定方法。

首先，教师提问"矩形的判定方法有哪些？"并根据学生的回答判定学生自学和互学的情况。其次，教师引导学生发现问题（定义与定理1的区别），加深理解与记忆，并将知识点进行同化迁移。最后，根据定理2"对角线相等的平行四边形是矩形"的判定，基于前面学生掌握的平行四边形的概念，对比定理1引导学生总结拓展另一种矩形的判定方法，即"对角线相等且互相平分的四边形为矩形"。

"教师助学"不是单纯的教师讲学生听，而是教师引导学生发现问题，总结规律与方法，启迪学生形成新的思维，完成旧知识架构向新知识领域迁移的过程。

五、自主检测（6分钟）

1.下列命题中正确的是（　　　）。

A.对角线相等的四边形是矩形

B.对角线互相垂直的四边形是矩形

C.对角线相等的平行四边形是矩形

D.对角线互相垂直的平行四边形是矩形

2.如图，直角$\angle AOB$内的任意一点P到这个角的两边的距离之和为6，则图中四边形的周长为_____。

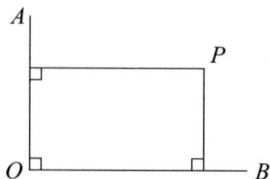

第2题图

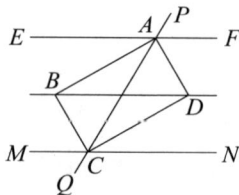

第3题图

3. 如图，直线$EF/\!/MN$，PQ交EF，MN于A，C两点，AB，CB，CD，AD分别是$\angle EAC$，$\angle MCA$，$\angle NCA$，$\angle FAC$的平分线。

（1）分别判断AB和CD，BC和AD的位置关系；

（2）$\angle ABC$，$\angle BCD$，$\angle CDA$，$\angle DAB$各等于多少度？

（3）四边形$ABCD$是（   ）；

    A. 菱形   B. 平行四边形

    C. 矩形   D. 不能确定

（4）AC和BD有怎样的大小关系？为什么？

操作说明：

本节课的"自主检测"设置了两道选择题和一道紧扣知识点的问答题，题目不多，难度不大，学生用3—5分钟即可完成。学生做题时，教师巡视做题情况，最后再用精练的语言进行简单讲解和总结。

【教后反思】

本节课是《矩形的性质与判定》的第二课时，在此之前学生已经掌握了菱形的性质与判定，学习了矩形的定义和两个性质，因此，本节课使用复习导入的方式引入课堂。

"自学深思"设计由浅入深，每个知识点后面跟一个检测题，学生做起来得心应手，自学效果较好。"小组互学"时，学生基本掌握了本堂课的重点。"教师助学"主要点拨矩形的定义和判定定理，引导学生发现问题，自行总结另一种矩形的判定方法，加深学生对矩形的概念、定义和判定定理的理解。

最后，通过"自主检测"发现学生已经熟练掌握了本节课的重点知识，完成了学习目标，达到了预期效果。

（主备教师：郑孝妮）

三、中学英语课例解析

Unit 5 What are the shirts made of?

（3b–Self Check Review）

【学习目标】

通过复习被动语态的不同用法，学生能够用英语总结本单元所学的物质材料及一些艺术品的简单制作过程。

【重点难点】

重点：学生能够用英语描述一些常用生活用品的制作材料，描述一些熟悉物品的制作过程。

难点：学生能够掌握本单元所学被动语态这一语法知识点，并能运用这一知识进行造句。

【助学环节】

一、激情导入（1分钟）

在进行本节课之前，先进行常规的课堂整理，然后大声齐读本单元所有单词引出本节课的教学内容。

操作说明：

这节复习课的内容相对简单，主要学习目标是引导学生复习本单元所学习的重点单词、短语、句子等知识点。因此，在导入时我让学生大声齐读本单元单词，再通过激励性语言调动学生的积极性，学生迅速进入上课状态后有效开启本节课的课堂学习。此导入大约需要1分钟，既开门见山，又复习巩固，收到很好的导入效果。

二、自学深思（18分钟）

（一）短语归纳

主要包括本单元出现的重要短语，共33个。

（二）自主完成Self Check

Self Check是课本上的习题，主要用于巩固本单元所学的知识点。

（三）用法集萃

包括本单元的语法以及8个重要短语的用法。每个重要用法下面都有例句，以填空的形式出现，便于学生巩固所学知识点。

（四）典句必背

主要包括课本上的10个重要句子，让学生背诵。

1. The ring is _____ _____ silver. 这枚戒指是银制的。

2. China is _____ _____ tea，right? 中国因茶叶而闻名，是吗？

3. Where is tea _____ _____ China? 在中国，茶是在哪里生产的？

4. _____ _____ what you may buy，you might think those products were made in those countries.

无论你可能买什么，你可能会认为那些产品是在那些国家制造的。

5. He _____ _____ interesting that so many products in the local shops were made in China.

他发现当地商店中如此多的产品是在中国制造的，这很有趣。

6. _____ _____ Chinese history，sky lanterns were first used by Zhuge Kongming.

根据中国历史，孔明灯首先被诸葛孔明使用。

7. They are made of bamboo and _____ _____ paper.

它们是由竹子制成的，而且用纸覆盖。

8. _____ _____ has been around for over 1,500 years.

剪纸已经有1500多年的历史了。

9. After drying，they are fired at a very _____ _____ .

变干之后它们用高温加热。

10. It _____ _____ weeks to complete everything.

完成所有的事情需要花费数周时间。

（五）佳作赏析

呈现一个符合本单元话题的范文，赏析佳作，让学生积累好词好句，提高学生的写作水平。

Dear Linda,

You asked me what famous snacks there were in my country. Well, in my country, one of the most famous snacks is tanghulu, Each different part of China has different tanghulu. It is usually made of haws（山楂）, which are put together on a stick and covered with ice sugar. But there are more materials for tanghulu today in some places, such as strawberries, grapes, and even little apples.

It is said that（据说）tanghulu ever saved the life of an emperor's wife in the Song Dynasty. It is so delicious and healthy that many Chinese people like eating it. It is now seen as the bright symbols of happiness and reunion（团圆）.

Are you looking forward to eating it? Come to my country, and I'll treat you to tanghulu.

Yours,

Han Mei

操作说明：

"自学深思"是学生充分学习，深入思考的过程。激情导入后，学生带着迫切的想遨游知识海洋的心情去自学、去质疑、去探索，学习兴趣得到进一步激发。在这个过程中，学生先根据"助学提纲"上所列的知识点熟悉本堂课的重点内容，然后再结合课本完成本部分的有关题目。学生还可以结合"助学提纲"做好笔记，进而熟练掌握本节课的重点内容。

这时，教师需要巡视课堂，及时掌握学生的自学情况，及时了解学生自学过程中存在的疑点和难点，并做好记录，为后面的助学环节做准备。

三、小组互学（5分钟）

1. 小组起立核对自学深思的答案。

2. 小组一起完成3a，讨论你的城镇/城市以什么产品而出名。

操作说明：

"自学深思"结束后，学生主动起身与其他组员进行"小组互学"。

这个环节需要5分钟完成，它包括两部分内容：第一是核对"自学深思"题目的答案，小组内尽量解决自学中的疑难问题，将有关知识点进行迁移应用。第二是小组合作完成情景对话，让学生通过英语对话进一步提高自己的口语能力。

在这一环节，教师一边巡视课堂，一边观察各小组的互学情况，对进展不顺利的小组进行指导与调控。

四、教师助学（14分钟）

1. 和学生一起总结本单元的重要知识点。

2. 检查、交流自学深思与小组学习中的问题。

操作说明：

"教师助学"是教师和学生共同精彩的过程，在这个环节，教师可以借助"助学免单记录卡"及加分制度充分调动学生参与课堂的积极性。这时，学生充分质疑问难，主动出示答案，积极进行课堂辩论。最后通过"助学课件"来订正问题答案。

可以说，竞争机制是激活课堂教学的活性酶，能起到催生课堂活力的作用。教师每点出一道题目，学生们纷纷站起抢答，教师根据回答情况酌情给分，这使得学生学习热情高涨。教师还要用凝练的语言对本堂课的重点、难点、疑点问题进行讲解，帮助学生把课本上的知识系统化、条理化，也为后边的英语学习打下坚实基础。

五、自主检测（2分钟）

1. It seems _____ we all like pop music.

A. for   B. that   C. then   D. as

2. If you want to improve your _____ English, you should practice it _____.

A. everyday; every day   B. every day; everyday

C. everyday; everyday   D. every day; every day

操作说明：

"自主检测"是"五步助学法"课堂的最后一个环节，本环节要通过课堂实训评价，进一步了解学生的知识掌握情况，发现学生课堂学习中掌握不到位的知识，及时纠正与强化，从而实现课堂效果的完美达标。

这节课的"自主检测"只有两道选择题，学生用1—2分钟即可完成。学生完成试题后自己对照答案，教师巡视课堂，并指导学生梳理课堂知识，巩固重点内容，完成学后反思。

【教后反思】

本节课，我严格按照"五步助学法"课堂结构来教学，"激情导入、自学深思、小组互学、教师助学、自主检测"五大助学模块层次清晰，衔接自然；"助学提纲"和"助学课件"运用协调合理，真正实现了课堂的实用高效。

只是，课堂都是遗憾的艺术，本节课的细节处理上不是很到位，有许多值得改进的地方。如课堂语言还应进一步锤炼，对学生的激励也应抓准时机，要把自主学习的权力彻底还给学生，要为他们创造更多的课堂练习机会等。

不过，"五步助学法"课堂是师生、生生多维互动的课堂，是实现师生共同成长的课堂。经过一年多的课堂教学改革，我们教研组真正实现了深度教研和课堂反思常态化，所有教师的授课能力都有很大提高。在这样的团队中，我进步很快，专业素养和助学水平都有大幅提升。我也一定会再接再厉，努力探索，为"五步助学法"在英语学科的有效使用贡献力量。

（主备教师：白云霄）

四、中学物理课例解析

九年级上册《内燃机》助学提纲

【学习目标】

1. 认识区分柴油机和汽油机的构造。

2. 可以用文字表述内燃机各个冲程的工作过程和能量转换。

【重点难点】

重点：区分柴油机和汽油机的构造。

难点：掌握内燃机各个冲程的工作过程和能量转换。

【助学环节】

一、激情导入（1分钟）

同学们，汽车、火车的"心脏"是什么呢？

操作说明：

"激情导入"环节，教师利用贴近生活的现象和事物引起学生的学习兴趣，再通过一系列问题激发学生思考。这个过程需要1分钟，可以用"小汽车、飞机、火车是如何工作的？""谁给它们提供的动力？""内燃机燃料的化学能如何转化为汽车的机械能？"等问题逐步引导学生激起课堂学习的兴趣。这样精练的导入既可以将学生的注意力迅速集中到课堂知识的学习上，又为后边的"自学深思"和"小组互学"留出更多的时间。

二、自学深思（14分钟）

（一）热机

阅读课本45页，完成填空。

1. 交通工具中，发动机所用燃料及能量的转化。

名称	发动机所用燃料	能量的转化
摩托车	汽油	化学能→内能→机械能
小汽车	汽油	化学能→内能→机械能
坦克、拖拉机	柴油	化学能→内能→机械能

2. 热机：把燃料燃烧时释放的_____转变为_____的装置。

3. 内燃机：燃料_____在发动机气缸内燃烧产生_____的热机，叫作内燃机。

4. 内燃机中最常见的是_____和_____。

（二）汽油机

阅读课本46页，完成填空。

1.汽油机：利用汽油在气缸内燃烧产生_____的燃气来推动活塞做功的内燃机。

2.汽油机的构造：

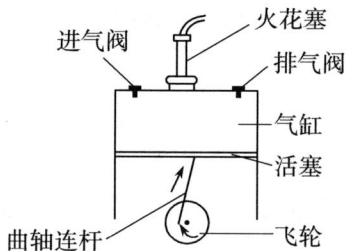

3.汽油机的工作过程：

	吸气冲程	压缩冲程	做功冲程	排气冲程
工作过程示意图				
工作过程	旋转的飞轮通过曲轴连杆带动活塞，使活塞从气缸上部向下运动，进气阀开启，空气和汽油的混合气体通过进气道进入缸内	两个气阀关闭，活塞在_____带动下，从气缸下部向上运动，缸内混合气体被压缩，活塞对气体做功，气体的内能_____、温度升高、压强增大	压缩冲程末，气缸顶部的火花塞发出电火花，让缸内气体爆发性燃烧，燃烧产生的高温高压气体迅速膨胀，推动活塞向下运动。向下运动的活塞利用曲轴连杆推动飞轮旋转	飞轮因为惯性继续转动使活塞由下向上运动，排气阀打开，将燃烧后的废气排出缸外
做功及能量转化	无能量转化	活塞对混合气体做功，把机械能转化为混合气体的内能	燃料燃烧，化学能转化为_____；气体对活塞做功，把内能转化为活塞的_____	无能量转化

（三）柴油机

阅读课本47页，完成填空。

1. 柴油机：利用柴油在气缸内燃烧产生_____的燃气来推动活塞做功的内燃机。

2. 柴油机的构造：柴油机的构造和汽油机的构造大致相同，不同的是柴油机的气缸顶部无火花塞而是有喷油嘴。

3. 柴油机的工作过程：

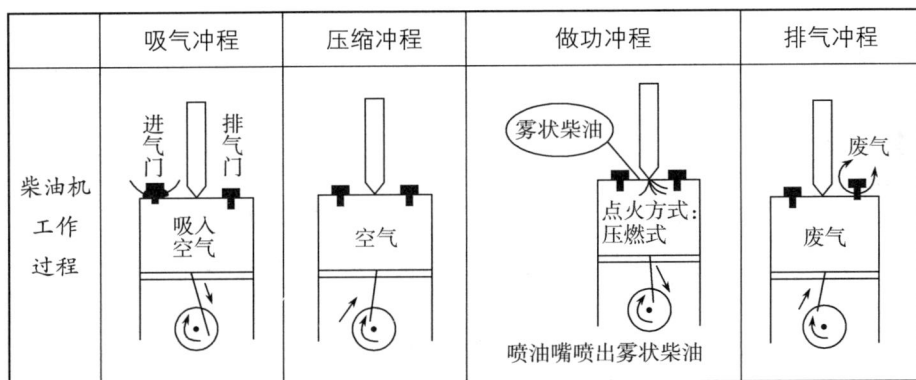

操作说明：

"自学深思"的14分钟是学生自主学习、认真思考的时间。通过读书思考，绝大多数学生能够比较准确地理解本课的知识点，对内燃机工作原理，学生也基本能够理解四个冲程。

在巡视课堂时，我发现学生有很难记清楚的小知识点，比如为什么柴油机是压燃式而汽油机是点燃式？在吸气冲程中柴油机和汽油机吸入的气体有什么不同？这些知识点的掌握需要辨析记忆，学生一方面在完成填空题的过程中初步记忆，另一方面在"教师助学"环节进一步强化记忆，最终全面掌握本节课的内容。

三、小组互学（5分钟）

1. 互相提问自学深思中的问题。

2. 如图所示流程图是用来说明单缸四冲程汽油机的一个工作循环及涉及的主要能量转化情况。下列图中①②③④的补充正确的是（　　　）。

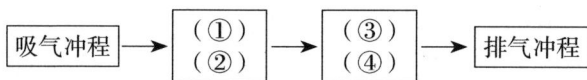

```
吸气冲程 ──→ （①）──→ （③）──→ 排气冲程
            （②）      （④）
```

　　A. ① 做功冲程　　② 内能转化为机械能　　③ 压缩冲程　　④ 机械能转化为内能

　　B. ① 压缩冲程　　② 内能转化为机械能　　③ 做功冲程　　④ 机械能转化为内能

　　C. ① 压缩冲程　　② 机械能转化为内能　　③ 做功冲程　　④ 内能转化为机械能

　　D. ① 做功冲程　　② 机械能转化为内能　　③ 压缩冲程　　④ 内能转化为机械能

　　操作说明：

　　"自学深思"结束后，学生主动起身与其他组员进行"小组互学"。这个环节需要5分钟，是学生通过合作学习进一步消化理解知识的重要过程。

　　"小组互学"时，学生既要对"自学深思"部分的学习内容进行互学讨论，又要按照小组分配由1号、2号同学去帮助3号、4号同学深入理解学习内容。比如内燃机"压缩冲程"和"做功冲程"的能量转化问题有一定难度，通过同学间的互助讲解，既加深了3号、4号同学的知识理解，又促使1号、2号同学在教授别人时发现自己学习的不足。

　　在这个环节，教师继续巡视课堂，对于讨论动力不足、停滞不前、争议不下的小组进行适当指导与点拨。

　　四、教师助学（15分钟）

　　1. 汽油机工作过程：四个冲程发生能量转化的有两个冲程，分别是压缩冲程和做功冲程。但只有做功冲程对外做功，其他几个冲程都是靠飞轮的惯性维持，所以飞轮的质量要足够大。在开始转动时，要靠外力先使飞轮和曲轴连杆转动起来，由曲轴通过连杆带动活塞运动以后，汽油机才能工作。

　　2. 总结：在汽油机的一个工作循环中，有四个冲程，活塞往复运动两次，曲轴和飞轮转两周，高温高压燃气对外做功一次。

3. 口诀：吸压做排四冲程，一个循环一做功，曲轴刚好转两转，活塞往复两次行。

4. 柴油机工作过程：在柴油机的一个工作循环中，有四个冲程，活塞往复运动两次，曲轴和飞轮转两周，高温高压燃气对外做功一次。

5. 内燃机工作冲程的判断方法：

气阀的开与关	活塞运动方向	冲程名称
只有一个气阀打开	向下	吸气冲程
	向上	排气冲程
两个气阀都关闭	向下	做功冲程
	向上	压缩冲程

6. 柴油机与汽油机的区别：

机种／区别	柴油机	汽油机
构造	喷油嘴	火花塞
吸入气体	空气	空气和汽油的混合气体
点火方式	压燃式	点燃式
使用范围	拖拉机、载重汽车等	小汽车、低速飞机等

操作说明：

"教师助学"时，教师既要充分发挥启迪引导作用，又要时刻牢记学生是课堂的主体这一基本理念。因此，在这一环节，学生可以通过自学解决的简单题目一定让学生自主回答；当学生回答不严谨或者不对的时候，其他同学及时补充或者积极纠正错误。

当然，内燃机工作的过程和其中的能量转化既是重点，又是学好内燃机的基础，需要教师重点讲解；内燃机的工作原理和内燃机工作各环节需要注意的地方既是难点，又是易混点，也需要教师重点讲解，适度点拨。

学生学习内燃机的工作原理时，可能难以理解和想象内燃机工作的每一个冲程（包括飞轮的转运情况、活塞的变化等），这时需要借鉴现实生活中的例子或者通过课件展示内燃机工作动图来引导学生想象内燃机的工作过程，进而帮助他们加深理解，强化记忆。

五、自主检测（5分钟）

1. 下列四种机器中，属于热机的是（　　）。

A. 抽气机　　　　B. 蒸汽机　　　　C. 发电机　　　　D. 滑翔机

2. 四冲程柴油机在工作过程中，将内能转化为机械能的冲程是（　　）。

A. 吸气冲程　　　B. 压缩冲程　　　C. 做功冲程　　　D. 排气冲程

3. 单缸四冲程内燃机的四个冲程的示意图如图所示，下列关于这种内燃机一个工作循环中四个冲程的顺序排列正确的是（　　）。

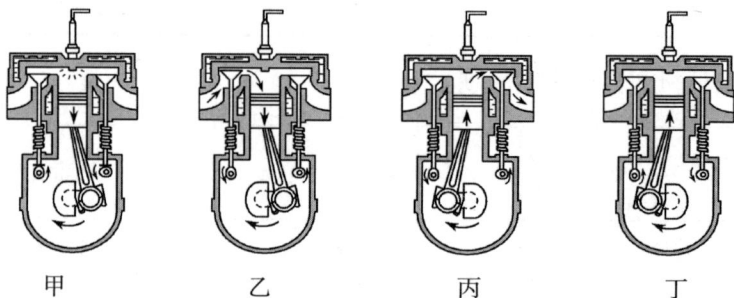

甲　　　　乙　　　　丙　　　　丁

A. 丙、丁、乙、甲　　　　　　B. 乙、丁、甲、丙

C. 乙、甲、丁、丙　　　　　　D. 甲、乙、丙、丁

4. 如图所示是某种内燃机某一冲程的示意图，由图可知：

（1）这种内燃机是_____机；

（2）它表示的是_____冲程；

（3）在这个冲程中_____能转化为_____能；

（4）完成这一冲程，曲轴和飞轮转_____圈；

（5）仔细观察其铭牌，可见"1800 r/min"字样，则它正常工作时1 s对外做功_____次。

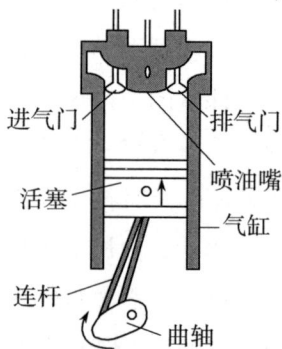

进气门　排气门　喷油嘴　活塞　气缸　连杆　曲轴

操作说明：

这节课的"自主检测"需要5分钟，学生先利用2分钟的时间回顾本课的知识要点，然后用3分钟的时间完成"自主检测"中的选择题和填空题，这样就很好地落实了对基础知识的熟练巩固和有效检测。学生完成检测后，先组内核对答案，同学间互相检查讨论。对于出错较多的问题和有争议的问题，教师再用精练的语言重点讲解和点拨。

【教后反思】

"五步助学法"课堂突出了学生的主体地位，促进了学生的自主学习和深度思考。在这节课，"自学深思""小组互学""教师助学""自主检测"等环节既锻炼了学生的自学能力，又培养了学生灵活运用知识的能力。学生在学习中收获的不仅仅是知识，更是学习能力与学习方法的提升与改进，科学精神的启迪与培养。

在授课过程中，我发现"自学深思"部分不应该只是单纯的选词填空，还应该让学生利用这段时间对本节学习内容全面整体地把握和记忆，如果仅是抄课本填空那就失去了自学和深思的真正意义。

"小组互学"环节，学生不仅要质疑和互对答案，还要对重要知识点加强记忆，课堂上若能保证5分钟的高效记忆，一定会让学生的学习事半功倍。

"教师助学"环节，需要教师用精练的语言把最重要的知识点讲解给学生，这样会使学生对重点知识有更深的把握和理解。这节课需要记忆的地方比较多，如果对知识的重难点把握不清，学生的学习会很容易舍本逐末。

"自主检测"环节不仅要求学生认真做题，巩固知识，还要求教师巡视时及时掌握学生的做题情况。应该说，这个环节既是对课堂知识的检测和巩固，又是对本节课"教"与"学"的反馈与提升。

（主备教师：王英杰）

五、中学化学课例解析

九年级上册《元素》助学提纲

【学习目标】

1. 学生通过学习理解元素的概念及元素符号所表示的意义，熟记常见元素符号。

2. 学会运用概念区别单质和化合物。

【重点难点】

重点：元素与元素符号，单质与化合物。

难点：元素与元素符号，单质与化合物。

【助学环节】

一、激情导入（1分钟）

"加碘盐"和"哈药六牌钙加锌，钙锌同补"这些说法中的"碘""钙""锌"指的是什么？一些食品广告经常宣传"含人体必需的营养元素"，元素又是什么呢？

操作说明：

元素的概念比较抽象，所以激情导入时要先联系现实生活引发学生思考，再制造认知冲突激发学生的学习兴趣。

二、自学深思（18分钟）

知识点1　元素与元素符号

阅读课本第45—46页的有关内容，完成下列问题。

（1）科学家把_____的原子归为一类，每一类原子称为一种_____。

（2）_____决定元素的种类。

（3）地壳里各种元素的含量从高到低的前五位是：_____；地壳中含量最多的非金属元素是_____；含量最多的金属元素是_____。

（4）元素符号的书写。

由一个字母表示的元素符号要_____，如H、C、S、P、K等。

由两个字母表示的元素符号，第一个字母_____，第二个字母_____，如Na、Mg、Ca、Zn、Si等。

例题1　写出下列常见元素的名称或符号。

氢_____　　氮_____　　钠_____　　　铝_____　　　硫_____

C_____　　O_____　　Mg_____　　　Si_____　　　Cl_____

（5）元素符号的意义。

$\left\{\begin{array}{l}\text{宏观意义：表示} \underline{\hspace{6cm}}; \\ \text{微观意义：表示这种元素的} \underline{\hspace{5cm}}。\end{array}\right.$

例如H $\left\{\begin{array}{l}①\text{表示氢元素；} \\ ②\text{表示一个氢原子。}\end{array}\right.$

对于由原子构成的物质，元素符号还能表示_____。

例如He $\left\{\begin{array}{l}①\text{表示氦元素；} \\ ②\text{表示一个氦原子；} \\ ③\text{表示氦气。}\end{array}\right.$

【注意】在元素符号前面加了数字，就_____！

例题2　说明以下符号表示的含义。

① O：_____、_____；

② 2O：_____；

③ Fe：_____、_____、_____。

例题3　日常生活中的碘盐、含氟牙膏等中的碘、氟指的是（　　　）。

A. 元素　　　　　B. 原子　　　　　C. 分子　　　　　D. 单质

例题4　决定元素种类的是（　　　）。

A. 质子数　　　　B. 电子数　　　　C. 中子数　　　　D. 最外层电子数

知识点2　元素与原子

	元素	原子
概念	具有相同质子数的一类原子总称	化学变化中的最小微粒
区分	只讲种类，不讲个数，没有数量多少的意义	既讲种类，又讲个数，有数量多少的含义
使用范围	应用于描述物质的宏观组成	应用于描述物质的微观构成
举例	水是由氢元素和氧元素组成的	一个水分子是由两个氢原子和一个氧原子构成的；水分子是由氢原子和氧原子构成的
联系	元素是具有相同质子数的一类原子的总称	

例题5　判断正误，并加以改正。

① 二氧化硫分子是由硫元素和氧元素组成的。　　　　　　　（　　）

② 水是由两个氢原子和一个氧原子构成的。　　　　　　　　（　　）

知识点3　单质与化合物

阅读课本第46页的第二自然段的内容，完成下列问题。

只由_____组成的纯净物属于单质，如_____等；

由_____元素组成的纯净物，属于化合物，如_____等。

例题6　判断正误，并加以改正。

由一种元素组成的物质一定是单质。　　　　　　　　　　（　　）

操作说明：

通过前几节课的学习，学生对构成物质的微粒已经有了初步了解，对原子是构成物质的最基本粒子也有了一定认识。只是在学习本节课之前，学生对化学元素的概念还比较模糊，需要在学习中强化辨析。

上课时，学生通过阅读教材了解元素的发展史，结合构成物质微粒的"基本性"的讨论认识到这一类原子的共同特征，从而初步建立起化学元素的科学概念，并进一步明确元素就是一类原子的总称。对待抽象问题，课堂设计首先通过元素与原子的对比及问题设置，帮助学生加深对元素与原子区别的认识和对物质组成及构成关系的理解；再从元素组成的角度对纯净物进行分类，进而区分单质与化合物；最后通过了解地壳中元素的分布，使学生深入理解了元素的含义。

元素符号是国际通用的化学用语，学生通过自主学习初步了解元素符号的意义，对于常见的元素符号争取做到会写、会读、会用。

三、小组互学（5分钟）

1. 互相提问自学深思中的问题。

2. 对于由原子构成的单质来讲，元素符号表示的意义有几种？

元素符号通常表示一种元素、一个原子或者由原子构成的单质。

3. 元素符号的前面加上数字，表示什么意义？

元素符号前面加上数字，表示微观意义，只表示几个这样的原子。

操作说明：

学生在"小组互学"环节多向交流，大胆质疑，有效解决了"自学深思"时遇到的疑难问题。这节课的重点难点问题，他们通过互学提问和认真讨论，也能基本理解和掌握。如元素符号的意义既是本节课的重点也是难点，学生对于宏观与微观并没有明确的认知，因此需要通过不断变式呈现来强化记忆，加深理解，也为化学式及化学方程式意义的学习打下基础。

四、教师助学（12分钟）

1. 检查、交流"自学深思"与"小组学习"中的问题。

2. 引导学生思考"同一类原子"应如何理解。

操作说明：

元素的概念比较抽象，教师助学时尽量避免概念的烦琐解释，而是要通过呈现物品中元素组成的大量实例使学生感性地认识到元素是具有相同质子数的一类原子的总称，进而明白元素的种类由质子数决定。教师也要通过多媒体展示几种微粒的示意图，让学生判断元素的种类，从而使学生认识到质子数相同的原子和离子都属于同一种元素，进一步加深对同一类原子的理解。

元素符号是国际通用的化学用语，是学习化学的基础。因此，学生对课本上列举的27种元素的符号、名称及意义要在已有认知的基础上进一步巩固强化，做到会写、会读、会用。

五、自主检测（4分钟）

1. 不同元素之间最本质的区别是（　　）不同。

A. 中子数　　　　B. 质子数　　　　C. 核外电子数　　　D. 相对原子质量

2. 生活中我们经常听说这些名词"加碘盐""补铁酱油""高钙奶"，这里的碘、铁、钙指的是（　　）。

A. 元素　　　　B. 原子　　　　C. 分子　　　　　　D. 单质

3. 地壳里所含元素的质量分数居前四位的元素由低到高依次是（　　）。

A. 氧、硅、铝、铁　　　　　　　B. 氧、硅、铁、铝

C. 铁、铝、硅、氧　　　　　　　D. 铝、铁、硅、氧

4. 下列说法中正确的是（　　）。

A. 二氧化碳由一个碳原子和两个氧原子构成

B. 二氧化碳是由碳和氧气组成的

C. 二氧化碳是由一个碳元素和两个氧元素组成的

D. 二氧化碳由碳元素和氧元素组成

5. 如图所示是元素周期表中的一种元素，下列有关该元素的说法正确的是（　　）。

A. 原子序数是13

B. 它是非金属元素

C. 它的质量是26.98 g

D. 相对原子质量是13

13　Al
铝
26.98

6. 写出下列符号表示的意义。

（1）Cl：＿＿＿＿＿＿＿、＿＿＿＿＿＿＿。

（2）2Fe：＿＿＿＿＿＿＿。

（3）nS：＿＿＿＿＿＿＿。

7. 将下列写错的元素符号改正。

铜Cu＿＿＿＿；锌ZN＿＿＿＿；银AG＿＿＿＿；氯cL＿＿＿＿；钙cA＿＿＿＿。

8. 下列物质：① 氧气；② 铁；③ 冰水混合物；④ 氦气；⑤ 高锰酸钾；⑥ 二氧化锰；⑦ 空气。其中属于单质的是_____（填序号，下同）；属于化合物的是_____；属于氧化物的是_____；属于混合物的是_____。

9. 用"分子、原子、元素、单质、化合物"填空。

从宏观上来看，铁是由同种_____组成的纯净物，属于_____；从微观上来看，铁由许多_____构成。

从宏观上来看，二氧化碳是由不同种_____组成的纯净物，属于_____；从微观上来看，二氧化碳由许多_____构成。

操作说明：

在"自主检测"环节，学生要进一步巩固这节课的重点知识，进而达到夯实基础的目的。本环节设置的检测题由易到难，多数学生不仅能在4分钟内顺利完成，还能获得成就感，这进一步提高了他们学习化学的浓厚兴趣。

【教后反思】

在课堂上，学生对元素的概念进行了重点学习，还以元素与原子的关系为主线进行互学、训练、讲解。围绕这条主线展开的练习也把之前学过的分子和离子的概念联系起来，帮助学生建立起较系统的知识网络。

这节课的习题设置既帮助学生理解了元素概念中"一类原子总称"的含义，又使学生进一步明确了质子数相同的一类原子的总称是元素这一基本概念，很好地突破了本节课的学习难点。课堂设计还注意了新旧知识的前后联系，重点强调了"元素中只讲种类不讲个数，且应用于宏观组成；原子既讲种类又讲个数，且应用于微观构成"这一知识点。通过学习，学生既能分别从微观和宏观的角度描述常见物质，又能对物质的宏观组成和微观构成形成统一的认识。

本节课在预设时没有充分考虑到元素概念的抽象性，致使学生理解起来难度较大。因此，在今后的教学中，对这节课知识的处理应充分做到

"瞻前顾后"，既要在之前的分子和原子教学中尽量帮助学生建立起微观思维，以便于帮助学生在学习本课内容时形成宏观与微观的对比，又要在今后的化学式与化合价的教学中继续渗透、复习本节课的相关内容。

（主备教师：史红叶）

六、中学生物课例解析

七年级上册《病毒》助学提纲

【学习目标】

1.通过观察病毒的形态结构示意图，说出病毒的形态分类和结构组成。

2.通过观看噬菌体繁殖过程视频，概述病毒的繁殖过程。

3.通过观察思考，说出病毒与生物圈中其他生物的关系。

【重点难点】

重点：描述病毒的形态及结构组成。

难点：概述病毒的生命活动。

【助学环节】

一、激情导入（1分钟）

多媒体出示图片：国家领导人看望因父母患艾滋病去世的孤儿，并同孩子们深情拥抱，鼓励他们发奋努力，好好学习。

你知道艾滋病的"元凶"吗？为什么人们一听到它就望而生畏呢？

操作说明：

病毒是一种看不见摸不着的生物，学生对它们比较陌生。所以，为激发学习兴趣，营造良好的课堂氛围，我首先出示新闻图片引导学生感性认识艾滋病，激起探究的好奇心；再抛出"你知道艾滋病的'元凶'吗？"这一问题引发学生思考，并在学生得出"艾滋病病毒"这个答案后有效展开课堂。

二、自学深思（14分钟）

（一）病毒的形态结构

阅读课本106—107页，完成填空。

1. 形态：病毒的形体极其_____，通常只有借助_____才能观察到。病毒的形态多种多样，主要有_____、_____、_____等。

2. 结构：_____（填"有"或"无"）细胞结构。

① 是_____，② 是_____。

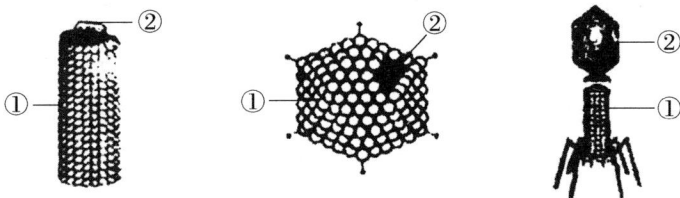

（二）病毒的生命活动

阅读课本107页，完成填空。

1. 营养方式：病毒必须_____在其他生物的_____内才能生活和增殖。

2. 繁殖：_____复制。病毒侵入活细胞后，病毒会以_____内的物质作为原料，在自己_____的"指挥"下制造出新的病毒。

3. 病毒种类：

分类	植物病毒	动物病毒	细菌病毒
侵染对象	专门侵染_____细胞	专门侵染_____和其他_____细胞	专门侵染_____，也叫_____
举例	烟草花叶病毒	流感病毒	大肠杆菌噬菌体

（三）病毒与人类的关系

阅读课本108—109页，完成填空。

1. 有害方面：

使动植物和人_____，如禽流感病毒、SARS相关冠状病毒等。

2.有益方面：

（1）用_____制成的疫苗可以有效预防人类感染乙肝病毒。

（2）用棉铃虫核型多角体病毒制成的_____能有效防治棉铃虫。

操作说明：

这节课的"自学深思"环节是14分钟，要求学生首先认真阅读课本106—109页的内容并圈点标注出重要知识点，再根据"助学提纲"上的提示认真完成本部分的练习题。

在这一环节，学生要在"助学提纲"的引领下主动学习病毒知识，努力加深对病毒的认识，有效激发对病毒的探究兴趣。学习中如果遇到疑难问题，可用红笔进行标注或在"助学提纲"上做好记录，以备"小组互学"时向组内其他同学求教。教师则要走到学生中多巡视、多观察，全面了解学生的自主学习情况，为后边的助学环节做准备。

三、小组互学（5分钟）

1.相互提问自学深思中的问题。

2.观察"植物细胞、动物细胞及病毒结构图"，并比较它们结构的异同。

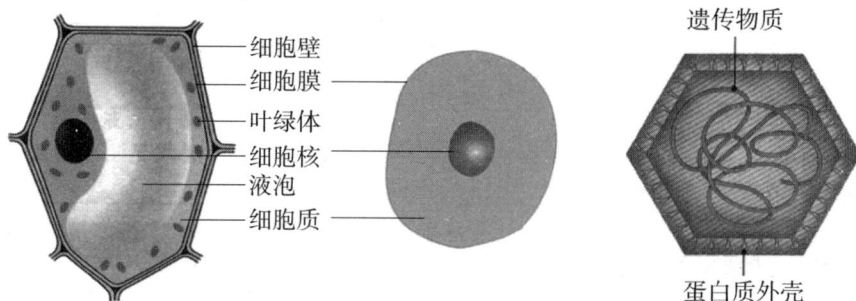

	细胞壁	细胞膜	细胞质	细胞核
植物细胞				
动物细胞				
病毒				

操作说明：

在"小组互学"环节，学生通过比较植物细胞、动物细胞及病毒结构的异同，不仅对动植物细胞结构这一知识点进行了回顾，还进一步加深了对病毒结构的认知。组内同学通过互学讨论深入理解上述问题后，还要以最快的速度记忆"自学深思"中的基础知识，并通过互相提问进一步加深记忆。这时，教师要巡视课堂，深入到各小组参与讨论，并给予适当指导。

通过"小组互学"环节的学习，学生碰撞了思想，激发了兴趣，既深刻认识了病毒与动植物细胞的区别，又进一步培养了分析问题、解决问题和归纳知识的能力。

四、教师助学（15分钟）

1. 检查、交流"自学深思"与"小组互学"中的问题。

2. 通过观看噬菌体入侵活细胞的视频，回答以下问题：

（1）病毒的繁殖方式是什么？

（2）如果病毒离开了活的细胞会怎么样呢？

操作说明：

在"教师助学"环节，教师首先检查学生对"自学深思"与"小组互学"学习任务的完成情况，再对这两个环节遗留的问题进行解答。对本节课的重难点"病毒的繁殖方式"这一知识点，教师可先让学生观看视频降低理解难度，再引导学生自主得出结论。对容易混淆的"病毒的自我复制是以自己的遗传物质为模板，以细胞中的物质为原料进行的"这一知识点，教师也要特别强调，引导学生反复练习。最后，教师要通过板书对知识点进行归纳总结。

注意：各知识点间的衔接要自然流畅，转折切忌生硬。助学时还要多列举与学生生活实际相联系的例子，这不仅能帮助学生轻松地理解知识，熟练地掌握知识，也可以更好地体现生物学习的趣味性和时效性。

五、自主检测（5分钟）

1. 下列生物中不具有细胞结构的是（　　　　）。

A. 细菌　　　　B. 水螅　　　　C. 烟草花叶病毒　　D. 蚯蚓

2. SARS病毒与动物细胞相比最主要的区别是（　　）。

A. 没有生命特征　　　　　　　B. 没有蛋白质

C. 没有遗传物质　　　　　　　D. 没有细胞结构

3. 下列疾病中，主要由病毒引起的是（　　）。

① 流行性感冒　　　　　② 病毒性肝炎　　　　　③ 艾滋病

④ 传染性非典型性肺炎　　⑤ 结核病

A. ①②⑤　　　　B. ①③④⑤　　　　C. ②③④⑤　　　　D. ①②③④

4. 艾滋病、肝炎、禽流感等许多病都是由病毒引起的，以下对病毒的叙述不正确的（　　）。

A. 病毒是生物　　　　　　　　B. 生活在细菌内的病毒又叫噬菌体

C. 病毒只能生活在活细胞中　　D. 病毒利用自身的物质进行繁殖

5. 埃博拉病毒是一种能引起人类和灵长类动物产生埃博拉出血热的烈性传染病病毒。下列对埃博拉病毒的认识正确的是（　　）。

A. 用光学显微镜可以观察到埃博拉病毒

B. 埃博拉病毒的细胞结构非常简单

C. 埃博拉病毒的细胞没有成形的细胞核

D. 埃博拉病毒寄生在人和灵长类动物的活细胞里

6. 右面是一个生物体的示意图，下列说法正确的是（　　）。

A. 该图是一种单细胞生物体的示意图

B. 该种生物只有寄生在活细胞里才能进行生命活动

C. 这种生物具有完整的细胞结构

D. 这种生物能引起人和动植物的多种疾病，所以对人类和动植物只有害处

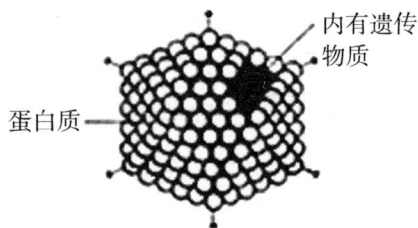

内有遗传物质

蛋白质

7. 下列描述中，病毒对人类有害的是（　　）。

A. 利用病毒制作疫苗　　　　　B. 病毒可以作为基因工程的运载体

C.噬菌体可预防烧伤病人感染　　D.艾滋病病毒使人的免疫系统瘫痪

操作说明：

学生通过"自学深思""小组互学""教师助学"等环节的学习，已经掌握了病毒的基础知识。由于《病毒》这一课还没有过多结合细菌和真菌的相关知识，内容比较简单，所以"自主检测"环节设计了一组选择题，以此对本节课的基础知识进行检测和巩固。

在学生做题前，教师要提醒学生认真审题，提高做题效率；在学生做题时，教师要进行巡视，认真观察学生的做题情况。当所有学生完成题目后，教师要示意学生积极讲解，及时补充不完整的答案，其他同学则用红笔圈点标注。这时，教师要给予讲解的学生鼓励性评价，并再次强调易错及易混淆的知识点。

【教后反思】

《病毒》这课内容与现实生活联系密切，教师在课堂上又充分利用多媒体进行教学，所以学生的积极性和参与度都很高，课堂气氛很活跃。从学生对知识的掌握情况来看，本堂课设置的学习目标已经达成，但仍存在以下不足。

第一，在"激情导入"环节，虽然以国家领导人看望因父母患艾滋病去世的孤儿这个新闻导入，激发了学生的学习兴趣，但是教师对艾滋病知识的讲解明显偏少。教师可以适当讲解生活中常见病毒的有关知识，并指导学生如何预防病毒的侵害。

第二，在"自学深思"环节，虽然通过填空的形式总结归纳出了本节课的知识框架，但是仍存在个别学生为了填空而草草浏览、不求甚解的情况。针对这一现象，教师不仅要求学生自学完成填空，也要教会学生如何整理知识框架。

第三，在"小组互学"环节，小组内每个成员都要阐释自己的想法，优秀学生还要带动学困生学习，力争让每个学生都积极参与讨论。教师还要对学困生给予更多的关注和鼓励，要充分调动他们的学习积极性。

第四，在"教师助学"环节，学生仍然是学习的主体，教师不能喧宾夺主。但是，教师对重点问题还要透彻讲解，否则学生的学习只能浮于表面，难以提高学习能力。教师完成教学后也要反思本堂课的重点难点内容讲解是否到位，是否引发了学生的深度思考。

第五，在"自主检测"环节，教师要在大量搜集、比较、优选题目的基础上，把握好重点难点，设计好检测题，控制好题目的难易程度。教师讲解相关题目时，要先鼓励学生自主找出错误选项错在何处，然后再做总结。在这个过程中，教师不仅要充分了解学生对本节知识点的掌握情况，还要在点拨时及时发现学生答题的闪光点进行鼓励，以增强学生的自信心。

在生物课上，教师要把"五步助学法"运用到得心应手，不仅要及时了解学生遇到的困惑，并给予适时的点拨引导，还要"授之以渔"，指导学生学习生物的方法。这就要求我们教师在教学中多思考，多实践，多学习。

（主备教师：姚春燕）

七、中学地理课例解析

七年级上册《地图的阅读》助学提纲

【学习目标】

1. 学生通过阅读各类地图，掌握地图上的比例尺、方向、图例等基础知识。

2. 学生学会运用比例尺在图上量算两地间的距离，以及在地图上辨认方向。

3. 学生学会选择适用的地图，学会正确的阅读和使用地图的方法。

【重点难点】

重点：地图方向的辨别（一般定向法、指向标定向法、经纬网定向法）。

难点：比例尺大小的辨别与地图内容详略的关系。

【助学环节】

一、激情导入（1分钟）

猜谜语：高山不见一寸土，平地不见半亩田。五湖四海没有水，世界各国在眼前。（谜底：地图）

操作说明：

学生本节课的主要学习任务是学会阅读地图的方法，所以，我在1分钟"激情导入"环节采用了猜谜语的方式来激发学生的学习兴趣。由于谜语的谜面包含了地图中的要素信息，学生思考后能够想到本节课所讲的地图知识，并且谜面内容也为学生学习阅读地图的方法提供了依据。

二、自学深思（15分钟）

（一）学会阅读地图

阅读课本16—18页，完成填空。

1. 地图是运用各种_____，将地理事物_____后表示在平面上的图像；地图的"语言"包括_____、_____和_____。

2. 比例尺表示_____。比例尺的公式：比例尺=_____/_____。

3. 指向标是_____。

4. 图例是对地图上各种_____和_____的说明。

5. 比例尺的表现形式有_____种，分别为_____式、_____式、_____式。

6. 在地图上辨别方向的方法有三种，分别为：

① _____；② _____；③ _____。

（二）选择适用的地图

阅读课本19—22页，完成填空。

1. 地图的种类很多，不同的地图能够反映_____，根据使用目的，正确的_____，才能及时准确地获得有用的信息。

2. 地图的比例尺有大有小，不同比例尺的地图表示的地域_____和_____详略程度不一样。

操作说明：

在"自学深思"环节，学生需要熟读课文，熟悉知识要点，形成知识框架。在这15分钟，学生先要熟读课本，完成"助学提纲"上的填空题；然后再根据提纲的知识要点在课本上划重点，做标记，加深记忆。这时，教师要巡视学生的自学情况，及时了解学生自学过程中存在的疑难问题和容易出错的知识点，为后边的助学环节做准备。

三、小组互学（5分钟）

1. 小组讨论地图上方向的辨别方法。

2. 识记课本18页图1.25中的常用图例。

操作说明：

学生自主学习结束后，主动起身与其他组员进行"小组互学"。这时，学生通过本小组同学间的合作交流和质疑解难，将自己学到的知识进一步加深理解，加强记忆。学生还要讨论"地图上方向的辨别方法"这个知识点，以此实现对本节重点知识的准确掌握。

在这个环节，教师要继续巡视课堂或参与小组讨论，对于讨论不充分或争议不下的小组要进行适当指导与调节。教师也要及时记录不确定或有争议的问题，为后边的助学环节做准备。

四、教师助学（14分钟）

1. 检查、交流"自学深思"与"小组互学"中的问题。

2. 比例尺大小的辨别与地图内容详略的关系。

大小比例尺	范　围	详　略
大		
小		

操作说明：

在"教师助学"环节，教师既要解疑答难，又要精讲重点难点。本节课的重点是地图上方向的辨别（一般定向法、指向标定向法、经纬网定向法）；难点是比例尺大小的辨别与地图内容详略的关系。教师在讲解时，可以在课件上呈现两幅不同比例尺的地图（中国地图和世界地图），通过引导学生对比分析来提高识图和看图的能力。在抽查"自学深思"和"小组互学"部分的基础知识时，要面向全体学生，通过适当鼓励与点拨进行查漏补缺，加深理解记忆，进而实现灵活运用学习方法的目标要求。

五、自主检测（5分钟）

1. 地图种类繁多，用途广泛，想找到某个国家的准确位置最好查找（ ）。

A. 世界地形图   B. 世界植被图

C. 世界政区图   D. 世界气候类型分布图

2. 小明在一幅比例尺为1：6000000的地图上，量得他所在城市与北京之间的图上直线距离为5厘米。你认为，两城之间的实际直线距离应是（ ）。

A. 3千米   B. 30千米   C. 300千米   D. 3000千米

3. 下面图幅大小相同的四张地图，比例尺最小的是（ ）。

A. 衡阳地图   B. 湖南地图   C. 中国地图   D. 世界地图

4. 今年寒假你准备去西安旅游，先了解一下有哪些景点，你会选择下面的（ ）。

A. 西安旅游图   B. 中国政区图

C. 西安交通图   D. 西安地形图

5. 地图是我们日常生活必不可少的工具，手机打车软件中使用的地图是（ ）。

A. 地形图   B. 电子地图

C. 人口分布图   D. 气候分布图

6. 下列图例中表示铁路的是（ ）。

A. ▬▬▭▭   B. ═══   C. ⊓⊔⊓   D. ⊙

7. 下列图例中，表示"湖泊"的是（ ）。

A. ⌇⌇   B. •⊢⊣•   C. ═══   D. ◁—

操作说明：

"自主检测"是"五步助学法"课堂的最后一个环节，目的在于及时巩固知识，检测学生对知识的运用能力。因此，我根据本节课的重点难点有针对性地精选了一组选择题来助力学生巩固知识，提升能力。学生在检测时能认真作答，及时纠错，还回顾了重点内容，形成了知识网络。

【教后反思】

在课堂上，同学们主动识图、读图、用图，积极性很高，课堂气氛活跃。从"自主检测"效果来看，本堂课的学习目标已经达成。当然，课堂也存在许多不足之处：一是课堂语言还应更精练，课堂亲和力还应再增强；二是教师助学时讲课形式过于单调，缺乏趣味性，学习方法和学习形式可以更多样一些；三是"助学提纲"问题的设置还应更系统一些。

不过，课堂上的遗憾也使我更坚定了上好课的信心，更坚定了扎扎实实进行"五步助学法"课堂教学改革的决心。我相信只要有追求卓越的决心在，离成功就更近了一步。也感谢学校给予我成长的平台，我会不忘初心，茁壮成长。

（主备教师：王光帅）

八、中学政治课例解析

八年级上册《关爱他人》助学提纲

【学习目标】

通过了解关爱所传递的美好情感，增强关爱他人的意识，掌握关爱他人的策略。

【重点难点】

重点：了解关爱所传递的美好情感，及其对他人、社会和个人的意义。

难点：懂得关爱要尽己所能，掌握关爱他人的策略和注意事项。

【助学环节】

一、激情导入（1分钟）

一位老奶奶去商店，走在她前面的一位年轻女士推开沉重的大门，一直等到她进去后才放开手。老奶奶向她道谢时，那位女士对老奶奶说："我的妈妈也和您的年纪差不多，我只是希望她遇到这种事的时候，也有人为她开门。"你怎么看待这位女士的行为？

操作说明：

《关爱他人》一框的内容相对简单，主要目标在于引导学生以真诚的态度和积极的行为去关爱他人，服务社会。本节课我选用一个贴近生活的小故事导入，有效激起了学生的学习激情。

上课后，我开门见山地叙述小故事，学生能迅速明白故事中女士的做法是关爱他人、乐于助人的良好行为，这就很自然地引出本节课的话题。这个过程只需1分钟，是一种开门见山式的导入方式。它不仅把学生的注意力迅速集中到主要知识点的学习上，还为他们的自主学习和交流质疑留出了充足的时间。

二、自学深思（16分钟）

（一）关爱他人是一种幸福

阅读课本75—77页，完成填空。

1. 关爱的含义特点各是什么？

（1）含义：关爱就是_____。

（2）特点：关爱无时不在、_____不在。

2. 关爱他人有什么意义？（我们为什么要关爱他人？）

（1）关爱传递着_____，给人带来温暖和希望，是维系友好关系的_____。

（2）关爱是社会_____的润滑剂和_____。

① 使人们在交往过程中互谅互让，_____，与人为善，增进信任。

② 有利于形成良好的人际氛围，促进社会_____。

（3）关爱他人，收获_____。

① 能够赢得他人的_____，得到他人的关心和帮助，获得更多的_____。

② 关爱他人也是关爱和善待_____。

（二）关爱他人是一门艺术

阅读课本77—79页，完成填空。

3.怎样关爱他人？

（1）关爱他人，要_____。

（2）关爱他人，要_____。

（3）关爱他人，要_____。

操作说明：

"自学深思"的16分钟是学生充分阅读、深度思考的时间。这部分的填空题是对本节课重点问题的归纳和总结，需要学生认真阅读课本后完成。学生还可以根据"助学提纲"上的归纳在课本上标画重点并做笔记，这样有利于学生对本节课重难点进行准确定位。

学生完成填空题后，需主动站起将3道题目背过。这个过程，教师要巡视课堂并记录学生的自学情况，也要及时点拨个别学生的记忆方法。对于学生自学中存在的疑难及易错点，教师在后边的助学环节还要重点讲解。

三、小组互学（5分钟）

1.互相提问"自学深思"中的问题。

2.材料分析题：

一个风雨交加的夜晚，一位行李简陋、衣衫破烂的老人来到费城的一家旅店投宿，他对伙计说："别的旅店全客满了，我能在贵处住一晚吗？"伙计解释说："城里举行大型活动，旅店到处客满。不过，我不忍心看您没个落脚处。这样吧，我把自己的床让给您，我就在柜台上搭个铺。"第二天，老人临行前对伙计说："年轻人，你能当美国一流旅馆的经理。我要给你盖个大旅馆。"伙计听了，觉得这老人真是幽默。两年后的一天，伙计收到了一封信，邀请他去纽约回访两年前那个雨夜的客人。伙计来到纽约，老人把他带到一幢高楼前说："年轻人，这就是我为你建的旅馆，请你当经理。"这位年轻人就是如今纽约首屈一指的奥斯多利亚大饭店的经理乔治·波尔特，那位老人则是拥有亿万财产的石油大王保罗·盖帝。

你所在班级准备就上述故事表现出来的主题召开一次主题班会，请你参与其中并完成下列任务：

（1）请你为班会设计一个主题。

（2）关爱他人是具有爱心的体现，也是一种人生智慧。请你结合事例谈谈你对"关爱他人"的理解。

（3）上述这则材料，对青少年有何启示？

操作说明：

"自学深思"结束后，教师发出指令，"小组互学"开始。在这5分钟里，学生既要通过互相答疑解决有疑问的填空题，又要重点讨论"小组互学"中的材料分析题，进而达到对课堂知识迁移运用的学习目的。

这时，教师仍要巡视课堂，对于讨论动力不足、停滞不前、争议不下的小组进行指导与调节。讨论解决材料题后，同学们还要检查背诵"自学深思"中的有关题目，为"教师助学"环节的展示与抢答做准备。

四、教师助学（15分钟）

1. 检查、交流"自学深思"与"小组互学"中的问题。

2. 关爱他人，要讲究哪些策略？

【**操作说明**】

"教师助学"是由教师主导、师生互动的学习环节。这时，教师首先检查学生的背诵情况，检查时可以借助"助学免单记录卡"及加分制度充分调动学生参与课堂的积极性，还可以让小组之间竞争抢答。抢答时，教师可以根据回答对象的不同酌情给分，比如学困生完整答出了一道有难度的题目可以加10分，学习基础好的学生抢到相对简单的题目可以给5分。

检查完学生的背诵后，教师先带领学生分享"小组互学"中材料题的结论，再对本堂课的重点、难点和疑点问题进行讲解，这要求教师用最凝练、最简洁的语言和最经典、最贴近生活的案例把课本上的知识变得深入浅出，以利于学生消化吸收并使之深受感染。学生通过课堂学习达到了将"关爱他人，奉献社会"的思想内化于心、外化于行动的素质教育要求。

五、自主检测（3分钟）

1. 众筹中有"大病救助"模式，许多网友纷纷伸出援助之手，帮助病患在第一时间解决医疗资金问题。这让我们认识到（   ）。

① 人与人之间应该相互关爱；② 关爱他人有助于社会和谐；③ 要以实际行动关爱他人；④ 关爱也分大小，要尽己所能。

A.①②③　　　　B.①②④　　　　C.①③④　　　　D.②③④

2. 某校橱窗内张贴了一张爱心捐助金使用情况的公示单，其中受助者的信息被有意隐藏了。这体现了（   ）。

① 对捐助者的尊重；② 信息不够公开透明；③ 关爱他人，讲究策略；④ 关爱他人，要考虑他人的内心感受。

A.①③　　　　B.②④　　　　C.①②　　　　D.③④

3. 我国自古就有"廉者不受嗟来之食"之说，这从侧面告诉我们（   ）。

A.永远不接受他人的关心和爱护

B.关爱他人一定要讲究策略，注意方式方法

C.接受他人帮助是丧失自尊的表现

D.只有缺乏自爱的人才会接受他人的关爱

操作说明：

本课的"自主检测"需要3分钟，学生可以先用2分钟的时间回顾课本知识，然后再用1分钟的时间快速完成三道选择题。待学生做完后，教师要用精练的语言重点讲解易错点，也可以根据实际情况让学生自主讲解，相互点评。

【教后反思】

"五步助学法"课堂环节清晰，操作简单，对教师却有更高的要求。

所以，每次上完课后，我都会认真反思自己的课堂，看看自己的课堂语言是否凝练准确，课堂行为是否有利于学生自主学习。本节课的教学，我认为问题主要有以下两点：

第一，学生的亢奋情绪所造成的课堂热烈程度过高，暴露出我在教学中课堂管理能力的不足。在课堂上，我鼓励学生思维发散和敢于表达，但有些班级的学生思维活跃且跳脱，所答内容易引发其他学生的争论。因此，如何让学生紧紧围绕核心问题探讨，如何通过课堂评价让他们意识到这个问题需要马上终结，如何控制学生的思路远离无关话题……这些都是我需要多加思考和改进的地方。

第二，"五步助学法"课堂的"教师助学"环节时间相对较短，这就要求教师要用最凝练的语言说清楚最核心的问题。我在这方面还有很多不足，究其原因，一方面是担心学生听不懂所讲内容就反复强调，另一方面是自己对教材中的书面语言还没有熟练掌握和有效使用。其实，教材中的措辞既准确又专业，教师在助学时对学生讨论结果的总结及重难点的讲解多用教材文本语言来呈现便极为合适。

（主备教师：李珊珊）

九、中学历史课例解析

八年级上册《八国联军侵华与〈辛丑条约〉签订》助学提纲

【学习目标】

1. 通过阅读教材了解义和团运动兴起和发展的概况，了解八国联军侵华战争与义和团抗击八国联军的基本史实。

2. 通过教学使学生掌握《辛丑条约》的主要内容与影响。

【重点难点】

重点：《辛丑条约》的主要内容与影响。

难点：《辛丑条约》的影响。

【助学环节】

一、激情导入（1分钟）

（展示一组明信片）这组明信片反映了什么历史事件？当人类用欢呼声迎接20世纪的钟声敲响之际，我们的国家和我们的民族却是满怀着丧权辱国的屈辱与悲愤跨入新世纪的。在1900年，帝国主义发动了第五次大规模的侵华战争——八国联军侵华战争。

那么，帝国主义为什么要发动这场战争呢？这场战争给灾难深重的中国又带来了怎样的危害呢？

操作说明：

学习兴趣是一个人倾向于认识和研究并获得某种知识的心理特征，是可以推动人们求知的一种内在力量。对于历史课堂而言，能够寓教于乐，创设学史情境来激发学生的学习兴趣是非常重要的。

上课时，我先展示一组明信片，生动直观地点出这节课要学习的主要历史事件（八国联军侵华战争），再通过八国联军侵华战争引出"义和团运动"的学习内容。这种开门见山式的导入不仅将学生的注意力迅速集中到课堂知识的学习上，也充分激发了他们的学习兴趣，并为后边的课堂学习留出了充足的时间。

二、自学深思（16分钟）

（一）义和团运动

阅读课本32—33页，完成下列题目。

1.背景：19世纪末，＿＿＿＿＿＿＿＿＿＿＿，外国传教士活动猖獗。

2.性质：义和团是具有广泛＿＿＿＿＿＿的＿＿＿＿＿斗争组织。

3.口号："＿＿＿＿＿＿＿＿＿＿＿＿＿"。

评价："扶清" _____ ，对它抱有幻想。"灭洋"表达了中国人民反对帝国主义的斗争意志，但具有_____。

4.影响：沉重打击了帝国主义瓜分中国的野心。

（二）抗击八国联军

阅读课本33—34页，完成下列题目。

1.八国联军侵华：

（1）原因：

① 直接：_____。

② 根本：进一步扩大列强在华利益。

（2）爆发：1900年6月，英、美、俄、日、法、德、意、奥八国组织联军，在英国海军司令_____的率领下，从天津向北京进犯。

2.抗击八国联军：

（1）抗击过程：

①_____阻击战，八国联军被迫撤回天津。

② 围攻_____和_____，列强扩大侵略中国的借口。

③_____保卫战，清军直隶提督聂士成壮烈殉国。

（2）结果：8月，义和团运动被中外反动势力联合镇压。

（三）《辛丑条约》的签订

阅读课本35页，完成下列题目。

1.主要内容：

内容	影响
清政府赔款白银_____两，分39年还清，本息共计9.8亿两，以海关税、盐税等税收作担保	西方列强完全控制着中国的经济命脉，人民生活更加贫苦
清政府保证严禁人民参加各种形式的_____活动	清政府成为帝国主义统治中国的工具
清政府拆毁_____，允许外国军队驻扎在从北京到山海关的铁路沿线要地	军事失去自主权，便于侵略者直接派兵镇压中国人民的反帝斗争

内容	影响
划定北京_____为使馆界，允许各国派兵驻守，不准中国人居住	"使馆界"，实际上是一个"国中之国"，成了列强策划侵略中国的大本营
改总理衙门为_____，班列六部之前	清政府完全处于列强的控制之下，成为"洋人的朝廷"

2.《辛丑条约》的影响：_____是中国近代史上赔款数目最庞大，主权丧失最严重的不平等条约，从此，_____沦为帝国主义列强统治中国的工具，中国完全陷入_____的深渊。

操作说明：

在"自学深思"环节，学生不仅要认真阅读教材，在规定时间内完成本部分的题目，还要根据提纲的归纳，在课本上标画出重点内容。这样反复进行，能助力学生准确把握本节课的重点知识和难点内容。

学生在自学教材和深度思考中对新知识有了初步的理解，在课堂练习中又进一步梳理和巩固了重点知识，加强了记忆，也为后边的互学交流打下了坚实的基础。这时，教师要巡视课堂，及时了解学生自学过程中难以理解的问题，为后边的助学环节做充分的准备。

三、小组互学（5分钟）

1.相互提问"自学深思"中的问题。

2.阅读下边材料，分析义和团运动失败的原因。

材料一：1900年8月14日，八国联军攻陷北京，慈禧在逃跑途中发表上谕："此案初起，义和团实为肇祸之由，今拔本塞源，非痛加铲除不可。"

材料二：战争初期，前线爱国官兵与义和团协同作战，在天津一带阻截敌军近一个月之久，并杀伤了大量敌军。一位外国军官惊呼："我曾经见到过世界各地的战斗，但从来没有见到过像对付这些未经训练过的中国人更为艰苦的战斗。"

操作说明：

"自学深思"结束后，学生先互助检查，核对答案，再对有疑问的填空题及材料题进行讨论解决。材料题有一定深度，既能锻炼学生灵活运用基础知识的能力，又能培养他们的史料分析能力。材料题讨论结束后，学生还要对本课的重点知识进行背诵，简单的知识点可直接记忆，难度大的知识点要通过相互提问和多向讨论加深印象，加强记忆。这时，教师要继续巡视课堂，对讨论不充分、材料理解不清晰的小组进行适当指导与点拨。

四、教师助学（13分钟）

1. 检查、交流"自学深思"与"小组互学"中的问题。

2. 帮助学生理解《辛丑条约》的影响。

3. 中国社会是怎样一步步变成半殖民地半封建社会的？

操作说明：

"教师助学"是体现教师主导作用的重要环节，也是学生学习的"拔高"环节，因此本环节设置了联系旧知识的综合性拓展题目。

在助学过程中，教师可以先通过提问抢答的方式检查学生对重点知识的掌握程度，再点拨学生模糊不清的知识点，最后用精练的语言重点讲解那些难以理解或需要拓展的知识点。教师还要用有感染力的语言描述史实，使学生深刻感受到《辛丑条约》给我国带来的深重灾难，在此基础上进一步指导学生分析中国半殖民地半封建社会的演变过程，并逐步形成系统的唯物史观。

五、自主检测（5分钟）

1. "神助拳，义和团，只因鬼子闹中原。"义和团运动兴起的主要原因是（   ）。

A. 列强扩大鸦片贸易　　　　　　B. 日本割占中国台湾

C. 帝国主义侵略加剧　　　　　　D. 英法要求修订条约

2. "北地终招八国兵，金城坐被联军毁。拳民思想一朝熄，又换奴颜事洋鬼。"诗句中涉及的历史事件包括（   ）。

① 火烧圆明园　　② 义和团运动　　③ 八国联军侵华战争　　④《辛丑条

约》的签订

A.①②③　　　　B.①②④　　　　C.①③④　　　D.②③④

3.1902年伦敦《泰晤士报》报道说：慈禧太后在接见驻华公使和公使夫人时"抽泣哽咽地说进攻使馆区是极大的错误，她后悔莫及。"慈禧表示要"量中华之物力，结与国之欢心"。因此，时人激愤地指斥清廷已成为"洋人的朝廷"。下列能说明清廷已成为"洋人朝廷"的主要依据是（　　）。

A.开放沿海通商口岸　　　　B.纵容列强镇压太平天国运动

C.允许列强开设工厂　　　　D.保证严禁人民参加反帝活动

操作说明：

"自主检测"是巩固课堂知识、检测学习效果的重要步骤。学生通过完成本部分的选择题，既明确了自己的知识掌握程度，又明确了需要强化记忆的知识点，还进一步复习巩固了课堂知识，形成了自主学习历史的能力。

当然，在做题之前，教师要指导做题方法，培养学生在题干中找出"关键词"的能力。学生做题时，教师要巡视课堂，及时发现学生答题的易错点和疑难点。题目做完后，学生公布答案并自主讲解，教师辅助点拨或重点强调巡视时发现的易错点和疑难点。

【教后反思】

八年级的学生已经熟悉了"五步助学法"课堂模式，在课堂上，他们既能高效自学和深度互学，又能与教师默契地配合。通过这节课的学习，学生不仅了解了八国联军侵华战争的基本史实和义和团运动的抗争历程，也基本掌握了《辛丑条约》的影响以及中国沦为半殖民地半封建社会的过程，还认识了历史的先后联系性和关联性。到课堂结束时，多数学生基本掌握了历史知识，形成了学习能力，达成了学习目标。

本堂课教学，我认为以下两点还可以做得更好：第一，课堂上不说或少说多余的话，减少课堂啰唆语言。这需要备课时反复锤炼语言，深入细致地做好上课准备。第二，带动课堂气氛的同时要加强对课堂的把控。要通过有效的课堂评价让学生在互学讨论和课堂质疑时紧扣主题，在讨论结束后仍然对课堂充满期待。

当然，自己的每一点进步都离不开"五步助学法"课堂的滋养和老师们的帮助。在以后的工作中，我还要向身边的同事多请教、多学习、多吸取成功经验，也相信自己的教学水平和助学能力会得到快速地提升。

（主备教师：俎艳杰）

十、中学体育与健康课例解析

七年级全一册《双手头上向前投掷实心球》助学提纲

【学习目标】

1. 通过本节课的学习，学生了解实心球投掷的技术原理及常用的投掷方法。

2. 通过学习投掷实心球的基本方法，发展学生的灵敏、速度及协调性等基本素质。

3. 培养学生良好的组织性和纪律性，使他们树立终身体育思想。

【场地器材】

实心球（2 kg）30个、扩音机1台、口哨1只。

【重点难点】

重点：握球姿势，用力蹬地，送髋展胸，快速挥臂（鞭打）用力将球掷出。

难点：用力顺序及出手角度。

【助学环节】

一、激情导入（1分钟）

集合整队，清点人数，检查服装，安排见习生，宣布本节内容，进行课前热身。

操作说明：

投掷实心球是中学生强身健体和增强力量的锻炼手段，也是中考体育考试的必考项目，学生必须通过反复练习熟练掌握此项技能。

开始练习前先通过集合整队、清点人数、检查服装等组织教学；然后通过做1分钟跳绳和仰卧起坐30个×2组进行课前热身。

二、自学深思（10分钟）

（一）在操场四个方向分别放置四张相同挂图，学生认真观察并根据挂图思考以下问题：

1. 双手头上向前投掷实心球分为哪几步？

2. 每一步又可以分为哪几个动作？并对具体动作进行分析。

3. 双手头上向前投掷实心球的重点是什么？

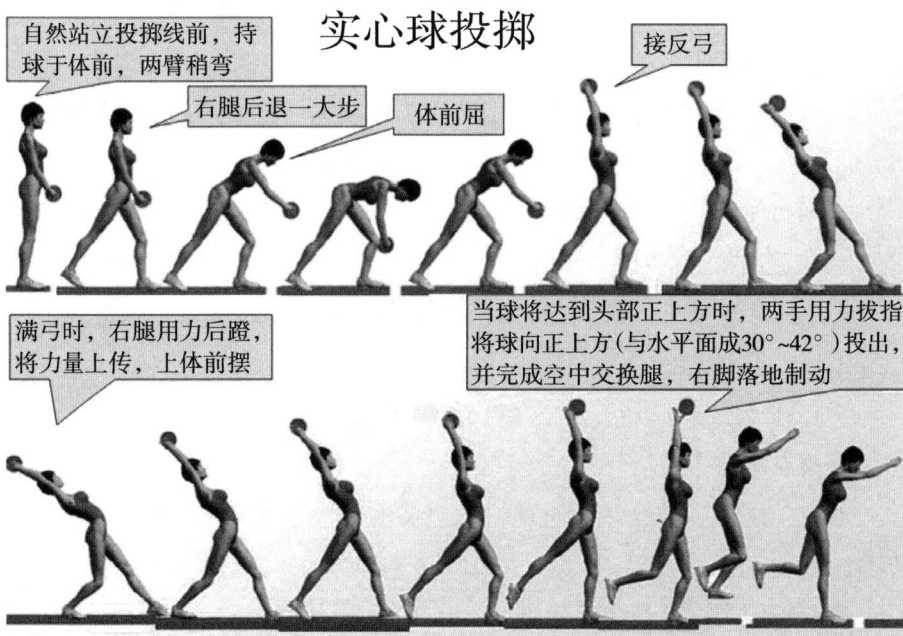

实心球投掷

自然站立投掷线前，持球于体前，两臂稍弯

右腿后退一大步

体前屈

接反弓

满弓时，右腿用力后蹬，将力量上传，上体前摆

当球将达到头部正上方时，两手用力拨指将球向正上方（与水平面成30°~42°）投出，并完成空中交换腿，右脚落地制动

（二）学生自主模拟练习

1. 单数组在篮球场地进行"投篮"练习。

2. 双数组在操场西墙边进行"打墙靶"练习。

操作说明：

"自学深思"的10分钟是学生充分自主练习的时间。在这个过程中，学生通过观察挂图，思考动作要领，模拟练习投掷，进而理解实心球投掷的技术原理，掌握常用的投掷方法。在练习中，学生也进一步提高了身体的灵敏性、协调性、爆发力等基本素质。

学生按男女生分组后，在各自的场地进行"投篮"和"打墙靶"练习，进一步巩固投掷实心球的规范动作，熟练正确的投掷方法。这时，教师要注意巡视，发现安全问题及时处理，学生练习时有不标准的动作及时指点纠正。

三、小组互学（10分钟）

1. 学生4人一组，分组练习。

2. 充分利用挂图，先进行徒手双手头上向前投掷实心球练习。

3. 根据口令进行有球练习（统一投，统一捡）。

4. 学生主动参与，积极练习，乐于接受同学的帮助与教师的指导。

5. 根据自己的学习水平参与某一小组学习并以小组为单位开展投掷比赛和小组讨论（中途可以根据动作掌握情况换组）。

6. 教师巡视，进行指导与纠正。

操作说明：

学生进行"投篮"和"打墙靶"练习后，开始与其他组员进行相互观摩练习。这时，学生需要进一步规范动作，加强练习，或者根据实际水平重新分组进行比赛；教师则要加强巡视，对练习动作不规范的学生及时指导纠正，对练习不积极的学生适当督促调节，对有安全隐患的行为及时制止。

四、教师助学（12分钟）

动作方法：

双手头上前掷实心球时，两脚前后开立，身体面对投掷方向，双手持球于头上后方，身体后仰（尽力成满弓），由双腿用力蹬地到髋关节及躯干屈曲，肩部迅速向前快速挥动手臂，最后屈腕，把球掷出（如图所示）。

教学步骤：

1. 双手头上向前投掷实心球完整动作教学（2次）。

2. 讲解示范双手头上向前投掷实心球（3—4次）。

3. 对重点难点内容进行强调。

操作说明：

教师对双手头上前掷实心球进行讲解并示范动作。动作方法：双手头上前掷实心球时，两脚前后开立，身体面对投掷方向，双手持球于头上后方，身体后仰（尽力成满弓），由双腿用力蹬地到髋关节及躯干屈曲，肩部迅速向前快速挥动手臂，最后屈腕，把球掷出。示范动作后，教师要点评纠正学生在本节课练习中出现的错误动作，也可以在与学生的互动中反复强调重点动作要领。

五、自主检测（7分钟）

1. 学生按照分组进行场地练习。

2. 教师根据学生动作进行点评与纠正。

3. 集合整队，进行放松活动（听音乐做放松活动）。

4. 教师进行点评与总结，表扬优生，鼓励后进生。

5. 布置课后作业。

6. 回收器材，宣布下课，师生再见。

操作说明：

该环节，教师仍然要加强巡视，发现学生练习中的不规范动作及时纠正并进行重点示范讲解。学生练习完成后，教师要用精练的语言对易错动作进行强调，也可以让动作规范的学生进行示范讲解。

【教后反思】

原地双手头上前抛实心球是初中阶段体育教学中发展学生力量素质的主要练习手段，也是中考体育考试的重要项目，它越来越受到学生及家长的重视。这个项目对基本技术的要求较高，动作是否规范对成绩的好坏影响很大。因此，在教学实践中如何让学生形成正确的技术动作，建立正确的出手角度尤其重要，以下是本人教学实践中培养学生建立正确出手角度的一些做法和体会。

第一，进行"投篮"练习，可以让学生持小皮球（大小接近实心球）站在罚球线上，采用双手头上前抛实心球的方法投球入筐。作用分析：利用篮筐的高度，让学生有针对性地增大出手角度，以纠正出手角度较小的问题。

第二，进行"打墙靶"练习，学生站在距离5—6米远的位置，用双手前抛实心球的方法击打墙上的靶子，靶子的高度为学生的身高加实心球的射高。作用分析：实心球的飞行轨迹是一条抛物线，依据抛物线的基本原理及对实心球的受力分析，以规定角度和学生前抛实心球的满分成绩为基准数，计算出实心球的射高，再加上学生的身高作为靶子的高度。在实际练习中，要依据实际情况合理调整靶子的高度，使靶子的高度与学生投射的最佳射高接近。学生通过反复练习，能够更好地掌握出手角度与前抛技术的动作要领。

第三，适度加大学生的练习强度。有了充分的练习，学生投掷实心球的能力就会得到锻炼，他们的灵敏性、协调性、爆发力等基本素质就会得到提升。有了分组练习和对抗练习，学生良好的组织性和纪律性得到进一步加强，加强体育锻炼的良好习惯得到更好的培养，身体也会锻炼得更强健。

（主备教师：赵庆翔）

十一、中学音乐课例解析

八年级上册《大海啊，故乡》助学提纲

【学习目标】

1. 学生通过反复练习，可以使用圆润、流畅、舒展的歌声深情演唱歌曲《大海啊，故乡》。

2. 学生通过学唱歌曲，达到掌握相关乐理知识的目的。

【重点难点】

重点：能用圆润、流畅、舒展的歌声深情演唱歌曲《大海啊，故乡》。

难点：学习F大调及音阶。

【助学环节】

一、激情导入（1分钟）

（以《大海啊，故乡》为背景音乐）

同学们，我们经常看到书写故乡的文章，读到赞美故乡的诗篇，你们听过歌颂故乡的歌曲吗？这节课，我们学习一首歌唱故乡的歌曲——《大海啊，故乡》，一起来感受如何用旋律表达对故乡的深情吧。

操作说明：

《大海啊，故乡》歌曲学习的主要目标是引导学生通过歌唱的方式去表达情感。歌曲旋律比较简单，主题也很明确。我选用与文学相关的内容导入新课，学生对故乡的情感可以自然地由文字表达延伸至音乐表达。这个过程只有1分钟，却可以给学生带来更直观的感受和更浓厚的学习兴趣。

二、自学深思（19分钟）

（一）乐理基础知识学习

聆听《大海啊，故乡》全曲，完成填空。

1. 本首歌曲一共分_____个乐段。

2. 本首歌曲是_____调，音阶是_____。

3. 本首歌曲是_____拍，强弱关系是_____。

4. 本首歌曲的演唱方式是_____，常用的其他演唱方式有_____

_____。

5. 本首歌曲的歌唱速度是_____，歌唱情感是_____。

大 海 啊 , 故 乡

1=F $\frac{3}{4}$

王立平词曲

稍慢 深情地

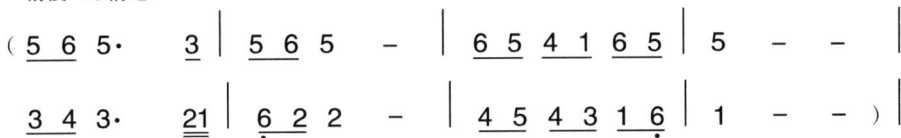

小时候 妈妈 对我讲， 大海 就是

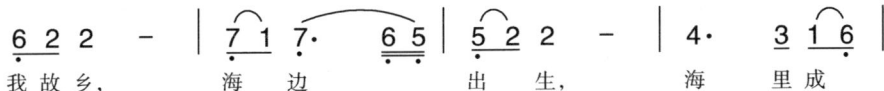

我故乡， 海边 出生， 海里成

长。 大海啊大海，

是我生长的地 方， 海风吹，

海浪涌， 随我漂流四 方。

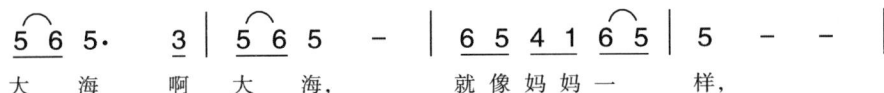

大海啊大海， 就像妈妈一 样，

走遍天涯海角， 总在我的身 旁。

（二）歌唱基础知识学习

1. 聆听第一段，读出下列节奏型：

（1）XX　X.　XX｜XX　　X–｜

（2）X.　　X　XX｜X–　–　–｜

（3）XX　X.　　X｜XX　X–｜

（5 6 5· 　3｜5 6 5　 –｜6 5 4 1 6 5｜5 – –｜

3 4 3· 　21｜6 2 2　 –｜4 5 4 3 1 6｜1 – –）｜

1 2 1·　76｜5 3 3　 –｜3 4 3·　21｜

小时候　妈妈　对我讲，　大海　就是

6 2 2　 –｜7 1 7· 　6 5｜5 2 2　 –｜4·　3 1 6｜

我故乡，　海边　出生，　海里成

2. 把握好前奏与主旋律之间的衔接，严格按照 $\frac{3}{4}$ 拍的节奏规律进行第一段的歌曲试唱。

3. 聆听第二段，读出下列节奏型：

XX　X XX　XX｜X–　–｜

1　 –　 –｜5 6 5·　 3｜5 6 5　 –｜

长。　　大海　啊大海，

6 5 4 1 1　6 5｜5　 –　 –｜3 4 3·　 2 1｜

是我生长的地　方，　海风吹，

6 2 2　 –｜4 5 4 3 1 6｜1　 –　 –｜

海浪涌，　随我漂流四　方。

4. 歌曲进入副歌部分时要把握好歌曲情感，体会歌曲所表达的对母亲、故乡及祖国的思念，尝试带着情感去演唱歌曲。

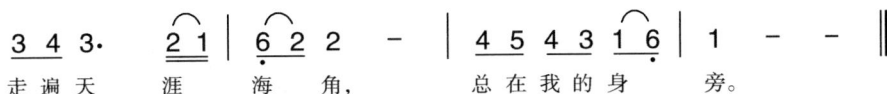

5. 聆听尾声，读出下列节奏型：

（1）X X. X│XX X-│

6. 体会 $\frac{3}{4}$ 拍和 $\frac{4}{4}$ 拍的变换使用，感受变换拍子对于歌曲表达产生的影响，并严格按照变换拍子的节奏规律对尾声部分进行试唱。

操作说明：

"自学深思"的19分钟是学生充分感受歌曲旋律和自主练习的时间。在这个过程中，学生可以通过聆听歌曲和思考相关乐理知识来熟悉本首歌曲的旋律以及节奏，并对本首歌曲所包含的乐理知识有一个全面的掌握。

"自学深思"中提出的问题及要求是对本首歌曲演唱重点的归纳和总结。学生需要结合自己的聆听感受将问题补充完整，还可以根据问题的归纳在课本上标画重点节奏型并做笔记，这样有利于学生更立体、更完整地把握歌曲的演唱。这时，教师要及时了解学生的自学情况，了解他们在音准、气息、吐字等方面存在的问题，以便为后面的有效助学做充分的准备。

三、小组互学（5分钟）

背景材料：《大海啊，故乡》是反映海员生活的影片《大海在呼唤》的主题歌，表现了主人公对大海、故乡、母亲深挚的情感。20世纪80年代初的影片，普遍有着一种向往新生活并愿意为祖国奉献青春的积极向上的精神，这首歌曲也寄寓了作者对祖国的美好祝愿。

在了解音乐背景的前提下，完成以下问题：

1. 相互提问"自学深思"中有关乐理基础知识的内容。

2. 对各类重点节奏型进行相互提问。

3. 小组内演唱《大海啊，故乡》，找出同学在演唱中存在的音准、气息等方面的问题，交流各自对歌曲主题的理解，表达自己对歌曲情感的体会。

操作说明：

"自学深思"结束后，学生开始与其他组员进行互助学习，这一环节需要5分钟。这时，学生不仅要将歌曲中包含的乐理知识与其他组员相互提问，尽量达到背记的水平，还要在了解音乐背景的前提下，再次感受歌曲所表达的情感，并与小组内其他同学进行演唱交流。教师则要继续巡视课堂，对有明显乐理错误及演唱错误的学生进行适当指导。

四、教师助学（10分钟）

1. 检查乐理知识的背记情况，并对学生在歌唱中出现的音准、气息问题进行纠正。

2. 教师对歌唱技巧进行示范讲解，对乐曲中出现的典型节奏型的读唱进行准确示范。

3. 带领学生进行声乐技巧发声练习。

$\frac{3}{4}$ 5 3 1 ｜ 5 3 1 ‖

   mi   ｜ ma   ‖

（练声过程中注意发声位置，气息把握及咬字吐字的处理）

4. 讲解F大调音阶及其产生的原理。

F大调音阶：F G A ^{b}B C D E F

原理：根据大调的音程规律（全全半全全全半），以F为dol进行音阶推算。

5. 教师弹奏钢琴并带领学生完整演唱《大海啊，故乡》，并对歌曲中的强弱进行处理。

操作说明：

在"教师助学"环节，教师先检查学生对本节课涉及的乐理知识的掌握情况，再对学生歌唱的声乐技巧进行规范指导，最后带领学生完整地演唱歌曲并做好细节处理。

五、自主检测（5分钟）

1.完整演唱《大海啊，故乡》。

2.写出F大调音阶，对其产生的原理进行叙述。

3.用本节课学到的音乐知识尝试处理其他类似的歌曲。

操作说明：

音乐学科的"自主检测"基本采用歌唱的形式呈现，学生用2—3分钟即可完成。在演唱过程中，教师要适时做出专业性指导。学生唱完后，教师还要用专业性语言对演唱过程进行评价，也可结合情况让学生进行自我评价和相互评价。

【教后反思】

"五步助学法"课堂突出学生的主体地位，环节清晰明了，操作极为简单，但教学过程中对教师提出了更高的要求。

在课堂上，学生自主学习和主动练习都很充分，学习目标也有效达成。我认为助学过程仍存在几点不足：一是有的学生对乐理知识理解不到位，无法充分运用到歌唱中去。二是有的学生对歌唱技巧把握不够熟练，气息和音准的控制不准确。三是自己对课堂把握不到位，对细节处理不够，容易出现偏离主题的现象。

针对以上问题，教师在今后的教学中应该加强指导学生的歌唱技巧，提高学生对节奏型的了解及对乐理知识的掌握程度。教师也应该锻炼课堂把控力，尽量做到课堂教学效果最大化。

（主备教师：牛艺璇）

十二、中学美术课例解析

八年级上册《梅竹言志》助学提纲

【学习目标】

1.通过多媒体了解竹子的基本结构。

2. 初步学会运用毛笔体现竹子的形态和结构。

【重点难点】

重点：竹子的结构特征和绘画步骤。

难点：竹子的生长规律及形态变化，竹叶的浓淡变化。

【助学环节】

一、激情导入（1分钟）

播放国画竹子作品《墨竹图》。

老师请同学们欣赏《墨竹图》这幅作品，在欣赏的同时，大家要找出竹子分为哪几个部分，有哪些寓意。请同学们思考后回答。

操作说明：

《梅竹言志》这一课要求学生了解竹子的基本结构，初步学会运用毛笔体现竹子的形态和结构。这需要学生充分了解竹子的形体和寓意。

在"激情导入"环节，学生通过欣赏名作《墨竹图》直观感受了国画的魅力，再通过思考"竹子由哪几部分组成？代表了哪些寓意？"等问题进一步明确竹子分为竹竿和竹叶，寓意有正直和骨气等内容。这样的导入既提高了学生的学习兴趣，也开门见山地引出本节课的课题。

二、自学深思（12分钟）

阅读课本11页，完成下列题目。

（一）竹子的结构

一根完整的竹子分为_____个部分，分别是_____。

（二）竹竿的画法

1. 中长两头短，只需_____，节上左右生枝。

2. 画竹时承接上下节点，节节画下，_____，稍弯以表现竹竿的_____。

（三）竹叶的画法

1. 画竹叶用笔要_____，以_____控制_____画出竹叶的不同形状，实按虚起一抹而过。

2. 画出竹叶的方向变化，交叠组合成"_____""_____"字，形态有如鱼尾。

3. 竹叶的分布要_____，墨色要_____，以表现出前后层次。

操作说明：

"自学深思"需要12分钟，学生要在本环节自主学习重点知识，还要通过细心观察竹子及竹叶的特点和画法，将"助学提纲"中的填空题做完。这一环节要求学生观看图片时认真细致，印象深刻，实际操作时能够发现自己学习的不足，切实提高自己的动手能力。教师在巡视中也要对学生的课堂练习适度指点，及时指导。

三、小组互学（10分钟）

1. 运用国画工具，练习竹竿的画法。

2. 练习竹叶的画法，并画出叶子的组合，注意竹叶的聚散和浓淡变化。

操作说明：

上课前，教师要按照学生动手能力的强弱均衡搭配，合理安排美术小组。这样，学生就能在"小组互学"时与组内其他同学进行互助学习，也能对竹子的结构，竹竿与竹叶的画法进行多向交流，共同完成学习任务。交流完毕后，学生还要运用国画工具进行绘画练习，教师也要对学生的练习及时点拨，对有错误的地方及时纠正。

因为有些学生国画基础较弱一些，也有很多学生在用笔用墨和绘画技法上有欠缺，所以教师在点拨的同时，还要将出现的具体情况详细记录下来，以便在助学环节着重指导。

四、教师助学（10分钟）

1. 帮助学生调整画面，指出不妥之处。

2. 做竹竿和竹叶的范画，从画中学。

操作说明：

"教师助学"环节非常关键，需要教师通过指点和做范画等方式为学生解决练习中遇到的有关问题。教师在指点时要重点检查学生画面是否和谐，竹竿画得是否得法，竹叶是否有聚散关系和浓淡变化；还需要耐心讲解气与势的表现，笔与墨的经营，实与空的变换等重点难点知识。做范画就是要教师边示范，边启发，边讲解，将作画的细节一一落实到位。教师在做范画时最能吸引学生的目光，可以对学生起到很好的引领作用。

五、自主检测（7分钟）

完成一幅竹子作品。

操作说明：

"自主检测"是学生运用课上所学知识进行实际动手操作并进一步熟悉作画过程的环节。因为国画讲求气与势，所以一般情况下作画速度较快，7分钟的时间足够学生完成小篇幅的竹子作品。

学生作画时，教师要巡视课堂，发现问题及时解决。对学生的作品，教师既要给予中肯评价，也要发现其闪光点进行鼓励，要达到提高学生自信心的目的。

【教后反思】

"五步助学法"彻底改变了我的学生观和课堂观，上课时我不再沉溺于泛泛地讲解，而是以更加积极的心态放手让学生自主练习。虽然有些学生初学国画，笔墨技法不娴熟，画面不和谐，但是他们动手练习的积极性都很高，只要后期多加练习，一定会有很大的收获。

上课时，教师仍需要加强德育方面的教育，不仅让学生在练习中体会并学习竹子高贵的品质，还要弘扬传统文化。

（主备教师：王宁）

十三、中学信息技术课例解析

七年级上册《深入探究计算机》助学提纲

【学习目标】

1. 通过第一单元的学习，学生深刻理解计算机原理及软硬件的基础知识，并学会文件管理的常用方法。

2.通过本部分内容的学习，学生提高解决学业水平考试中关于"计算机基础知识"问题的能力。

【重点难点】

重点：计算机原理、软硬件、文件管理的常用方法。

难点：计算机二进制存储及冯·诺依曼体系结构下的实例化。

【助学环节】

一、激情导入（1分钟）

同学们，你们家里都有电脑吗？如何选购一台适合自己的电脑？电脑优劣如何判断？电脑的功能是怎么来的？让我们带着这些问题，共同走进今天的课堂吧。

操作说明：

从生活实践出发导入新课，能迅速地激发学生深入探究计算机的浓厚兴趣。因为学生对电脑的了解往往局限于表面的认知或者是对某些软件的操作感受，一般不会从计算机原理到具体软硬件再到数据资源的存储进行系统的掌握，所以提出的问题正好戳中了学生对相关知识缺乏的痛点，并引起强烈的共鸣，也为本节课的成功展开做了铺垫。

二、自学深思（19分钟）

（一）计算机原理探究

快速阅读课本2—7页，了解计算机的基本原理，并完成如下问题。

1.世界上第一台计算机＿＿＿＿＿＿＿在1946年诞生于美国宾夕法尼亚大学。

2.被誉为"计算机之父"的美籍匈牙利数学家＿＿＿＿＿＿＿提出的＿＿＿＿＿＿＿结构仍然沿用至今。

3.著名的冯·诺依曼体系结构可以归纳为哪三点？★

　　a.＿＿＿＿＿＿＿＿＿＿＿＿＿＿＿＿＿＿＿＿＿＿＿＿＿＿＿。

　　b.＿＿＿＿＿＿＿＿＿＿＿＿＿＿＿＿＿＿＿＿＿＿＿＿＿＿＿。

　　c.＿＿＿＿＿＿＿＿＿＿＿＿＿＿＿＿＿＿＿＿＿＿＿＿＿＿＿。

4.请说出以下配件分别属于冯·诺依曼体系结构的哪个部分：

CPU、内存条、硬盘、键盘、鼠标、显示器、打印机、音响。

5. 计算机中的信息使用_____进制存储，_____个二进制位称为一个字节（Byte，简写为B），除数值之外的信息存储编码方式常见的有_____和_____。

（二）计算机系统的组成

快速阅读课本10—15页和18—24页，了解计算机系统由哪些部分组成，完成如下问题。

1. 一个完整的计算机系统是由_____系统和_____系统两部分组成的。硬件系统是计算机的物质基础，软件系统是计算机上运行的程序。

2. 常见的计算机硬件主要有主机、_____、_____和_____等，而主机里主要有主板、_____、_____、_____、_____和_____等。

3. 计算机软件又叫计算机程序，是指人们编写的各种计算机指令和数据的集合。一台计算机能做什么，取决于_____。

4. 通常，软件可以分为系统软件和应用软件。_____是一种综合管理计算机硬件和软件资源，为用户提供工作环境的大型软件。一般来讲，系统软件主要包括_____和_____。_____是专门为用户解决各种实际问题而编写的软件，比如QQ、WPS、微信等。对于常见的应用软件而言，对其进行_____操作之后，该程序才可以为我们服务，此操作不同于简单复制。当不需要的时候对其进行_____操作，从计算机上移除这一软件，而此操作不同于简单删除。

（三）文件管理

快速阅读课本27—32页，学会有条理地管理计算机文件，并完成如下问题。

1. _____是计算机中各种信息存放的形式，也是Windows中信息组织的基本单位。而为了便于管理，Windows操作系统提供了分类管理的工具叫_____。

2. 每个文件或文件夹都要有一个名字，称为文件名或文件夹名。文件的命名规则是：文件名由_____和_____（又叫类型名）两部分组成，两部分之间用"."隔开。主文件名中不可以包括：＿＿＿＿＿、＿＿＿＿＿、＿＿＿＿＿、＿＿＿＿＿、＿＿＿＿＿、＿＿＿＿＿、＿＿＿＿＿、＿＿＿＿＿和＿＿＿＿＿这9个英文符号，也不区分大小写。文件夹的命名规则同主文件名的规则相同。

3. ＿＿＿＿＿文件夹里不可存入同名文件或文件夹。文件及文件夹的管理主要包括＿＿＿＿＿、＿＿＿＿＿、＿＿＿＿＿、＿＿＿＿＿、＿＿＿＿＿等，复制和移动操作的主要区别是＿＿＿＿＿＿＿＿＿＿＿＿＿＿＿＿＿＿＿＿。

操作说明：

针对《信息技术》课的特点，我采用了"速读"和"速标"的方式让学生充分自学，深度思考。在这个环节，学生对计算机基础知识有了更全面更系统的认识，也通过问题填空对知识加以"验证和强化"，这为后面的实际操作打下坚实的基础。在读书和练习中，学生既巩固了知识，又发现了自己的知识短板，也为"小组互学"的互动交流做了充分的准备。

三、小组互学（5分钟）

1. 组内交流答案，讨论疑难点，并对重点做好笔记。

2. 针对计算机原理、软硬件、文件管理中的重难点进行讨论。

参考点：

（1）计算机参数配置。

（2）冯·诺依曼体系结构与实际设备的对应关系。

（3）文件管理中移动和复制的区别。

操作说明：

在"小组互学"环节，学生可以组内相互交流、提问、解疑，使原来了解的知识在反复解释中更加熟练，更加巩固，也使原来不明白的问题在互学讨论中得以解决。同时，学生动手操作，互相观摩，不仅形成操作能力，还获得自信心、满足感和协同作战的亲切感。教师也要巡视课堂，发现问题及时解决并做好记录。

四、教师助学（10分钟）

1. 归纳并总结计算机原理、软硬件、文件管理中的重难点。

2. 主要知识点：

（1）如何根据一个具体的硬件配置清单读懂相关的参数，并且通过这些参数来评判一台计算机的优劣。

（2）冯·诺依曼体系结构与实际机器的实例化对比及说明。

（3）文件和文件夹命名规则及正误判断。

操作说明：

在"教师助学"环节，教师要先对"自学深思"与"小组互学"中学生出现的问题进行点拨与解疑，再对焦点问题加以归纳与汇总，并结合实例升级为应用，有效助力学生把知识转化为解决实际问题的能力。

应该说，"教师助学"是对课堂的画龙点睛，是教师精讲课堂知识、归纳学习方法、拓展学生思维、培养学习能力的重要组成部分。

五、自主检测（5分钟）

1. 在计算机中所有信息的存放和处理都采用（　　）表示。

A. ASCII码　　　　B. 十六进制　　　　C. 二进制　　　　D. 十进制

2. 通常人们所说的一个完整的计算机系统主要包括（　　）。

A. 主机、键盘和显示器　　　　　　B. 计算机和外部设备

C. 硬件系统和软件系统　　　　　　D. 系统软件和应用软件

3. "冯·诺依曼结构"计算机的硬件系统是由运算器、（　　）、存储器、输入设备和输出设备五部分组成。

A. CPU　　　　　B. 内存　　　　　C. 光盘　　　　　D. 控制器

4. 按存储器在计算机中的地位分类，它可以分为（　　）和外存储器。

A. 软盘　　　　　B. 光盘　　　　　C. 硬盘　　　　　D. 内存

5. 在下列关于计算机存储设备说法中，不正确的是（　　）。

A. 内存是主存储器

B. RAM中的信息可以永久保存，不会消失

C. ROM中信息可以不依赖电源而存在

D. 内存储器可以分为ROM和RAM

6. 以下选项中不属于输入设备的是（　　）。

A. 显示器　　　　B. 摄像头　　　　C. 鼠标　　　　D. 扫描仪

7. 下列关于软件的说法正确的是（　　　）。

A. 软件的著作权受到法律保护

B. 复制软件不会损害他人利益

C. 禁止软件盗版会导致软件产品的缺乏

D. 软件可以任意复制

8. 某台计算机安装了以下软件："Win XP，Office 2003，Photoshop 8.0……"其中"Win XP"属于（　　　）。

A. 工具软件　　　B. 游戏软件　　　C. 系统软件　　　D. 应用软件

9. 张凯买了一台电脑，其配置为i5 2320/8GB/3TB/23英寸，其中代表输出设备的指标是（　　　）。

A. i5　2320　　　B. 8G　　　　C. 3TB　　　　D. 23英寸

10.《计算机软件保护条例》是保护软件的（　　　）。

A. 使用权　　　B. 发行权　　　C. 著作权　　　D. 复制权

11. 在计算机中，存储"济南"需要（　　　）个字节。

A. 1　　　　B. 2　　　　C. 4　　　　D. 8

12. 某计算机，配置为Intel core I3，4G，1T，21英寸，其中"T"表示（　　　）。

A. 吉字节　　　B. 太字节　　　C. 兆字节　　　D. 千字节

操作说明：

掌握知识的目的是解决实际问题，而检验掌握水平的最直接标准就是看问题是否得到有效解决。在本节课的最后阶段，我精心挑选了12个重点题目对学生的学习情况进行检测，以此了解他们对知识的掌握水平及学习中的疑问和困惑。多数同学能很顺畅地完成上述题目，能够为后边的学习打下坚实的基础。

【教后反思】

这节课，我从生活实践出发开门见山地导入新课，接着再用几个引起学生共鸣的问题激发学生的学习兴趣，为课堂的成功展开做好铺垫。在

"自学深思"环节,我采用了"速读"和"速标"的方式让学生逐步熟悉计算机基础知识,又通过"验证和强化"使学生巩固了知识,发现了自己学习的不足。"小组互学"时,学生情绪高涨,他们多向交流,质疑解疑,动手操作,相互观摩,既巩固了知识又形成了能力,很有成就感。在"教师助学"环节,我对焦点问题加以归纳与汇总,并结合实例升级为应用,有效助力学生把知识转化为解决实际问题的能力。最后通过"自主检测"评估本节课的实际效果和课堂意义。

本节课,课堂五个环节清晰流畅,较好地完成了学习目标,收到了令人满意的课堂效果。当然,在"自学深思"环节有的同学阅读速度慢,不能按时完成学习任务;在"小组互学"环节有些同学不能积极地说出学习中的困惑与不足,互学时有走神现象。另外,自己的课堂语言还应再提炼,把控课堂的能力也应再提升。在今后的教学中,我还要继续努力,全面提高自己的专业能力和助学水平。

(主备教师:张兴卫)

第五章

"五步助学法"实施保障

　　商河县清华园学校的"五步助学法"课堂教学改革自2019年春季开始，已经进行了三个学期，由最初的一个年级实验到第二学期的三个年级联动发展，再到现在的全校推广。可谓平平而起，渐入佳境，一路走来，收获颇丰。现在的课堂规范高效，学生学习积极主动，学习能力逐步增强；教师助学有章可循，专业素养迅速提高；学校管理渐趋人性化和科学化，教育教学成绩大幅提升。

　　不可否认，"五步助学法"课堂教学改革能在短期内取得丰硕成果，在很大程度上得益于充分的备课准备、科学的课堂评价、严格的课堂规范、实用的助学保障等助学措施的有效使用。这些助学措施在学校教育教学管理中早已落地生根，成为常态，也都为深入推进课堂教学改革起到了很好的保驾护航作用。

一、充分的备课准备

　　老艺术家都明白"台上一分钟，台下十年功"的真谛，那瞬间的精彩绽放一定是长时间磨砺的结晶。而一堂好课的背后也一定有艰辛的备课准备过程，这个过程甚至是用一生的时间和精力来完成的。

　　当有人问苏霍姆林斯基"你用了多少时间来备这节课？"时，他淡淡地说："对这节课，我准备了一辈子。而且，总的来说，对每一节课，我都是用终生时间来备课的。"这段话带给我们感动的同时，也带给我们深深的思考和启迪：教育是一种情怀，备课是一种修炼，用一生来备课就是用一生的修养来完善自己！

要想做一个学生喜欢的教师，上一堂精彩而独具风格的好课，有时需要长久的探索甚至是终生的研究。它要求教师在教学实践中不断积累和思考，不断丰富自己的阅历和学识，不断提升自己的教学素养和人格修养。特别是初涉教坛的年轻教师，要想快速成长，上好每一堂课，首先要在备课上下足功夫。

为此，在"五步助学法"课堂教学改革中，我们狠抓个人备课和集体备课，严格落实备课制度，认真规范"三备两研"备课流程，精心编制"助学提纲""助学训练""助学课件"，均取得了预期的备课效果。

（一）"三备两研"的贯彻实施

课堂教学改革之初，多数教师并不熟悉备课的基本流程，他们也没有时间潜下心来深入备课（语文、数学、英语教师每天要上七八节课，班主任还有多而繁杂的班级事务缠身），只好抄现成教案应付检查，上课人云亦云地漫灌一气。以前的所谓"大教研"两周一次，全体教师集中进行，也只是重形式，走过场，领导心理安慰，教师内心枉然，毫无实际效果。鉴于这种情况，我提出"三备两研"的备课思路，并与老师们进行了深入交流。

第一，集体备课对教师成长和学校发展具有重要意义。

1. 集体备课可以有效提高教师的教育教学水平。刚入职的教师虽然已经掌握了不少先进教育理念，但是他们缺少将新理念与实践有机结合的操作能力与机智。他们只有通过彼此思想火花的碰撞、集体智慧的分享、精华糟粕的取舍才能加深对教材的理解和认识，才能拓展教学的方法与思路，才能进一步归纳、提升和再创造自己的教学设计。作为一名年轻教师，也只有不断提高自己的备课水平，优化自己的教学行为，才能获得专业成长，才能提高自己的教育教学水平。

2. 集体备课可以促进教师的专业发展。教师的素质历练、业务钻研、合作研讨、教法改进、自我反思等过程都是教师专业发展不可或缺的必要环节。这个过程离不开集体的协作和交流，而集体备课的长期坚持，恰恰可以使教师在教学认知和教学行为方面向更科学和更合理的方向转化，并不断更新和优化自己的教学工作。应该说，集体备课是促进教师专业发展最有效的途径之一。

3. 集体备课可以分享与积累课程资源。每个教师在备课前，往往依据课程标准做一些前期准备，有针对性地搜集一些相关教学资源，如典型案例、课堂设计、课件和教辅资料等。集体备课就为教师提供了展示与交流这些资源的平台，参与者通过广泛地分享交流，互通有无，有选择地处理资源信息，并把有用的课程资源归纳充实到自己的教学实践中去。集体备课不仅使每位教师共享了教学资源，还可以使每位教师积累和丰富了课程资源。

4. 集体备课可以发扬团队的协作精神。团队与合作是集体备课的两大组织特征，集体备课往往以备课组的形式呈现，集体备课的成败往往取决于备课组成员间的合作关系与协作精神。正确组织好集体备课，发挥它的积极作用，不仅可以完善课堂教学，还可以让教师在集体备课的参与、分享和汲取中，不断完善自我，团结协作，进一步凝聚团队的集体力量。

5. 集体备课可以营造浓厚的教研氛围。学校的教研工作离不开对课堂教学的研究，集体备课实际上就是一种如何完善课堂教学的"行动研究"，它所解决的是教学中最直接、最实际和最有效的问题。集体备课中，一些大家感兴趣的课题，由于集体智慧的交流而得到认识上的结晶，这种认识能更好地指导教学实践。集体备课把教学理论和教学实践有机结合起来，并不断丰富和积累教学的实践经验。同时，集体参与备课的行动研究与反思，潜移默化地营造了深厚的学校教育科学研究的氛围。

第二，有价值的集体备课一定是小处着眼、踏实进行、逐步积累的过程。

1. 要明确一个目标。各学科的学习目标必须以本学科的课程标准为依据来确定，要符合教材内容要求和学生实际学习能力。小目标要服从大目标，课时目标要服从单元目标。

2. 要提出一些问题。集体备课时提出的问题要具体实际，如创设什么样的情境导入新课，如何设计某个教学环节，怎样优化课堂练习等。问题越具体，解决问题的方法和策略就越有针对性。

3. 要研究一些策略。集体备课要在广泛讨论问题的基础上，有针对性地解决问题，形成共识，概括出最优的教学策略，由理论转化为实践。

4. 要分享一些资源。集体备课中教师的一个点子、一个经验、一个教训、一个案例、一个设计等都是可供大家借鉴的备课资源，将它们选择性地充实到自己的教学设计中，能够完善自己的课堂教学。

5. 要完善备课成果。有效的集体备课过程应该由备课前的构思准备、备课中的深入研讨和备课后的充实完善三个环节组成。备课前的准备是为了有的放矢，备课中的研讨交流是为了达成共识，备课后的充实完善是教师分享集体教育智慧、吸纳营养并对自己的教学设计进行再创造和再提升的过程。

第三，有效坚持集体备课，一定要严格规范"三备两研"（个人初次备课、集体线上教研、个人二次备课、集体二次教研、个人三次备课）的备课流程。

第一步：一备

学期初，由教研组集体讨论确定本册教材各章节的主备任务。每一章每一节选定一位主备教师，由主备教师基于个人的教学经验进行第一次备课，并认真编写"助学提纲""助学训练""助学课件"。

第二步：线上一研

主备教师在上课前五天将编写的"助学提纲""助学训练""助学课件"发到备课组群，由备课组的其他教师根据本班学情和自己对教材的理解模拟答题，认真审阅，并提出修改建议。

第三步：二备

主备教师汇集线上教研成果，对"助学提纲""助学训练""助学课件"进行修改和完善，自己试讲改进后将打印稿发给每位教师。

第四步：线下二研

在上课前三天，备课组长组织本组教师面对面进行集体教研，对"助学提纲"和"助学训练"的打印稿及"助学课件"的电子稿进行第二次审阅。审阅时要做到三看：一看资料的格式是否规范；二看学习目标的表述是否体现学生自主学习精神，助学环节是否符合学生实际学习水平，助学指导是否符合新课标对本节课的要求；三看练习题目是否难易适度，是否适合不同层次学生取舍选用。

第五步：三备

集体教研后，由主备教师集思广益，汇集整理，将"助学提纲"和"助学训练"的定稿打印出来，上课前一天把这些资料分发到每位任课教师手中。各任课教师再熟悉教材，并根据本班学情进行自主备课，最终完成备课准备。

第四，搞好集体备课要明确"三备两研"的具体要求。

1. 主备教师备课时要做到两吃透。一要吃透教材，包括学习内容，课程标准对本节课的目标要求，学习的重点难点，练习题的编排等。二要吃透学情，要明确学生的学习能力和实际学习水平，力争达到七分备学生的最佳效果。

2. 主备教师备课时要掌握丰富的第一手资料。具体而言，备课教师要先查阅5份以上的备课资料，然后对这些资料进行鉴别印证，在此基础上选出相关内容进行组合排序并编成初稿，避免偏颇。

3. 所有教师在集体备课时都要做好充分的准备。对题目的增删，练习与测试的批改、记分、讲评、补救措施，资料使用的检查办法等要有明确建议。力争做到每人必建议，人人要发言。

4. 集体备课约束性要求也要明确。语文、数学、英语等科目每天集体备课一次，物理、化学、政治、历史、地理、生物等科目要做到堂堂"三备两研"。学期初做好教研计划，集体备课时由主备人写好集体备课记录。参加集体备课不迟到，不早退，不做与集体教研无关的事情，避免心不在焉，影响备课效果。

5. 集体备课要规范流程，形成习惯。很快，所有教师在个人备课、线上集体教研、二次个人备课、二次集体教研、三次个人备课的循环往复中坚持下来，形成了习惯。他们在"三备两研"中切实品尝到成长的快乐、课堂的幸福、教师的尊严。

（二）助学提纲编制基本要求

"助学提纲"是"五步助学法"课堂最重要的助学支撑，是课堂上实现以教为主转变为以学为主的重要载体，是上课时学生深入研读课本、攀登知识高峰的路径图。因此，努力提高"助学提纲"的编写水平，使其更具有科学性和艺术性，是摆在全体教师面前的重要任务，也是课堂教学改革取得成功的重要保障。

一份"助学提纲"的完成一般要经过五道工序：一是主备教师在熟悉教材、熟悉学情的基础上查阅5份以上的资料，精选题目，科学排序，编成初稿，并将电子版发到备课组群。二是备课组的全体教师对这份"助学提纲"初稿进行网上审阅，提出修改意见，主备教师进行第一遍修改。三是备课组集体教研，主备教师把"助学提纲"的修改稿打印出来发给每位教师，大家集中审阅时重点看"题目难易是否适度，题目呈现顺序是否合理，题目助力学习是否有效，格式是否规范"等方面的问题，提出修改意见后由主备教师完成第二遍修改。四是主备教师集思广益，汇总修改意见后进一步完善"助学提纲"并最终定稿。五是主备教师负责打印"助学提纲"并在上课前一天分发到各任课教师手中。

为了保证"助学提纲"的制作质量，我们从编制原则、内容选择、格式版面等方面都做了清晰而具体的要求。

第一，原则要求

1. 分层设计原则。"助学提纲"设计要遵循由浅入深、由表及里的认知规律，能够引导学生循序渐进地完成学习任务。

2. 铺路搭桥原则。在学生学习有难度和跨度大的地方，通过回忆旧知、设置引导问题或使用引导语言等，降低学生学习难度。

3. 总结归纳原则。在解决相关问题或例题后，通过适当点拨，引导学生对所学知识提炼规律或归纳结论。

4. 提纲挈领原则。"助学提纲"编写要简明扼要，提纲挈领，忌习题化或宝典式，每节课的"助学提纲" 一般以4页（32开）为宜，要留足学生记笔记的空间。

第二，内容要求

"助学提纲"一般包括学习目标、重点难点、助学环节、学后反思四个部分。

1. 学习目标

学习目标是指学生本节课学习所能达到的目标，必须是具体的、明确的、可测评的。学习目标的主体是学生，应使用行为动词表述。

2. 重点难点

根据课程分析和学情分析确定本节课的学习重点和难点，学习重点与难点一般要求分开书写。

3. 助学环节

这是"助学提纲"的主体部分，助学环节中的路径设计可以很好地引领学生把握教材文本，完成本节课的学习任务，达成本节课的学习目标。助学环节从形式上分为"激情导入、自学深思、小组互学、教师助学、自主检测"五大模块，每个模块都有明确而具体的内容要求。

（1）"激情导入"要通过简明扼要的形式引导学生集中注意力，快速进入学习状态。"激情导入"一般分为"导入"和"导学"两个层次，力求突出实用、简洁、激趣、高效的特点。

（2）"自学深思"包括"自学"和"深思"两个层次，相辅相成，浑然一体，是学思结合的具体体现。它由学生独立完成，大约进行15分钟（随着学生自学能力的增强，后来又延长到18分钟，几乎占到课堂的一半）。这一环节要求学生在研读课本及相关材料的基础上，通过识记、分析、计算、推理和归纳等多种方式夯实基础知识，总结学习规律，提炼学习方法，得出学习结论。对每个知识点的学习，要先设计载体部分，再设计引导学生总结规律方法和得出结论的部分。在总结归纳的过程中，如果遇到学生有思考难度的内容，要采用情境设置、对比分析、问题启发等形式切中思维障碍，也要使用简明易懂、表述清晰的语言降低学习难度。

（3）"小组互学"是"自学深思"的延续和提升，一般包括分享交流和质疑讨论两部分内容。分享交流的内容主要是"自学深思"的有关题目，学生要依次有序（一般四人一小组，学习能力按强、中、差均衡分布，先学习能力差的同学进行，后学习能力强的同学进行）展示学习成果，提出自己的疑问，解答别人的问题。质疑讨论的主问题一般是本节课的重点难点，既紧扣学习目标，又契合本班学情，还要有讨论的多维价值。

（4）"教师助学"是一个双向交流过程，在这个过程中，学生的任务是根据"自学深思"和"小组互学"的情况，代表小组或个人进行口头表述或在黑板上板演，从而展示学习成果；教师的任务是先从自学、合作、参与度等方面对小组合作学习情况给予评价激励，进而点评精讲学生在展示中暴露出来的问题和本节课的主问题。一般而言，"教师助学"环节设计的主问题既要起到统摄课堂学习的作用，又要有利于教师讲清规律和方法，理清线索和框架，还应有一定难度，能有效助力程度好的同学拓展思维，提升能力。

（5）"自主检测"一般设计一组巩固课堂知识的变式训练题，既可以是口头练习检测，也可以是书面练习检测。它的设计要依据不同学科、不同学习主体、不同学习内容灵活掌握，时间一般控制在3—5分钟。这一环节既是学生对课堂所学内容进行的反思总结、反刍内化和自我评价，也是教师对学生课堂所学效果进行的检查和验收。它是通过以测促学和以测固学的形式，真正实现课堂高效的必要环节。

4. 学后反思

学后反思是"助学提纲"最后的留白，意在提示学生下课后迅速记下课堂学习中最大的收获、最深的思考和最无法忘记的触动。学后反思的内容不在多少，但要做到真实有效，真切感人，真诚触动。

第三，格式要求

1.页眉页脚

"助学提纲"左上角是商河县清华园学校的logo，在logo的右边是"***年级上册/下册（学科）助学提纲"的字样，紧跟着是本章节的编号（第一课第一课时为编号01，依次后排），字体为"楷体GB2312"，字号均为五号。

在页脚部分正中央位置放一些名人名言的句子，汉字为五号"楷体GB2312"。

2.标题

标题格式为"课题名称（第一课时/第二课时）"三号宋体加粗且居中对齐，课题和课时中间有一个空格。

标题下面为：

"主备人：＿＿＿＿ 备课时间：＿＿＿＿ 第＿＿课时 共＿＿课时

班　级：＿＿＿＿ 姓　名：＿＿＿＿ 上课日期：＿＿＿＿"

五号宋体且居中对齐。

3.正文

正文部分均用小四号宋体，1.5倍行距。

正文四个部分标题都用"【 】"标注，助学环节的五个层次标题用"一、二、三、四、五"分开，都加粗。

正文首行缩进2字符。

第四，版面要求

1.纸张设置为B4，横向，分为两栏。

2.页边距：上、下、左、右均为2.5 cm。

3.页眉页脚：汉字为"楷体GB2312"，数字和字母为"Times New Roman"，字号均为五号。

页眉距边界1.5 cm，页脚距边界1.8 cm。

（三）助学训练编制基本要求

"助学训练"是"五步助学法"三大助学支撑之一，它包括"夯实基础、活用知识、提升能力"三个层次的练习题。这三个层次的题目由易到难，层层递进，能够循序渐进地助力学生巩固知识、提升能力、形成习惯。

"助学训练"和"助学提纲"一样也要经过五道工序，由本学科组所有教师精心选题，认真编辑而成。

第一，原则要求

1. 科学性原则。"助学训练"的题目要有信度，练习结果不受偶然因素影响，能真实客观地反映学生的实际学习水平。

2. 目的性原则。"助学训练"的题目目的性要强，既体现课程标准和中高考的要求，又符合学生和教材的实际情况，还要明确学生通过练习巩固哪些知识、掌握哪些规律、训练哪些能力、达到怎样的效果等问题。

3. 适度性原则。"助学训练"的题目难度要适中，要符合学生的知识能力水平。因为初中学业水平考试全卷得分率一般在0.8左右，选拔性考试全卷得分率在0.7左右，竞赛试卷得分率在0.3—0.5之间，所以"助学训练"的题目得分率一般控制在0.6—0.9之间。

"助学训练"的题量要适中，数学、英语学科一般以4—6页（32开）为宜，语文学科（现代文阅读字数较多）一般控制在6—8页。

4. 典型性原则。"助学训练"的题目要典型，既不偏不怪，又要使学生在练习中获得成就感和自信心。

5. 拓展性原则。"助学训练"的题目可以进行多种形式的塑造，这种塑造可以是解题方法上的一题多解，也可以是题目本身的一题多变。

第二，内容要求

"助学训练"由夯实基础、活用知识、提升能力三组练习题构成，总分值100分（各组分值一般设定为40分、30分、30分），答题时间是40分钟。

1. 夯实基础

本组练习题意在帮助学生熟练掌握基础知识，如语文学科的字音、字形、成语、病句等，数学学科的基础运算、定理公式等，英语学科的单词、句型等都是题目设计的重点内容。

2. 活用知识

本组练习题主要是帮助学生锻炼学以致用的能力，要突出知识运用的灵活性。当课堂内容涉及的知识点较多、选用的试题较多的时候，一般会选取最重要和最典型的题目放在"助学提纲"中，剩下的相关题目则编选在"助学训练"的这一部分。

3. 提升能力

提升能力部分的内容是知识的拓展与运用，是帮助学生实现举一反三、触类旁通能力要求的一组练习题。这部分题目有一定难度，极少数题目难度甚者达到0.5或0.6，学生可以根据自己的学习能力自助餐式选用。

第三，格式要求

1. 页眉页脚

"助学训练"左上角是商河县清华园学校的logo，在logo的右边是"**年级上册/下册（学科）助学训练"的字样，紧跟着是本课的编号（第一课第一课时为编号01，依次后排），字号均为五号。

在页脚部分正中央位置放一些名人名言的句子，汉字为五号"楷体GB2312"。

2. 标题

标题格式为"课题名称（第一课时/第二课时）"三号宋体加粗且居中对齐，课题和课时中间有一个空格。

标题下面为：

"主备人：＿＿＿＿　备课时间：＿＿＿＿　第＿＿课时　共＿＿课时
班　级：＿＿＿＿　姓　名：＿＿＿＿　上课日期：＿＿＿＿"
五号宋体且居中对齐。

3. 正文

正文部分均用小四号宋体，1.5倍行距。

正文三个部分标题分别用"一、二、三"分开，都加粗。

正文首行缩进2字符。

第四，版面要求

1. 纸张设置为B4，横向，分为两栏。

2. 页边距：上、下、左、右均为2.5 cm。

3. 页眉页脚：汉字为"楷体GB2312"，数字和字母为"Times New Roman"，字号均为五号。

页眉距边界1.5 cm，页脚距边界1.8 cm。

第五，改进方案

1. "助学训练"的三个模块是固定的，但是每个模块里的题型及题目数量却是不固定的，可以依据学科特点在每个模块内固定几大题型。如语文学科在"夯实基础"模块固定加入古诗默写题目，专门考查本册书中的古诗默写；在"活用知识"模块内，第一题设置名著知识简答题，第二题设置综合性学习，第三题设置课内拓展题等。

2. 目前，每份"助学训练"的题量已经达到训练要求，题目的设置还应与学业水平考试统一，题目难度及答案标准也应与学业水平考试要求一致。要删掉不符合学业水平考试标准的题型，也要删掉偏题、怪题以及超纲题。

3. "助学训练"中基础知识题目的考查不仅局限于课内知识，还要适当拓展课外知识，考查的知识点要细致，重点难点要突出。

4. "提升能力"模块试题要有难度较大的试题供学习能力强的学生选择，语文和英语学科还要增加"小练笔"题目，要通过片段练习切实提高学生的写作能力。

（四）助学课件编制基本要求

"助学课件"是在新授课上配合"助学提纲"使用的辅助教学手段。它既能使课堂学习化难为易，化繁为简，变苦为乐，也能转变学习观念，激发学习兴趣，提高学习效率。它和"助学提纲""助学训练"一样，由主备教师和备课组全体教师在"三备两研"的基础上，经过精选、审阅、修改、成稿等工序精心制作而成。

第一，原则要求

1. 教学性原则

"助学课件"应用的目的是优化课堂结构，提高课堂效率。它的使用既有助于教师的教，又有利于学生的学。所以，课件内容要选取常规方法无法演示、不易演示或演示不清的内容；要选取教学重点难点问题或用常规手段不能有效解决的问题；要选取通过提供与教学相关的媒体信息，能创造良好学习情景、扩大学生知识面和信息源的内容。

2. 操作性原则

课件的操作要尽量简便、灵活、可靠，便于教师和学生控制。在课件的操作界面上设置寓意明确的菜单、按钮和图标，尽量避免复杂的键盘操作和层次太多的交互操作。还要设置好各部分内容之间的转移控制，可以很方便地前翻、后翻、跳跃。以学生课堂练习为主的课件要对训练的输入做即时应答并允许学生自由选择训练次数和训练难度，演示课件最好可以根据现场教学情况改变演示进程。

3. 科学性原则

科学性的基本要求是不出现知识性错误，课件中显示的文字、符号、公式、图表、概念、规律的表述力求准确无误，语言配音要准确，演示模拟原理要正确。

4. 简约性原则

课件所展示的画面应符合学生的视觉心理，画面布局要突出重点，同一画面对象不宜过多，尽量避免无益信息对学生的干扰。注意动物与静物、前景与背景的色彩对比，线条粗细和字符大小能保证学生充分感知对象。尽量减少文字数量，过多的文字阅读不但容易使人疲劳，而且干扰学生的感知。

5. 艺术性原则

优质的课件既要有准确无误、科学简约的内容，又要有令人赏心悦目、美感十足的形式，是内容与形式的有机统一。它展示的对象要结构匀称，色彩柔和，搭配合理，审美性强。艺术化的课件展示不仅能激发学生的学习兴趣，还能取得良好的学习效果。

6.适度性原则

适度性原则是指在教学中有效组织信息资源，合理提供适度的信息量，防止满堂课被课件牵着鼻子走的情况出现。适度的课件使用不仅有效扩大教学视野，还能为教师自主教学留足空间，也能为学生有选择、有创意的信息整合提供充分的可能性。

第二，内容要求

"助学课件"的内容与"助学提纲"密切关联，包括学习目标和重点难点的呈现，助学环节有关题目的答案与解析，与课堂学习密切相关的知识补充等。

1."助学课件"呈现的学习目标与"助学提纲"中的学习目标一致，每节课确定2—3个学习目标。学习目标的主体是学生，应使用行为动词表述，必须是具体的、明确的、可测评的。在课件中，学习目标的重点内容要标红。

2.重点难点根据学习目标设置，重点部分要标红。

3.助学环节

（1）"激情导入"一般以语言导入为主，也可以根据课题需要采用较活泼的导入方式。如在课件中插入契合学生的求知欲和好奇心的图片、视频、音频等，既有效激发学习兴趣，又充分调动学习积极性。

（2）"自学深思"一般由知识链接和对应课文内容的习题构成。知识链接部分呈现与本节课学习内容相关的知识，重点内容用红色字体标记，力求醒目突出。习题部分包含试题答案与解析，有些学科还创造性地设置了"选择作答"试题供学生自由选取、自主辨析，设置了"我要质疑"模块为学生独立思考和大胆质疑提供舞台。

（3）"小组互学"包含交流质疑和主问题讨论两个部分。课件首先呈现交流质疑问题的提示指导，然后呈现需要组内讨论解决的主问题。课件出示小组互学有关题目的答案与解析时，要求问题与答案分页，答案中的关键词句要标红。

（4）"教师助学"也包含两个部分：第一部分师生互动，教师点拨答疑，解决"自学深思"和"小组互学"中的问题。第二部分是教师对摘自"助学提纲"中的题目进行讲解辨析，课件中出示此问题的答案与解析，要求问题与答案分页，重点语句要标红。

（5）"自主检测"由摘自"助学提纲"的题目组成，这些题目具有基础性和代表性，要求学生在规定时间内完成。课件中分页出示题目、答案与解析，重点语句要标红。

第三，格式要求

1. 模板使用要低调简洁，一般使用白底（黑字、红字或蓝字）、蓝底（白字或黄字）和黑底（白字或黄字）三种配色方法，既统一和谐又能保证幻灯片的质量。

2. 文字不要太多，图表优于文字。字体大小最好选PowerPoint默认的，标题用44或40号，正文用32号，一般不要小于20号。标题推荐黑体，正文推荐宋体。

3. 正文的文字排列，一般不超过7行，每行字数在20—25个之间。行与行之间要有1.5倍的间距，标题之间的间隔（段间距）要大于行间距。

4. 图片在课件里的位置最好统一，全部课件里的版式部署不要超过3种。图片最好同格局，图片的外周可以加上暗影或外框，这样既显得很精致，也体现做学问的严谨态度，会有意想不到的使用效果。

二、科学的课堂评价

在课堂教学改革中，科学合理的课堂评价是广大教师改进教学行为、提升教学水平的重要依据，具有明确的导向作用，关系到课堂教学改革的方向和成败。因此，我们在"五步助学法"课堂教学改革中，制定了明确的课堂评价标准，确立了清晰的课堂评价原则，采用了丰富的课堂评价方法，推行了合理的课堂评价制度，使用了落地的课堂评价细则。

（一）明确的课堂评价标准

一般而言，课堂评价标准主要涵盖指导思想、目标内容、学习过程、学法指导、学习效果、教学基本功等几个方面，这些方面有明确规范，恰当合理的要求是促进课堂评价科学化的重要保证。

第一，教学指导思想要符合新课程的理念。一节课是以学生自主学习为主还是以教师讲授灌输为主，是以锻炼学生思维和发展学生能力为主还是以单纯传授知识为主，是既教书又育人的教学还是只教书不育人的教学，是课内外结合的开放式教学还是只局限于课堂的封闭性教学。这些都是指导思想是否符合新课程理念的重要参照。

第二，教学目标和教学内容既要符合新课程理念，又要符合学生的实际学习水平。课程标准明确指出，教学目标的确定要全面、具体、适当。全面指要从知识、能力、情感态度价值观三个方面来确定教学目标；具体指知识目标要有量化要求，能力目标和思想情感目标要体现学科特点；适当指确定的教学目标能体现学段、年级、单元的教材特点，符合学生年龄实际和认识规律，难易适度。从教学内容来看，传授的知识要科学准确，教师教材处理和教法选择要从学生实际学习水平出发，突出重点，突破难点，抓住关键。

第三，组织学习过程要科学合理。新课程改革倡导的自主式、合作式、探究式等学习方式都是"五步助学法"课堂评价的重要依据。"激情导入、自学深思、小组互学、教师助学、自主检测"等教学环节都是根据学生思维发展和课堂生成的基本规律设计而成的，已经为广大教师的课堂设计和课堂结构做了一般性规范。课堂上，教师应将学生视为学习的主体，要在学生充分自学深思的基础上进行启迪与引导，助力与呵护。教师运用多媒体教学手段要适时适当，绝不可喧宾夺主，冲淡学生自主学习的良好氛围。

第四，学法指导要丰富灵活。学习活动的复杂性决定了学习方法的多样性，在学法指导上，"五步助学法"课堂追求教学有法，学无定法，贵在得法。学习方法的选择要量体裁衣，灵活运用，适合本班学生实际学习能力。所以，课堂评价既要看教师是否恰当地指导学生学习方法，还要看教师学法指导是否具有多样性和丰富性，是否具有创新性和灵活性。

第五，学习效果要明显突出。教学的本质是学习活动，其根本目的在于促进学生的发展。因此，学生学习活动的结果是评价课堂教学好与坏、优与劣、成与败的关键要素。学生在学习过程中，如果思维得到有效锻炼和提升，学习兴趣得到充分激发和持续，学习水平得到切实发展与提高，则可以认为是一堂很好的课。

当然，真正高效的课堂一般具备以下四个方面的特点：一是学习效率高，学生思维活跃，课堂气氛热烈。二是学生受益面大，不同程度的学生在原有基础上都有进步，知识和能力目标有效达成。三是有效利用课堂（40或45分钟）时间，学生负担合理，既紧张愉快又积极主动，当堂问题当堂解决。四是切实关注学生的发展状况，重视学生情感、态度、价值观的形成。

第六，教学基本功要扎实。虽然单纯以教师讲得是否精彩来评价课堂优劣的做法并不恰当，但是扎实的教学基本功的确是教师上好课的重要方面，它一般包括板书、板画、语言、教态、实验操作技能和现代化教学手段的运用等。

（二）清晰的课堂评价原则

在具体教学行为中，教师上完一堂课要进行自我评价，听完一堂课要对课堂进行评价，常态课展示后，还要有集体的评课。一般而言，有效的评课应当坚持四个方面的评价原则。

第一，注重尊重和发现，避免追求完美。正常的课堂永远充满着遗憾，评课时一定要改变必须先挑毛病的做法，也要改变笼而统之、大而无当地说一些不痛不痒套话的做法。在日常听评课中，我提倡老师们把发现课堂教学的闪光点放在第一位，真诚地欣赏他人的课堂教学，尊重教师实施教学的自主性。老师们在寻找课堂的闪光点、精彩处，启迪性加以肯定的同时也要对标自己的课堂进行消化吸收。

第二，注重坦率诚恳，避免遮掩浮夸。我要求老师们评课一定要实事求是，不能含含糊糊，一定要把优点谈足，把缺点说透。这样既能合情合理地满足他人受赞誉的要求，又能抓准不足之处让被评者心悦诚服。

第三，注重以事论理，避免空谈理论。我建议老师们评课时要以现代教育理论为依据，结合课堂教学的实际情况切中肯綮地去评价，要说清楚好，好在何处，弱，弱在哪里。要有理有据，有的放矢。

第四，注重差异对待，避免强求统一。被评教师情况不同，课堂的要求和评课的侧重点也有所区别，对于骨干教师的优质课，要突出一个"严"字，倡导一个"学"字；对于正在成长中的教师的研讨课，要突出一个"研"字，倡导一个"争"字；对于刚刚走上工作岗位的青年教师，要突出一个"引"字，倡导一个"实"字。这样实事求是地评课，既兼顾了所有教师的实际情况，也有效促进了每位教师的专业成长。

（三）丰富的课堂评价方法

随着"巡课式听课"的推广，听评课指导的深入，我们在实践中进一步总结出十种评课方法。这十种方法，从评课的覆盖面来划分，包括全面性评课和片段性评课；从评课的侧重点来划分，包括研究性评课、针对性评课、延伸性评课和追踪式评课；从评课的功能来划分，包括诊断性评课和激励性评课；从参与评课的主体来划分，包括反思性评课和互动式评课。

当然，评课时既可以采用一种评课方法，也可以采用几种评课方法综合进行。每位教师都可以根据听课的目的要求、被听对象的实际情况、听课的方式方法等的不同，灵活采用适当的评课方法去评课。

（四）合理的课堂评价制度

课堂教学的好与坏，优与劣，成功与否，关键要看学习效果。学习效果既是衡量课堂教学最重要的标准，也是制定评课制度最重要的依据。只有制定出科学、规范、合理、实用的评课制度，才能更有效地进行课堂评价。商河县清华园学校的评课制度就充分体现了重视效果、简洁实用的评课要求，也有效保障了听评课工作的深入进行。

第一，评效果。效果是评课的第一标准，效果好就是好课。效果好的标志是学生积极高效地学习，能够顺利完成学习任务，全面实现学习目标，有效培养学习能力，助力养成学习习惯。

1. 知识方面

（1）终结性效果，即当堂实现学习目标，下课前学生该理解的都理解了，该记忆的都熟记了，该正确运用的都能举一反三、触类旁通了。

（2）阶段性效果（每一个学习环节的效果），如"自学深思"的效果是积极专注，快速有效，准确感知，深度理解；"小组互学"的效果是积极热烈，多向交流，相互激发，深度质疑；"教师助学"的效果是简明扼要，深入浅出，针对性强，启迪唤醒；"自主检测"（练习、提问）的效果是回答准确，更正及时，巩固知识，提升能力；自习课的效果是学生独立、快速、准确地完成"助学训练"。

2. 情感、态度、价值观方面

学生学习积极性高，学习态度端正，既能迅速明确学习目标，按照自学指导高效地读书练习（检测），又能积极高效地讨论交流，专心致志地听老师评点，独立快速地完成课堂作业。

第二，做分析。根据学生学的效果，分析形成的原因，评价教师的启迪水平。

1. 揭示的学习目标准确（不偏不怪，不随意拔高或降低），表述简明具体，让学生一目了然。

2. 自学指导（内容、方法、时间、要求）恰当，有利于学生学习及思考。

3. 充分调动学生的学习积极性，最大限度地发现并解决学生自学后存在的疑难问题。

（五）落地的课堂评价细则

课堂评价是否有效还要看评价细则能否从实践中来，到实践中去；能否符合课堂实际，落地生根，灵活实用。当然，听课方式不同，评课形式和评课要求也有很大区别。

第一，个别交换意见要灵活。校长、年级主任、备课组长听教师的随堂课，师徒相互听课，新老教师相互听课等常用个别交换意见的形式。这种评课范围小，受众面窄，是一种经常性、快捷性、容易被接受的评课方式，可以点到为止、不拘形式、灵活处理。

这时的评课时间要灵活，该长则长，该短则短。特别是"巡课式听课"推广之后，所有教师的课堂都是开放的，既对校内教师、领导开放，也对其他学校的教师、领导开放，还对学生家长开放。如此一来，几乎每位教师的每节课都是展示课，各年级每天都有听课评课，所以评课的时间不宜过长，时间安排也较为灵活（可以是课间，也可以在自习课上）。评课时不讲俗套，不拘形式，一针见血，能够高效地解决一两个实质性问题就达到目的。

第二，公开评课要深入。赛课、公开课、常态课展示等形式的评课范围大，受益面广，有时一人评课几十人乃至几百人去听。这时，高水平的评课既能使大家统一认识，也能纠正倾向性的问题。评课时如果走过场，敷衍了事，隔靴搔痒，就有很大的副作用或反作用。因此，公开课评课既要认真对待，深入点评，又要专业性强，高屋建瓴。同时还要注意以下两点：

1. 评课人员要广泛，力争人人评课。上课的教师要自评，听课的学生要品评，其他教师要相互评，领导专家要重点评。

2. 评课顺序要合理，一般先让年轻教师评，再让有经验的骨干教师评，最后领导专家总评。这样，整个评课过程就是逐步发现问题和深入解决问题的过程。领导专家最后的总评既要针对上课情况，也要关注评课情况，要指出并解决最突出最核心的问题。

第三，评课的策略要实用。不管是个别听评课还是公开听评课，都要实事求是，不拘形式，讲求实效，落地生根。具体做法是：

1. 简化评课形式。注重评课效果，就不能过度看重评课形式。那种利用详细的评课表，对照指标体系一项一项打分等烦琐复杂的方式比较浪费时间，一般不提倡。

2. 作出正确分析。评价课堂效果，不仅要看学生的精神面貌和学习状态，还要分析学生的精神面貌和学习状态形成的原因，要弄清楚学习效果好与不好的内在因素。

3. 找出实质问题。评课的目的就是要改进课堂教学，提高课堂教学的有效性。所以，评课时只有对一两个突出问题重点分析到位，才能引起被评教师的高度重视，才有助于被评教师改进自己的课堂行为。

4. 研究解决问题的办法。评课不仅要指出问题，还要分析问题和解决问题。也只有针对问题拿出解决办法，才能切实提高教师上课水平，才能有效促进课堂教学改革的深入。

实践证明，以学习效果作为衡量课堂好坏的最重要标准，作为评价课堂优劣的最重要依据，是非常有效的。

现在，商河县清华园学校已经建立了科学合理的课堂评价体系，它不仅促进了课堂的规范高效，助力了广大教师专业水平的大幅提升，也为"五步助学法"课堂教学改革的深化和完善提供了保障。

三、严格的课堂规范

课堂教学是一门艺术，是一种需要教师与学生共同参与的复杂性活动。在高效的课堂上，教师善教，学生乐学，能够建立起平等良好的师生关系，能够充分调动起学生自主学习和自我发展的主动性和积极性。

实践证明，"五步助学法"课堂不但有效助力教师和学生彼此激发、教学相长，而且实现了课堂优质高效的价值追求。它不仅表现出规范有序、紧张活泼的课堂形式，还带来了启迪智慧、助力成长的育人效果。这样的课堂是广大师生共同成长的主阵地，因此对广大师生的课堂行为及学习小组建设提出了明确的规范和很高的要求。

（一）"五步助学法"课堂教师规范

在"五步助学法"课堂上，教师应摆脱传统的师道尊严观念的束缚，不盲目自尊，不把自己立在知识灌输者的人设框架里。教师既要把自己当成和学生一起学习成长的组织者与参与者，尊重学生交流、思考、学习、做事的权利，又要尊重学生的自主性和个别差异。具体做法是：

第一，教师进入课堂要衣冠整洁，仪表端庄，举止文明；说话注意身份，讲究艺术，把握分寸。

第二，上课前2分钟，教师应带齐基本的教学用品（如教材、教具、"助学提纲"等）到达教室门口，面向学生站立，检查学生课前准备情况，提示学生摆好学习用品（课本放到"助学提纲"上，工具书和文具放在课桌左上角）。对准备充分的学生进行表扬鼓励，为上课创造良好的学习氛围。

第三，上课铃响起，教师要快步走上讲台，巡视全体学生并示意学生起立。教师在讲台站定后，检查学生起立致敬的情况：学生要向教师行鞠躬礼，行礼时态度真诚，动作规范。待学生齐声问好后，教师向学生行鞠躬礼致谢，态度要亲切，动作要自然。

第四，课堂开始时，教师揭示学习目标要具体、准确、明白，指导"自学深思"要简明扼要，对学习内容、学习时间、学习方法、学习要求及自学后的检测指导力求简洁高效。

第五，学生自学深思和小组互学时，教师要巡视课堂，及时发现学生学习中的困惑和疑难问题。教师还要重视学生行为规范的养成和训练，既要及时矫正学生站姿、坐姿以及看书写字姿势，又要采取有效措施保护学生的视力。这期间，教师不板书，不过度提示，不说闲话，不做闲事。

第六，学生做检测题（以课本习题为主，变式训练题适度拓展，不偏不怪，不拔高延伸）时，教师仍要巡视课堂，及时发现学生练习中的错误并思考如何纠错，必要时进行适当辅导和点拨。检测练习完成后，教师应提示学生主动公布答案，及时讨论更正，学生回答有漏洞、不恰当或者不完整的答案教师要及时归纳与点拨。

第七，教师板书要合理，写字要规范；课堂提问要有梯度，要照顾到好、中、差不同层次的学生；课堂点拨要及时到位，简明扼要，针对性强，要有助于突出重点，突破难点；实验课和室外课要注意维护课堂教学秩序，对学生违反课堂纪律的行为要及时制止，下课后及时教育。

第八，教师对学生教育时要尊重学生人格，应坚持以理服人，正面教育。批评学生时语气可以严厉，但语言不能粗俗；不讽刺和挖苦学生，严禁打骂学生，不得搞任何形式的体罚和变相体罚；不在课堂上长时间批评学生，不在课堂上发牢骚，泄怨气。

第九，没有特殊情况不坐着上课，上课期间关闭手机或调为震动，不接打手机，不随意离开教室，避免手撑讲台、脚抵后墙、手插衣兜、背向学生、眼看天花板等行为。

第十，一般不得拖堂，下课铃响后，教师示意下课并亲切地与学生说"再见！"如有人听课，教师应示意学生请听课者先离开教室，必要时鼓掌欢送。

（二）"五步助学法"课堂学生规范

在"五步助学法"课堂上，学生一般能做到主动学习，认真思考，大胆质疑，勤于练笔。上课前，他们要准备好学习用品（包括课本、双色笔、草稿纸等），做好物质准备；还要在"助学提纲"的引领下回顾上节所学内容，做好知识和精神上的准备。上课时，每个助学环节都对学生提出了具体的规范和明确的要求，既简洁明了，又有很强的可操作性，也有良好的育人效果。

第一，通常情况下，离上课大约还有100秒时，学生会拿到"助学提纲"。他们要迅速地将提纲内容浏览一遍，看清楚这节课的学习目标是什么，学习重点难点在哪里，看书需要看哪一部分，用什么读书方法，在多长时间内完成阅读，读书结束后要完成哪些练习题等。学习能力强的同学还要弄明白在哪个点上深度质疑，在哪个点上展开互学，在哪个点上需要教师助力等。

第二，当上课铃声响起，师生互致问候时，学生要立正、抬头、挺胸，要有一种站如松的气魄；呼喊班级口号和课堂口号时要激情四射，声音洪亮，要有振奋人心的力量。要以此开启一段有兴趣、有激情、有味道的学习之旅。

第三，激情导入

1.上课铃响后，教师会用简洁明快的语言完成从旧知到新知的导入。学生则要认真听讲，明确本节内容与上节内容存在的必然联系，还要进一步明确上节内容哪些知识需要再现，哪些知识需要及时在"自学深思"时查阅课本。

2.教师会结合"助学提纲"进行导学，出示学习目标和要求，并对学习内容、学习重点难点、学习方法、学习进度等进行适度指导。学生此时要聚精会神听清导学内容，领会导学精神，防止自学时走弯路。

第四，自学深思

1.学生在"自学深思"环节要按照"助学提纲"上出示的目标要求、自学范围及方法提示等信息全神贯注地快速阅读课本，深入思考提纲中提出的问题，发现疑惑在提纲的规定位置记录下来。

2.埋头读书，动笔勾画圈点，做到不交流，不停顿，不交头接耳。有急迫的问题时举左手示意，等待教师悄悄过来后低声提出，不能影响其他同学。

3.要有时间观念，不在某一个问题或者某一个环节上过多浪费时间，过度投入精力。对不能及时解决的问题或思考不顺畅的节点用红笔圈起来，以备小组互学时向组内其他同学询问或者教师助学时向教师求解。整个学习过程，学生要做好统筹安排，避免前松后紧或前紧后松。

第五，小组互学

1."小组互学"强调学生互相学习和平等交流，要求小组内的每位同学都展示学习成果，提出自己的疑问，解答别人的问题。

2.进入"小组互学"环节，学生迅速起立，前排同学转身面向后排同学先进行一对一合作学习，可以相互检查和提问，也可以相互质疑和解惑。

3. 讨论时，每位同学都要主动提出自主学习中遇到的疑难问题向其他同学寻求帮助，也要将自己有思考结果的问题及时和大家交流，将自己熟练掌握的内容讲解给其他同学。

4. 组长要把控讨论进度，科学安排讨论时间，防止前松后紧或前紧后松。一旦遇到难以理解的共性问题，在讨论无法进展时记下困惑，等待教师助学时寻求答案。

5. 讨论过程中，每位同学都要积极参与，善于倾听。其他同学的新思路、新方法、新技巧等闪光点要及时做好记录。

6. 小组成员要全员参与，主动发言，讨论不能偏离问题，不随意说笑，不走神发呆。

第六，教师助学

1. 听到教师发出指令，学生迅速坐回原位，浏览大屏幕上展示的题目，理清思路，做好发言准备。

2. 教师助学开始，学生要按照既定的规则或站立口头表述，或走上讲台板演，或通过投影仪展示解题思路。

展示过程要遵守以下规范：一是展示要用专业术语简练而准确地表达。二是展示时声音洪亮，吐字清晰，语速适当。前排同学发言要侧身面向大家，要让全班同学都能听得见，发言完毕后自行坐下。三是在黑板上板书要认真规范，不写连笔字，讲解时侧身面向全体同学，落落大方。

3. 别人展示时，要认真倾听，特别是同学展示与老师讲解存在一定差别的时候，更需要互相印证，辨析错误，汲取精华。

4. 展示同学出现问题或停顿超过5秒，其他同学应立即起立，大胆质疑挑战，勇于纠错补充。

5. 在教师讲解预设重点问题或点拨学生在自学及互学时遇到的疑难问题（侧重规律的总结和方法的归纳，同时还有易混点的辨析）时，学生应认真听讲，做好笔记，还要用自己能看懂的词语、符号、图形等快速做好标记。

第七，自主检测

1. "自主检测"是学生自发主动的课堂行为，由学生在课堂结束前的3—5分钟内独立完成，并在教师参与下及时反馈与订正。

2. 进入"自主检测"环节，学生应按照教师的提示用少许时间对当堂所学知识点及所归纳的方法和规律进行回顾梳理，在梳理加工的基础上反刍内化并构建起本堂课的知识网络。

3. 简单回顾课堂知识后，学生按照"助学提纲"上的要求独立完成有关题目（可以是对话交流或听写问答，也可以是静静答题或默默写作）。教师还会根据课堂实际情况，通过投影或口头提出问题，学生要主动公布答案并自我订正，如有问题课后及时补救。

第八，自习课

自习课上，学生要自主完成"助学训练"上的有关题目，做题时要专心致志，既不干扰别人也不受外界干扰。具体要求是：

1. 预备铃响后，学生马上进入教室，安静下来准备上自习，要做到"入室即静、入座即学、入学即专"，课代表分发"助学训练"。

2. 自习课开始，学生要先复习回顾课堂所学内容，再根据自己实际情况选定练习题目。做题时要精力集中，紧张高效，要注意答题规范，要提高答题速度和答题准确性。

3. 要按时完成训练题目，做题时不抄袭，不讲话，不讨论，不做小动作，不朗读背诵等。

4. 自习课上，学生不准看与学习无关的报纸、杂志等，不喝水或吃零食，不玩手机和游戏机等娱乐物品，不准传递与学习无关的任何物品。

5. 自习课上，学生不迟到，不早退，不随意走动，不擅自离开教室，遇特殊情况必须离开教室时应该先向值日班长请假。

6. 自习课结束，课代表收齐"助学训练"，交给任课教师批阅和讲评。

（三）"五步助学法"课堂小组建设规范

合作学习是新课程倡导的三大学习方式之一，是指学生在小组或团队中为了完成共同的任务，有明确责任分工的互助性学习方式。小组合作学习是合作学习最基本的方式，也是目前使用最普通的一种方式。所以，我们在"五步助学法"课堂教学改革中，不仅极为重视这种学习方式，还在小组建设和小组学习方面创造性地开展了工作。

第一，指导思想

"五步助学法"课堂小组建设遵循新课程教学理念，体现课堂教学改革的创新精神，逐步完成"学生学习发展共同体"的建设目标，借此推动课堂学习方式向"自主、合作、探究"的转变，进而实现学生学习能力的提升和课堂效率的提高。

第二，小组构建

1. 学习小组可以教师指派，也可以学生自主双向组合。划分学习小组要依据学生的学习态度、学业水平、个性特点、兴趣爱好、男女性别等因素均衡搭配，力争做到小组内的学生有差异而小组间基本持平的原则合理分组。班委成员应分摊在各个小组内便于参与管理，小组内相邻学生要做到强弱搭配，便于同学间的互助学习。

2. 一个学习小组一般由四个人组成，小组内可设"教授"一名，"助教"两名，"博士"一名。学习能力最强的担任"教授"（定期轮换，能者优先），负责本学习小组的学习组织安排，牵头制订小组学习目标，小组学习公约，小组名称和小组口号等。学习能力中等的两人担任"助教"，协助"教授"收发"助学提纲"和"助学训练"，积极参与课堂学习，维持小组纪律，记录本小组"助学免单记录卡"的得分情况。学习能力较差的同学称为"博士"，要积极参与小组质疑与讨论，努力争取课堂展示机会；还要专心学习，尽快取得与"教授""助教"顺畅交流及平等对话的能力和水平。

3. 小组成员既要相对固定，又不能一成不变。要定期重新编组，力争使所有学生都有与更多同学交流学习的机会。

4. 小组座次面向黑板，两排四列分布。各小组间每月互换一次位置，组内成员每周轮换一次座次位置。

5."教授""助教""博士"的认定是动态的，可以采取竞争上岗和定期轮换两种方式确定。

第三，文化建设

1.学习小组共同议定组名、组规、组训和小组目标等，如各学习小组的组名可以用"教授"姓名来凸显"教授"的责任感，也可以用其他形式命名来突出小组精神。

2.各小组的口号既要体现"团结上进"的主题，又要体现小组特色，如"快乐团结，齐心合力争第一"（快乐小组），"众人拾柴火焰高"（火焰小组），"插上梦想的翅膀，飞向智慧的天堂"（智慧小组），"奋发向上，享受成功"（奋进号），"共同进步，取长补短"（阳光之星）……

3.教室内的后黑板分到各小组，作为展示小组精神风貌的主阵地。

4.班主任要重视培养学习小组的合作意识、竞争意识和荣誉意识，积极营造小组合作学习氛围。各小组也要秉承着"不求人人成功，但求人人进步"的理念把个人间的竞争与小组间的竞争结合起来，形成组内合作和组间竞争的良好局面。

第四，小组学习

1."自学深思"环节对学生的要求：

（1）按照"助学提纲"的指引，小组成员都要积极高效地自主学习，深度思考，小组内要形成良好的学习氛围。

（2）各小组成员互相监督和提醒，共同养成看书必动笔的学习习惯，要在课本或提纲页面上勾、画、圈、点、记。

（3）各小组成员在学习中遇到疑难问题及时记下来，以便在小组互学时向其他组员求解。

2."小组互学"环节对学生的要求：

（1）教师布置讨论题后宣布讨论开始，全体同学前后面对面站立，在"教授"的组织下开始互学讨论。

（2）小组讨论的一般程序是：在独立思考的基础上先进行对面两人互学，再进行组内互学，互学时要按照先"博士"再"助教"最后"教授"

的编号顺序依次发言，发言一遍后再踊跃争辩，别人发言时不插话。

（3）小组互学讨论时，"教授"要发挥好组织者的作用，确保讨论的有序性和有效性。要快速准确地解决问题，不钻牛角尖，不走偏跑题。

（4）讨论过程中，组员要及时记录好的观点、新颖的思路和独特的方法，还要记下碰撞出的灵感和疑点，为下一环节的展示交流做充分的准备。

（5）小组讨论任务完成后，"教授"根据讨论情况给组员分配下一环节的质疑和展示任务，还要启动帮扶机制，帮助"博士"深入学习。

3."教师助学"环节对学生的要求：

（1）口头交流时学生起立迅速，面向全体，声音洪亮（保证所有同学均可听清楚），语言清晰，同组不得提示，答完后自行坐下。

（2）黑板展示时动作要快、静、齐，书写认真，字迹工整，步骤规范，讲解时侧身面向全班同学，不挡住同学视线。黑板展示板书量大时，要提前在黑板上书写，展示时间不超过2分钟。

（3）展示过程中，其他同学应认真聆听，积极思考，用心找出补充点、质疑点和纠错点。不得随便插话，不打断别人讲话。

（4）展示的同学如果起立5秒后未回答，其他同学可以直接起立回答，该同学自然坐下。当两个以上同学竞相发言时，可实行"博士"优先制度。展示交流时，鼓励就不同意见进行争辩或者点评其他同学的发言。

（5）教师点拨讲解时，每位学生都要专心听讲，认真思考，适度记笔记，下课后组内检查交流笔记记录情况。

第五，量化积分

小组课堂量化积分是对小组合作学习表现的评价和激励，积分包含个人积分和小组积分（小组成员个人积分总和）。具体计分如下：

1.口头展示与补充，正确的加5分。

2.上台板演，正确的加10分。

3.对抗、纠错、质疑、点评的记10分。

4.有效挑战老师、挑战教材，并得到老师认可的加10分。

5.课堂出现违纪行为，教师可根据情节扣除个人积分5分或10分。

各小组的课堂积分,由"教授"指定的"助教"("助教"A或"助教"B)负责记录,并于当天下午第四节课后,将汇总结果交给课代表,课代表晚饭前交给任课教师和学习委员各一份。

第六,合作评价

1. 组内自评:主要由各学习小组的"教授"依据小组合作情况公正地给本组同学打分。要求每节课每个学生参与小组间交流展示活动最少不少于1次,最多不超过3次。

2. 日日点评:每天晚饭前,学习委员将积分进行汇总后报告班主任。晚自习最后3分钟由班主任对当天小组学习情况进行点评。

3. 周周总结:每个周末,各班要对班级内各小组进行一次积分排队,对优秀小组和优秀个人在班会上进行表扬,对暂时落后的小组进行鞭策和指导。

4. 月月表彰:年级部每月对各班小组合作学习情况进行大排队,要在年级学生大会上对小组建设优秀班级、合作学习优秀小组和合作学习先进个人进行表彰,颁发奖状,上光荣榜。

5. 家校互动:各小组"教授"负责将组员每周表现情况(作业完成、小组活动、班级活动、遵守纪律、考试成绩)记录在家校联系表上,家长可以通过了解学生的在校表现对自己的孩子作出准确的评价。

实践证明,规范的小组建设为合作学习提供了组织保障,也有效提高了所有学生的合作学习技能,切实培养了全体学生的合作学习习惯。广大教师在指导学生小组合作学习的基础上提炼概括了商河县清华园学校小组合作学习的八种技能和八种习惯,为进一步深入指导小组合作学习提供依据和支撑。

小组合作学习八种技能:学会倾听,学会思考,学会记录,学会自学,学会互学,学会展示,学会质疑,学会合作。

小组合作学习八种习惯:尊重他人,耐心倾听;欣赏赞美,取长补短;规范行为,遵守规则;不忘责任,履行职责;知恩领情,真诚感谢;诚实守信,说到做到;细致缜密,计划条理;合作竞争,相辅相成。

四、实用的助学保障

随着"五步助学法"课堂教学改革的深入，学校以前运行的不合理制度得到调整和完善，"深度助学题库""助学免单记录卡""助学阶段调查表"等助学形式得到有效运用，"全员育人，自主管理"教育水平全面提高，现代化教学手段得以应用。这些都为课堂教学改革的顺利实施与推进提供了有力保障。

（一）完善的助学制度

"五步助学法"课堂教学改革迅速提高了商河县清华园学校广大教师的教学水平和助学能力，也极大激发了老师们深耕课堂和干事创业的激情。只是学校以前运行的制度存在政出多门、杂乱无章、非人性化的弊端，无法充分保障"五步助学法"课堂教学改革的深入推进。因此，我们在调整课程结构、规范课程安排的基础上，对个性化备课、集体备课、课堂教学等方面进行了一系列调整，制定了规范合理的规章制度，形成了完整高效的教研教学体系。

如下图所示（郑孝妮提供）：

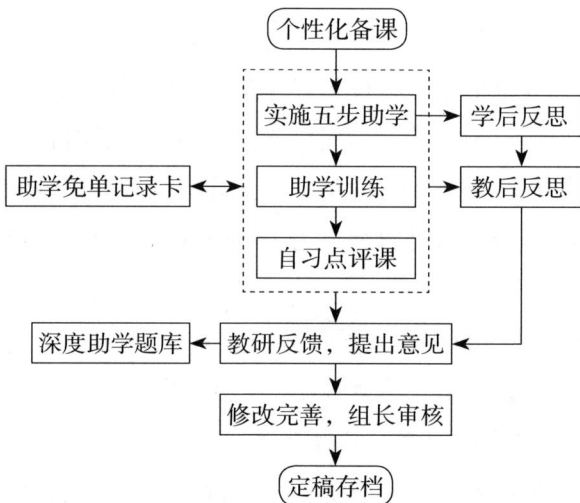

教研教学框架图

从教研教学框架图可以看出：教师备课教研的整个流程清晰规范，助学保障的使用和反馈及时高效，备课资料的完善和存档规定明确。调整后的各项制度更加符合学校的实际情况，更能体现"五步助学法"课堂教学改革的精神，既得到了广大教师的认可和支持，也保障了课堂教学改革的顺利完成。

现将商河县清华园学校在"五步助学法"课堂教学改革中逐步调整完善的上课、自习、备课、教研、听课、值班等常规制度整理出来，汇总如下：

Ⅰ.上课管理规范

1.教学流程

在上课前2分钟，教师到教室门口候课，检查学生课堂准备情况，调整学生学习状态。

课堂教学采用"五步助学法"课堂教学模式，一般包括"激情导入、自学深思、小组互学、教师助学、自主检测"五个教学步骤。在新授课上，学生要在"助学提纲"的引领下高效学习，教师则要助力学生努力完成学习任务。

第一步，激情导入（1分钟）

（1）上课前1分钟教师先将"助学提纲"发给各小组长，各小组长快速将"助学提纲"发给组员。

（2）上课铃响后，教师要用简洁明快的语言（可借助多媒体）实现旧知向新知的导入，激发学生对将要学习知识的好奇心。

（3）教师指出本节课的重点、难点和学习目标，对学习内容和要求进行简要的说明和指导。

第二步，自学深思（15分钟左右）

（1）激情导入后学生按照"助学提纲"上的提示阅读课本，深度思考，勾画圈点，分析归纳。

（2）教师先站在讲台上对全班进行扫视，随后走下讲台在教室内巡视观察，对注意力不集中和小声议论等行为及时提醒或制止，确保每一个学生精力高度集中，高效学习。

（3）教师在巡视中，关注学生的神态表情，洞察学生的困惑，并做好记录。

（4）完成自学深思的学生主动起立，教师可以先进行批阅来了解学生的做题情况。

第三步，小组互学（5分钟左右）

（1）学生自主学习结束，教师立即通过投影出示讨论题目，提示开始讨论后全体学生起立互学讨论。

（2）小组成员要全员参与，主动发言，合理分工，有序组织；讨论的问题一定要有价值。

（3）教师走下讲台巡视各个小组，对讨论偏离主题的小组及时提醒，对个别不在状态的学生实施告诫，对有争议的知识点进行点拨，对存在的共性问题做好记录。

第四步，教师助学（15分钟左右）

（1）小组互学结束后，教师立即通过投影出示助学内容和要求，各组学生浏览内容，交换意见，整理思路，组织发言。

（2）学生展示学习情况，要按照既定的规则或站立口头表述，或走上讲台板演，或通过实物展台展示解题思路。教师根据学生展示情况进行点拨释疑，明确题目答案，理清解题思路，总结做题方法，升华课堂情感。

（3）教师开始精讲，讲解内容应侧重规律的总结和方法的归纳，然后对易混点进行强调补充，对本节知识进行整体梳理，形成知识网络。

（4）教师精讲时，提醒学生在提纲上用能够引起回忆的关键词语、符号、图形做记录。用多媒体或板演时语速不能过快，课堂语言要精当。

第五步，自主检测（5分钟左右）

（1）距下课大约5分钟时，教师提示学生用2—3分钟的时间对当堂所学的知识点进行回顾并总结规律，提炼方法，反刍内化。

（2）教师通过投影出示或口头提出问题，学生短暂思考后回答；教师也可点号回答，如果回答正确给小组加分，回答错误其他同学进行纠正补充。

课后学生结合本节课学习目标总结学习内容，归纳学习方法，写出学后反思。教师则根据课堂组织情况和学习效果反思课堂教学的方法与策略。

"五步助学法"课堂教学流程如下图所示（郑孝妮提供）：

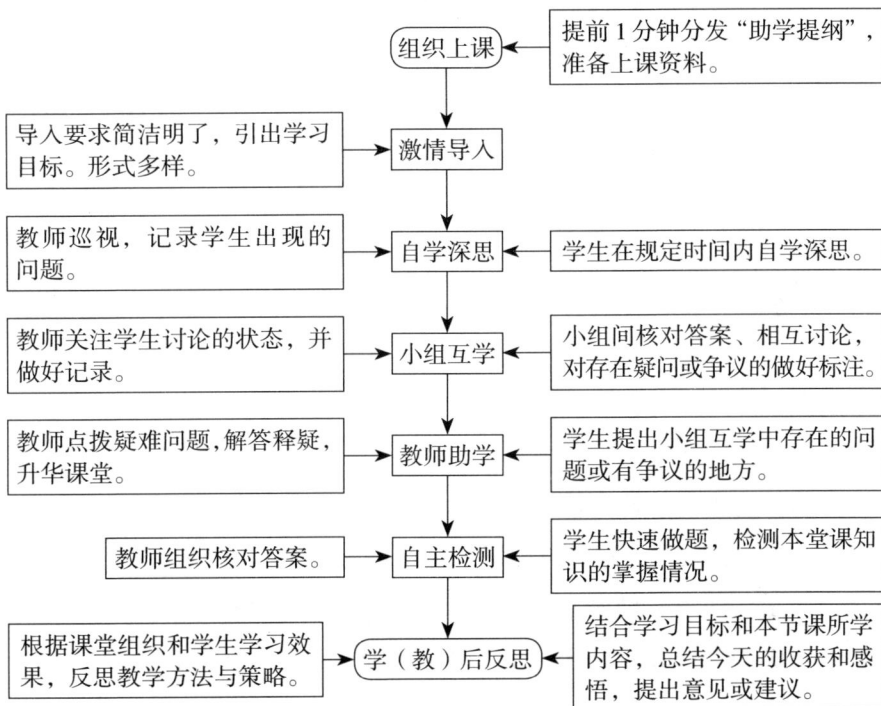

```
组织上课  ←  提前1分钟分发"助学提纲"，
               准备上课资料。
   ↓
导入要求简洁明了，引出学习  →  激情导入
目标。形式多样。
   ↓
教师巡视，记录学生出现的  →  自学深思  ←  学生在规定时间内自学深思。
问题。
   ↓
教师关注学生讨论的状态，并  →  小组互学  ←  小组间核对答案、相互讨论，
做好记录。                                对存在疑问或争议的做好标注。
   ↓
教师点拨疑难问题，解答释疑，  →  教师助学  ←  学生提出小组互学中存在的问
升华课堂。                                题或有争议的地方。
   ↓
教师组织核对答案。  →  自主检测  ←  学生快速做题，检测本堂课知
                                    识的掌握情况。
   ↓
根据课堂组织和学生学习效  →  学（教）后反思  ←  结合学习目标和本节课所学
果，反思教学方法与策略。                      内容，总结今天的收获和感
                                            悟，提出意见或建议。
```

"五步助学法"教学流程图

2. 基本要求

（1）教师上课必须准备充分，要做到精神饱满，仪表端庄，言行得体，教态亲切自然，衣着整洁大方。

（2）每节课的学习目标要明确具体，重点要突出，难点要分解到位，时间分配要合理，课堂五大环节要层次分明，有序推进，教师助学要面向全体，因材施教。

（3）课堂教学侧重培养学生自主、合作、探究的学习态度和学习方法，激发学生学习兴趣，重视对学生进行德育渗透。

（4）教师的教学语言准确生动，简洁易懂，讲普通话；板书设计规范美观，有艺术性和启发性。

（5）要尊重学生人格，不谩骂、嘲笑、讽刺、挖苦学生，严禁体罚和变相体罚学生。妥善解决课堂上发生的矛盾，严禁将犯错误的学生赶出课堂或推给班主任，遇到棘手问题课后及时与班主任或年级主任进行沟通，妥善解决。上室外课要有安全保护措施，确保学生上课安全。

（6）严格按照课程表上课，任课教师不得随意调课或请别人代课，若因公差或个人特殊原因确实需调课或请别人代课时，要向年级主任履行请假及调（代）课手续。

（7）严格遵守上课纪律，不迟到（须在小预备前到教室门口候课），不早退，不会客，不在中途离开教室，不接打电话，不坐着讲课，不拖堂。

（8）早读课，语文和英语教师要安排好朗读内容和朗读背诵形式，班主任负责督促检查。

3.违规处理办法

商河县清华园学校坚持"以人为本"的管理理念，也希望每位教师严格遵守各项课堂规范。对违反课堂规范的行为做如下处理：

（1）上课迟到、早退、中途离开课堂者，每次打扫办公室一次；迟到或早退超过20分钟视为旷课，不仅打扫办公室一次，还要在年级会上献歌一首并谈感受。

（2）上课时接打手机、发短信、玩游戏、上网聊天的教师要打扫楼道一次。

（3）随意改变上课地点和教学内容，未经年级批准随意调课者，为本年级教师打印资料1周。

Ⅱ.自习与巡课管理规范

1.学生自习

学生自习课的任务是做"助学训练"，要保持绝对安静，注意力高度集中。具体要求如下：

（1）值日班长坐在讲台上面向全班同学，发现意外情况及时记录。

（2）不准做与学习无关的事情，如说话、借东西、转笔、离开座位等。

（3）有教师进入教室不准抬头，更不准交头接耳。

（4）做完"助学训练"的学生可以复习或预习本学科内容，严禁做与本学科无关的其他事情。

2. 教师巡课

（1）每位巡课教师同时巡视4—5个班（后来一位教师可以巡视全年级12个班），要求教师在各班巡视时，发现学生说话、交头接耳、注意力不集中等违纪行为及时制止并填写巡课记录表。有不服从管理的学生或纪律混乱的班级及时联系班主任进行处理，违规违纪严重者按照学校规定由年级部处理。

（2）要求巡课教师提前2分钟到巡视楼层，做到不迟到、不早退、不玩手机、不接打电话。教师若有违规行为，则按照教师上课制度中违规处理办法执行。

（3）巡课教师巡课时如实填写巡课记录表，巡课结束后将巡课记录表拍照发"年级巡课反馈群"，并将巡课记录表交年级存档。

自习课巡课记录表示例：

自习课巡课记录表

课时：	上午	下午	晚上（三选一打√）		星期：		
班级	纪律方面					卫生方面		
	抬头人数			说话情况	不认真做题情况	其他违纪情况	地面卫生	卫生工具摆放	物品、桌凳摆放
	巡视1	巡视2	巡视3						
巡查日期：				巡查人签字：					

Ⅲ. 备课教研管理规范

备课教研管理规范主要分为教学计划、教研计划、备课计划的制订，备课资料的形成，集体备课的组织管理等。

1. 备课教研计划编制

学期初，备课组长根据学科课时量和学期校历表编制教学进度表，并以此为依据编制教研和备课计划表。

一般情况下，教研计划要早于教学计划6天左右，备课计划要先于教研计划5天左右。例如，5月30日上课，个性化备课时间在5月29日，5月28日资料印刷完毕，5月27日送至文印室印刷；备课组长审核时间最晚为5月26日，教研时间最晚定于5月24日，打印初稿交任课老师时间为5月22日，完成初稿时间要早于5月22日；备课一般需要3—5天时间，所以开始备课时间为5月17日左右。

具体教研教学计划安排表可做如下设计（以语文学科为例）：

语文教研教学计划安排表

序号	1	2	3	4	5	6	7	8	9	10
章节	第十七课									
名称	《紫藤萝瀑布》									
编号	46									
主备人	李雯									
授课时间	5.30									
个性化备课	5.29									
印刷时间	5.27									
组长审核	5.26									
教研时间	5.24									
初稿打印	5.22									

初稿形成电子版、课件发群时间	5.22							
备课时间	5.17							
备注								

2. 备课资料形成流程

（1）搜集资料。教师根据教研教学计划表开始备课，要认真吃透教材，广泛搜集资料（至少5份），多做练习题，明确教学目标和教学重点难点。

（2）编制初稿。要求各科教师严格按照"五步助学法"模式要求编制"助学提纲""助学训练""助学课件"并形成初稿。要求有明确的学习任务与学习目标，选题符合学生的最近发展区且难易适当，知识点设计连贯有逻辑性，编制字号、字体、行距等格式统一（详见"助学提纲"和"助学训练"编制规范）。

（3）审核初稿。初稿电子版发本学科备课群让同学科任课教师进行初审，每位教师都要检查"助学提纲""助学训练""助学课件"内容是否得当，重难点是否突出，所选题目难度是否合适，题量是否适中，文字格式是否存在问题等。

（4）组织教研。主备教师先简单介绍备课思路，其他教师就审核情况提出疑问或修改意见，备课组充分讨论后敲定修改意见。

（5）修改完善。主备教师根据教研结果修改完善"助学提纲""助学训练""助学课件"。

（6）定稿印刷。备课组长审核通过后发放文印通知单，成稿印刷，并将备课资料电子版发备课群。

（7）个性化备课。教师根据本班学生实际情况，有针对性地进行个性化备课，力争达到七分备学生的效果。

（8）实施教学。

备课资料形成流程如下图所示（郑孝妮提供）：

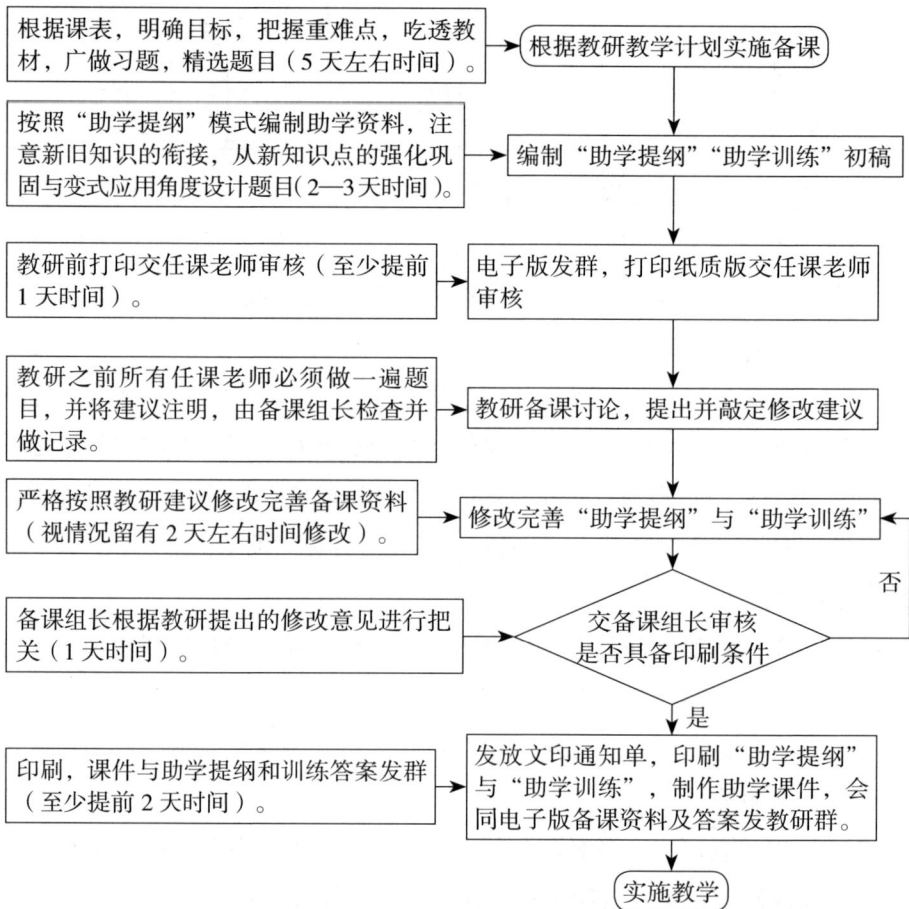

根据课表，明确目标，把握重难点，吃透教材，广做习题，精选题目（5天左右时间）。	→	根据教研教学计划实施备课
按照"助学提纲"模式编制助学资料，注意新旧知识的衔接，从新知识点的强化巩固与变式应用角度设计题目（2—3天时间）。	→	编制"助学提纲""助学训练"初稿
教研前打印交任课老师审核（至少提前1天时间）。	→	电子版发群，打印纸质版交任课老师审核
教研之前所有任课老师必须做一遍题目，并将建议注明，由备课组长检查并做记录。	→	教研备课讨论，提出并敲定修改建议
严格按照教研建议修改完善备课资料（视情况留有2天左右时间修改）。	→	修改完善"助学提纲"与"助学训练"
备课组长根据教研提出的修改意见进行把关（1天时间）。	→	交备课组长审核是否具备印刷条件（否／是）
印刷，课件与助学提纲和训练答案发群（至少提前2天时间）。	→	发放文印通知单，印刷"助学提纲"与"助学训练"，制作助学课件，会同电子版备课资料及答案发教研群。

实施教学

备课流程图

3. 备课教研组织管理

（1）语文、数学、英语等学科每天上午第四节课进行集体教研，物理、化学、历史、政治、地理、生物等学科每节新课前一天集体教研，一般在上午第一节课进行。备课地点为年级教研室。

（2）各学科备课组长为本学科备课教研的负责人，具体落实年级部的有关工作安排。要提前做好教研计划，备课分工计划，认真组织本学科组教师开展备课、教研、资料归集等工作，在带领本学科组教师取得优异成绩的同时切实提高每位教师的教学水平和备课水平。

（3）集体备课教研分为三个步骤。

第一步，教后反思。反思点评上一节课学生上课状态、学习效果、"助学提纲""助学训练"使用情况及出现的问题，学生出现的易错点和重点难点的掌握情况等。（6分钟左右）

第二步，预设课堂。教研第二天上课内容，预设课堂可能出现的问题，分析本节课的重点难点及采取的教法与策略。（4分钟左右）

第三步，教研新课内容。由主备教师主讲备课的学习目标、重点难点、选题依据，"助学提纲""助学训练""助学课件"各个环节的设计思路等，其他教师讨论目标是否明确，重点是否突出，选题是否恰当，并针对问题提出修改意见和建议，最终讨论出定稿。（30分钟左右）

最后，备课组长监管资料的修改和成稿打印工作。

（4）集体备课时要求教师提前2分钟到教研室，不迟到，不早退，不中途离开，不做接打电话、发微信、上网聊天等与教研无关的事情，每违规一次为本组教师献歌一首。

Ⅳ. 教师"巡课式听课"管理规范

1. 各学科组要落实"巡课式听课"安排，积极开展听课交流活动，努力形成虚心学习的良好风气。

2. 所有教师根据自己的实际情况进行"巡课式听课"。除了年级或学科组统一组织的听课活动外，其他听课时间、听课次数及听课科目均由教师自主确定，要求写好听课记录。

3. 任何形式的听课都要及时反馈和点评，反馈与点评要直奔主题，实事求是，相互学习，助力成长。

4. 每大周五下午5点之前各备课组长上报本学科组教师听课次数，年级部汇总公示。

Ⅴ. 联合值班管理规范

为了实现"全员育人，自主管理"的教育目标，各年级部根据学生不同时段所在区域的不同，对学生进行一日常规管理，具体内容如下。

1. 宿舍值班要求

（1）宿舍值班时间：12：10—12：30，21：10—21：40。

（2）值班范围：年级所有男生宿舍和女生宿舍。

（3）值班任务：督促学生尽快洗漱，及时进入睡眠状态，记录和制止学生打闹、说话、串宿舍等违纪情况。

2. 餐厅值班要求

（1）值班时间：学生三餐就餐时间。

（2）值班区域：前6个班值班教师负责1—6班餐厅区域，后6个班值班教师负责7—12班餐厅区域。

（3）值班任务：监督管理学生就餐纪律、就餐秩序、餐具摆放及浪费现象等就餐问题。

3. 教学区域值班要求

按照教学区域楼层安排，各楼层的班主任轮流值班，负责本楼层教学区域学生管理工作。主要任务：

（1）巡视早操后学生是否立即启动晨读，晨读是否在状态，有无违纪行为。

（2）巡视早晚餐后学生是否及时进入学习状态。

（3）巡视课间是否有学生打闹、串教室、在教室大声喧哗等现象。

（4）巡视学生自习纪律和学习状态。

（5）巡视各班教室卫生是否达标。

4. 特别提醒

（1）教师值班针对的是年级全体学生，不能只针对本班学生。

（2）值班过程中发现问题拍照发班主任群，相关班主任做好落实，优秀宿舍和先进典型也发班主任群供大家学习。

（3）值班教师反馈的问题要具体，要明确班级、宿舍号、餐桌号等信息，各班主任根据反馈的问题及时跟进处理。

（4）值班教师要准时到岗，认真履行职责，切实起到监督管理的作用。

Ⅵ. 考勤请假管理规范

为了更好地工作与生活，教师可以根据需要灵活坐班。即在正常打卡坐班总天数不变的情况下，每位教师都可以根据自己实际情况在上课和教研之外自由选择不坐班时间。

1. 按学校规定，每大周除了大周休息外还有小周六和小周天两天的不坐班时间。现在对不坐班时间实行弹性管理，各位教师可以根据需要自行合理安排。

2. 教师不坐班时间提前在调休表上注明，年级每天上午第四节课统计当天下午及第二天上午的不坐班人员。如6月31日上午11点统计31日下午和7月1日上午不坐班的老师，年级部将按统计情况查班。

3. 若遇集体活动，如学生考试、学校集会培训等，不得以灵活休班为理由推脱，如有特殊情况调课或不参加教研需走正常请假手续。

4. 调休表张贴于教研室门口内墙壁，方便查坐班及统计考勤。

5. 随意不坐班者打扫办公室一次，还要给本办公室教师献歌一首。

其他未尽事宜按照学校考勤请假制度执行。

Ⅶ. 考试成绩绩效考核方案

为了激发广大教师的工作热情和学生的学习激情，积极引导全体师生向年级目标努力，根据本年级实际情况制订考试成绩绩效考核方案。

1. 方案一（九年级）

（1）语、数、外考核：成绩年级前150名的学生人数×3+150名后的学生成绩介于120—150分的学生人数×2+150名后的学生成绩介于100—120分的学生人数×1得出考评总分。

（2）物、化、史、政考核：科目成绩年级前150名的学生人数×3+150名后的学生成绩介于80—100分的学生人数×2+150名后的学生成绩介于60—80分的学生人数×1得出考评总分。

（3）班主任考核：科目成绩年级前150名的学生人数×3+150名后的学生成绩介于80%—100%的学生人数×2+150名后的学生成绩介于60%—80%

的学生人数×1得出考评总分。

2.方案二（八年级）

（1）语、数、外考核：优秀人数×5+及格人数×3（及格人数是介于及格与优秀之间的人数）得出考评总分。

（2）物、史、政、地、生考核：及格人数×3得出考评总分。

（3）班主任考核：语、数、外三科合计，优秀人数×5+及格人数×3（及格人数是介于及格与优秀之间的人数）得出考评总分。

3.方案三（七年级）

（1）语、数、外考核：平均分+优秀人数×30%得出考评总分。

（2）史、政、地、生考核：平均分+及格人数×30%得出考评总分。

（3）班主任考核：语、数、外三科的平均分+优秀人数×30%得出考评总分。

说明：各科平均分、优秀率、及格率按照本班实际人数计算，只做参考指标，不做考评依据。

（二）丰富的助学形式

"五步助学法"课堂教学改革在商河县清华园学校开展得如火如荼，广大教师大胆实践，努力探索，并从实际出发尝试了许多有益的做法，取得了很好的助学效果。如"深度助学题库""助学免单记录卡""助学阶段调查表"等助学形式都有效保障了课堂教学改革的顺利推进和进一步深化，并成为广大师生常用的助学方式。

第一，深度助学题库

在制作"助学提纲"和"助学训练"的过程中，老师们从不同资料上收集了许多同类型试题，选用之外还有不少质量比较高的题目难以割舍，就汇总起来以备后用。学生在做"助学提纲"和"助学训练"的过程中，出错的题目要收集到自己的错题本上，出错率较高的题目由教师汇总后变式选用。

随着时间的推移，汇总的试题逐渐增多，各学科都逐步建立起自己的资料库,取名为"深度助学题库"。为使题库建设得更规范、更标准、更科学、更有效,学校顺势出台了商河县清华园学校"深度助学题库"建设方案。

1. 题库的范围

题库建设的范围涵盖商河县清华园学校小学部和初中部的各个必修学科课程以及学校选定的选修课程。题库的内容包括所有文化学科各知识板块的"助学提纲"和"助学训练"的题目,学校内部使用的单元过关试题、月考试题、期中试题、期末试题,初中各学科学业水平测试试题,各省市的中考试题及中考模拟试题等。

2. 题库的管理

题库建设包括命题、验收、录入等环节,各个环节应明确工作程序和工作职责,加强管理,严格遵守保密制度,务必保证责任落实到人。其具体要求如下:

(1)成立题库建设操作小组。各学部分年级按学科确定题库试题检录负责人和录入负责人。

(2)全体任课教师要熟悉本学科的新课程标准和当前使用的教材,明确本学科的考试目标和各个知识点的题型设置要求,按照选一选、改一改、编一编的方法筛选出有创意和有信度的优质题目。

(3)各学科备课组长或题库负责人应负责审核教师上交的试题,每道题后要有参考答案、解题过程和思路分析。凡符合要求的试题要按题型和难易程度分别进行分类,然后再录入到题库的相应位置。

(4)题库应实行动态管理。若课程标准、教学计划以及教学内容出现了调整,题库可随时进行更新和调整。教师在使用习题时,发现问题及时向题库管理员报告,题库管理员要及时与学科负责人核实,学科负责人要拿出修改意见并及时修改,如此不断提高题库质量。

3. 题库的归类制度

为了便于计算机管理人员录入题目,每道备选题目应均有属于某学部、某年级、某学科、某章节、某个知识版块等一系列的内容信息,要将上述信息数字化,统一设置试题归类代码。

试题归类代码采取常规设置方法，将试题归类代码设定为8—10位数字，自左向右每一位的含义为：1—2位为学部代码，小学部01，中学部02；3—4位为年级代码，1年级01，2年级02，3年级03，4年级04，5年级05，6年级06，7年级07，8级08，9年级09；5—6位为学科代码，语文01，数学02，英语03，物理04，化学05，政治06，历史07，地理08，生物09；7—8位为学科章节代码；9—10位为知识版块代码。试题归类代码也可根据学科自身特点由各学科组自行决定。

上交题目要求使用word文档，并附有命题教师的姓名。

4.题库的建设阶段

题库建设是一项长期、细致、复杂的工作，随着课程标准和教材的不断变化，题库也需要定期进行修正和更新。题库的建设可分为三个阶段：

（1）初期试点阶段（2个月到1个学期左右）：在题库建设的最初阶段，七、八年级作为试点进行硬件设施的调试及软件设施的组建和完备，并对题库主要负责人进行技术培训，使之能尽快熟悉操作流程和相关规章制度。题库管理制度逐步完善，使题库建设工作逐步程序化、简洁化、高效化。

（2）中期推广阶段（1年左右）：试点成功后，开始向全校推广题库建设。首先由各个学科题库负责人对本学科教师进行题库建设培训，如应遵守的规章制度，提交题目的归类要求，使用题库的规定以及题目的审核办法等。然后在全校教师范围内征集题目，各学科组每个月上交一次审核合格的题目，学校将按上交题库的试题数量和质量对每位教师进行考核，对命制质量高、有创意题目的命题教师给予经济上的奖励。

（3）后期完善阶段（长期）：在题库建设第二阶段大体完成后，题库应定期进行修订。教材改版或考试形式改变后，应在变动后的第二个学期开始，对题库进行必要的修订和升级。

5.题库的保管办法

（1）题库应按照各级权限设置保密密码，各级使用权限设立方法可由学校根据实际情况决定。

（2）各个学科教师只有本学科题库使用权限，跨学科使用题库需要经过各部校长签字同意。

第二，助学免单记录卡

在教学中，教师及时记录学生的课堂行为，汇总积累后采取恰当的奖惩措施，这样可以有效助力学生积极参与课堂，认真改正不良习惯，努力完成学习任务。在教学实践中，广大教师精心设计了"助学免单记录卡"，对每个学生和每个学习小组的学习状况进行跟踪记录，还通过数据分析及时调整课堂行为，也为批评奖励提供依据。

随着"助学免单记录卡"的有效使用，有教师又把学生的课堂表现与学生放假作业进行挂钩，规定课堂表现得分多的小组和学生可以免除部分作业。这种做法进一步加强了各学习小组的团结合作意识，也有效激发了学生在课堂上认真自学、积极互学、大胆质疑的激情，并更好地为深化"五步助学法"课堂教学改革提供了有力保障。

当然，学段不同，学科不一样，"助学免单记录卡"的样式也有区别。有的样式强调小组成员的合作展示，有的却突出个人表现；有的样式突出学科特点，有的却追求适合各个学科。

在"助学免单记录卡"的众多样式中，我们依据有效实用的原则主要确定了两种样式（附表一和附表二），广大教师可以根据本班学生特点和学科特点在教学中灵活选用。

附表一：

＿＿＿＿＿年级＿＿＿＿＿班＿＿＿＿＿科目助学免单记录卡

组号	编号	姓名＼时间						
一	1							
	2							
	3							
	4							
二	1							
	2							

续表

组号	编号	姓名　时间						
二	3							
	4							
三	1							
	2							
	3							
	4							
四	1							
	2							
	3							
	4							
五	1							
	2							
	3							
	4							
六	1							
	2							
	3							
	4							
七	1							
	2							
	3							
	4							
八	1							
	2							
	3							
	4							

附表二：

_____年级_____班_____科目助学免单记录卡

班级：				小组：			组长：	
姓名	日期	书写	背诵	讨论	订正	听写	个人计分	小组积分
	小周一							
	小周二							
	小周三							
	小周四							
	小周五							
	小周六							
	小周日							
	大周一							
	大周二							
	大周三							
	大周四							
	大周五							
	小周一							
	小周二							
	小周三							
	小周四							
	小周五							
	小周六							
	小周日							
	大周一							
	大周二							

班级:			小组:			组长:		
姓名	日期	书写	背诵	讨论	订正	听写	个人计分	小组积分
	大周三							
	大周四							
	大周五							
	小周一							
	小周二							
	小周三							
	小周四							
	小周五							
	小周六							
	小周日							
	大周一							
	大周二							
	大周三							
	大周四							
	大周五							

第三，助学阶段调查表

毛主席说："没有调查，没有发言权。"可见，深入全面的调查研究是做好一切工作的基础和先决条件。

做全面深入的调查研究就像行医问诊，诊断正确才能对症下药，才会药到病除。"五步助学法"课堂教学改革之所以顺利推进和迅速成功，在很大程度上也依赖于此。我们无论是构建课堂体系，还是制定保障措施，都会从实际出发全面调查，深入研究。为保证调查研究的真实性和有效性，我们编制了教师卷和学生卷两种"助学阶段调查表"，并多次通过问卷调查的形式及时收集汇总广大师生对三大助学支撑使用情况和五大助学模块助学效果的意见和建议。它不仅使广大教师全面系统地了解了课堂教学改革的实时动态，也为我们调整改革思路、把控改革节奏提供了重要依据。

"五步助学法"课堂教学改革阶段调查表

学生卷（一）

亲爱的同学们："五步助学法"课堂教学改革已经进行了一段时间，你们的学习状况也发生了许多积极的变化。请您从紧张的学习中抽出一点时间来完成这张问卷，不用填写姓名，不涉及个人隐私，希望同学们认真填写。

1.课堂改革后，你的学习兴趣有什么变化？（   ）

A.提高　　　　　B.不变　　　　　C.降低　　　　　D.说不清

2.课堂改革后，你的学习时间有什么变化？（   ）

A.缩短　　　　　B.不变　　　　　C.延长　　　　　D.说不清

3.课堂改革后，你的课堂作业有什么变化？（   ）

A.变少　　　　　B.不变　　　　　C.变多　　　　　D.说不清

4.课堂改革后，你的学习成绩有什么变化？（   ）

A.提高　　　　　B.不变　　　　　C.降低　　　　　D.说不清

5.课堂改革后，教师的教学较以前有什么变化？（   ）

A.很大变化　　　B.变化较大　　　C.变化不大　　　D.没有变化

6."助学提纲"的使用对你的学习有没有帮助？（   ）

A.帮助很大　　　B.帮助较大　　　C.帮助一般　　　D.没有帮助

7."助学训练"的使用对你的学习有没有帮助？（   ）

A.帮助很大　　　B.帮助较大　　　C.帮助一般　　　D.没有帮助

8."助学课件"的使用对你的学习有没有帮助？（   ）

A.帮助很大　　　B.帮助较大　　　C.帮助一般　　　D.没有帮助

9.课堂上，"激情导入、自学深思、小组互学、教师助学、自主检测"这五个环节，你最喜欢哪个环节？请说明理由。

10.你最喜欢什么学科？请说明理由。

"五步助学法"课堂教学改革阶段调查表
学生卷（二）

亲爱的同学们："五步助学法"课堂教学改革在同学们的积极配合与大力支持下，已经取得了阶段性成果。为了给下阶段的课堂教学改革提供依据，请大家抽出一点时间来完成这张问卷，不用填写姓名，不涉及个人隐私，希望同学们认真填写。

1.这段时间，你的学习兴趣有什么变化？（　　　　）

A.提高　　　　　B.不变　　　　　C.降低　　　　D.说不清

2.这段时间，你的学习时间有什么变化？（　　　　）

A.缩短　　　　　B.不变　　　　　C.延长　　　　D.说不清

3."自学深思"环节你能否专心读书，深度思考？（　　　　）

A.能专心　　　　B.较专心　　　　C.不专心　　　D.说不清

4."小组互学"环节你能否积极讨论，大胆质疑？（　　　　）

A.非常积极　　　B.较积极　　　　C.不积极　　　D.说不清

5."教师助学"环节你能否认真听讲，大胆展示？（　　　　）

A.非常认真　　　B.较认真　　　　C.不认真　　　D.说不清

6."自主检测"环节你能否独立自主地认真完成？（　　　　）

A.非常认真　　　B.较认真　　　　C.不认真　　　D.说不清

7.对待学习中出现的问题，你现在常采用什么方式解决？（　　　　）

A.请教老师　　　B.同学讨论　　　C.自己查资料　D.不管它

8.你现在能对课堂学习的内容及时反思并提出问题吗？（　　　　）

A.经常　　　　　B.很少　　　　　C.几乎不　　　D.不管它

9.现在如果老师上课时出现了错误你会怎么办？（　　　　）

A.当时指出　　　B.课后指出　　　C.当作没发现　D.共同探讨

10.你发现老师在近段时间上课方式有没有改变？（　　　　）

A.改变很大　　　B.变化不大　　　C.没有变化　　D.没太在意

11. 课堂上,"激情导入、自学深思、小组互学、教师助学、自主检测"这五个环节,你最喜欢哪个环节?请说明理由。

12. 对"五步助学法"课堂教学改革,你有什么建议或意见?

"五步助学法"课堂教学改革阶段调查表

教师卷

尊敬的各位老师,感谢大家对"五步助学法"课堂教学改革的大胆实践和大力支持。经过这段时间的改革探索,我们的课堂已经发生了翻天覆地的变化,老师们的教学行为也有了根本性改变。为了给下阶段的课堂教学改革提供依据,请您抽出一点时间,根据实际情况认真填写这份调查问卷,谢谢合作!

1. 您的教龄是(　　　)

A. 0—3年　　　　B. 4—6年　　　　C. 7—15年　　　D. 16年以上

2. 您能否积极参与"五步助学法"课堂教学改革?(　　　　)

A. 非常积极　　　B. 较积极　　　　C. 不积极　　　D. 无所谓

3. 您觉得"五步助学法"课堂教学改革对您的教学有多大影响?(　　　)

A. 影响很大　　　B. 影响较大　　　C. 影响很小　　　D. 没有影响

4. 您在制作"助学提纲""助学训练"时首先会想到(　　　　)

A. 参考教案　　　　　　　　　B. 在头脑中先构思再查资料

C. 上网查资料　　　　　　　　D. 利用多媒体

5. 除了国家规定的教科书、教师指导用书外,学校还给你们配备了哪些资料?(　　　)

A. 和学科有关书籍　　　　　　B. 音像资料库

C. 教学图片库　　　　　　　　D. 教具

6. 您是否会充分考虑学生已有生活经验进行教学设计?(　　　　)

A. 每次设计教学活动时都要考虑

B. 只有在进行一些和学生生活联系很密切的教学设计时才考虑到

C. 想到了就用，想不到就不用

D. 从来没考虑过是否会用

7. 您一般在什么情况下与同事合作？（可多选）（　　　）

A. 备课　　　　　　B. 课堂教学　　　C. 课后反思　　　D. 公开课教学

8. 在备课过程中，您一般会在什么情况下与其他教师交流？（　　　）

A. 教学中遇到问题需要他人帮助　　　B. 愿意把自己的想法与他人分享

C. 不愿意把自己的想法与他人分享　　D. 想在交流中向别人不断学习

9. 您现在上完课后，能与其他教师交流心得吗？（　　　）

A. 经常交流　　　　　　　　　　B. 偶尔谈谈

C. 遇到难题才会交流　　　　　　D. 从来不会

10. 您愿意与其他教师资源共享吗？（　　　）

A. 同年级资料集中到一起，共同完善和补充

B. 同学科资源集中到一起，大家共同分享

C. 我的资料只和自己备课组人员共同分享

D. 我的资料一般我自己使用

11. 您现在能对课堂教学的内容及时反思并提出问题吗？（　　　）

A. 经常　　　　　　B. 很少　　　　　　C. 几乎不　　　D. 不管它

12. 您对"激情导入、自学深思、小组互学、教师助学、自主检测"
这五个课堂环节有什么建议？请分别说明。

13. 您对"助学提纲""助学训练""助学课件"的使用和编制有什么
建议或意见？

14. 对"五步助学法"课堂教学改革，您有什么建议或意见？

（三）多彩的德育教育

李金池在衡水中学做校长的时候曾说，一个没有激情的学校是没有希望的学校。一所学校要想提高教育教学质量，建成一方名校，就必须优化师生的心态，养育师生的激情，既要打造一支富有激情的教师队伍，又要培养一大批富有激情的学子。

的确，对于一名教师来讲，他如果富激情，就会全身心地投入到工作中，将来很可能成为名师。对于一个学生来讲，他如果平时充满激情，就会全身心地投入到学习中从而取得优异的成绩，将来很可能干出一番轰轰烈烈的事业。一般而言，孩子们的生活应该充满朝气，充满热血，充满奔放的激情。一个人有激情才会有梦想，有梦想才会有追求，有追求才能到达理想的彼岸。

在"五步助学法"课堂教学改革中，我们首先在课堂上取得成功，接着在教育体系构建中也取得了丰硕成果。不仅完善了"故事化德育"系列教育，使"每早一故事、每周一红歌、每日一新闻"落地生根，成为常态，还构建了"全员育人，自主管理"的德育模式。

第一，每早一故事

商河县清华园学校是一所全封闭寄宿制学校，两周放一次假。每次假期后开学，哭哭啼啼不进校门的，昏昏沉沉浪迹课堂的，懵懵懂懂不知所云的，比比皆是。部分学生陷入"12+2=0"的泥淖，在学校待12天养成的良好习惯，回家2天就全部归还回来，贪玩、散漫、放浪、厌学等一切不良行为又堂而皇之地占领阵地。

当然，这些现象并没有改变我们坚信孩子们有自主学习、自我成长的动力和需要这一基本教育理念，也没有改变我们通过丰富多彩的德育教育去唤醒心灵、启迪智慧的课改追求。于是，我们的"故事化德育"应运而生。起初，我们启动了"每早一故事"活动，就是每天早操后，班主任将点评宿舍情况和进行训话鼓劲之类的既令学生厌烦又毫无成效的做法改成向学生讲述精彩的人生励志故事。要求故事内容短小精悍，启迪人生；故事形式灵活多样，讲求实效；讲故事时间控制在5分钟之内，贵在持之以恒。

"每早一故事"有效坚持下来，收到了很好的育人效果。一个个小故事不仅成了学生们喜闻乐见、心向往之的灵魂启迪，也成了老师们实行德育教育的重要抓手。

为了进一步丰富"每早一故事"的德育内涵，深入挖掘每个故事的德育意义，各年级创造性地开展了工作。如七年级组织讲故事比赛，选出各班的讲故事高手进行表彰；八年级组织学生写故事感悟，进行汇总、评比、奖励。这些活动有效助力了"每早一故事"的丰富性和持续性，使得每天早操后的校园故事成了学生们不可或缺的精神滋养。

第二，每周一红歌

"每早一故事"已成为常态，也深深嵌入每一位班主任和学生的生活中，使他们乐在其中，欲罢不能。看到教育效果明显，我顺势提出"每周一红歌"的设想，并迅速推行下去。

课前唱歌提士气是许多学校的常规做法，只是在歌曲的选择、唱歌的形式、有效地坚持诸方面有许多不符合实际的地方，育人效果也大打折扣，最后也就不了了之。鉴于此，我要求所有班级每天上午预备之后齐唱一支歌，不能贪多，贵在坚持；唱歌时所有学生立正站立，抬头挺胸，齐声高唱；歌曲由各年级统一选取，但必须是慷慨激昂、催人奋进的爱国歌曲。

一学期下来，同学们早已把《毕业歌》《大刀进行曲》《保卫黄河》《打靶归来》《我是一个兵》等既有血性又强身健体的歌词唱到心里。每当嘹亮的歌声在教学楼里响起，所有的学生都激情澎湃，斗志昂扬，劲头十足。他们越唱越起劲，越唱越感觉到课堂上的难题就是需要信心百倍地挥刀砍去的"鬼子"。这一首首爱国歌曲唱下来，学生的心灵得到滋养，灵魂得到净化，体魄得到强健，理想得到升华。

第三，每日一新闻

正值青春年少的中学生内心总会有"指点江山，激扬文字，粪土当年万户侯"的理想，都会有"到中流击水，浪遏飞舟"的豪情，他们会很自然地把自己的未来和国家的命运联系在一起。这种爱国情怀是激发学生自主学习的最强动力，当孩子们有了远大理想，有了为国家和民族而学习的强烈使命感和责任感的时候，学习的积极性肯定是稳定而持久的。

只是，现在的有些中学生被网络游戏牵绊着，游走在虚拟世界中，缺少家庭责任感和社会责任感。应试教育又进一步弱化了他们关心家庭、关心国家、关心社会的那份激情。特别是寄宿制学校的孩子，与家庭和社会接触的机会本来就少，要想有开阔的视野和全面的发展，更需要学校为他们创设情境，提供机会，搭建平台。

于是，我从学校实际出发，带领实验年级开展了"每日一新闻"德育活动。要求每天午休后，孩子们1点20分从宿舍回到教室，准时观看《新闻联播》或《午间新闻》。有的班主任工作落实很到位，不仅组织学生全神贯注地去看、去听，还要求学生写新闻摘要，谈观后感受。渐渐地，孩子们在学习之余把目光投向了更广阔的领域：中美贸易战使他们摩拳擦掌，党的声音令他们心胸豁然，世界角落里那一双双渴盼安全和温饱的眼神更增添了他们的悲悯情怀……

这一则则新闻把孩子们与世界联系起来，把他们的前途与人类的命运契合起来。"每日一新闻"不仅使学生们胸怀祖国，放眼世界，也使他们的大脑变得更充盈，视野变得更宽广，情感变得更丰富，目标变得更高远，理想变得更丰满。

"每早一故事、每周一红歌、每日一新闻"很快在商河县清华园学校落地生根，成为常态。这些自然而然、润物无声的育人方式彻底改变了学生的精神状态，它们不仅深刻践行了"学生自主发展，教师助力成长"的新课改理念，也有效保障了"五步助学法"课堂教学改革的迅速成功。

第四，全员育人，自主管理

"故事化德育"教育的深入推进不仅使所有学生内心有理想，情感有寄托，学习有激情，做事有动力，也使广大教师对教育工作激情满满，对改变学生的不良行为信心百倍。有了这样的基础，我又在全体教师中进一步贯彻全员育人、全过程育人、全方位育人的现代教育理念，提出"全员育人，自主管理"的德育模式。

也就是说，教师应从学生的学习、生活、德育等各个方面对他们整体性和一贯性地进行教育，自始至终都不放松对他们的指导和启迪。具体来讲，一是所有学科的课堂教学都要把"立德树人"的价值追求放在核心位置，并依据本学科特点进行德育渗透。二是所有教师都有义务对所有学生进行教育，不管是哪个班的学生，只要其行为需要被提醒，需要被督促，全校教师都有权利进行教育和管理。三是分片包干，要求全体教师每人承包6—8名学生，并针对被承包学生的个性差异因材施教，深入指导他们的学习、生活和思想教育，并长期关注跟踪他们的成长，记录他们从入学到毕业的整个教育过程，做好成长档案。

在学生成长层面，我始终坚信学生具有自主成长的动力，具有自我管理的能力。课堂上，学生能自学深思，自主学习；在课下，学生也能自我约束，自主管理。各年级还组建学生会，从日常行为到课堂表现，从纪律卫生到思想状态进行全方位自主管理。很快，学生会工作开展得有声有色，学生们自主管理水平也大幅提升。同学们有了纠纷，学生会会依照学校规定去解决；某些班课间秩序有点乱，学生会会组织检查；个别班卫生有死角，学生会会前去督促；自习课有学生不专心，本班的学生会成员也会去提醒……

"全员育人，自主管理"的德育模式，不仅大幅提高了广大教师的育人素质和专业水平，彻底激发了广大教师"立德树人"的内在动力，还极大提升了学生自我管理能力，培养了学生全面发展的综合素质，有效形成了安全和谐、文明团结、积极进取、奋发向上的校园氛围。具体表现是：

1. 环境干净整洁，育人氛围浓厚。教室窗明几净，课桌排列整齐；宿舍条理整洁，床铺整整齐齐；校园干净卫生，文化气息浓厚；卫生保持良好，乱扔垃圾现象消失。

2. 师生互信加深，学生明理成习。现在，学生尊敬老师、热爱学校的多了，顶撞老师、违反纪律的少了；亲切问候、由衷赞美的多了，污言秽语、举止不雅的少了；明理守信、言行规范的多了，不讲文明、行为放浪的少了。这三多三少的变化不仅验证了"全员育人，自主管理"德育模式的有效，也是"五步助学法"课堂教学改革成功的重要体现。

3. 学习秩序井然，学风日趋浓厚。学生自主学习、主动求知的风气日益形成，精神面貌焕然一新。学生学习兴趣高涨，信心十足，目标明确，激情高效；主动学习蔚然成风，学习成绩大幅提高。

4. 育人理念提升，工作方法贴近学生。学校把"全员育人，自主管理"作为课题实施，广大教师边学习、边研究、边实践，不断改进工作方式，不断提高育人水平。经过长时间的努力，广大教师实现了从关注学生学习成绩到关注学生全面发展的转变，实现了从面向少数学生到面向全体学生的转变；学生则实现了从被动接受到主动学习的转变，实现了从成就自己到解放教师的转变。

5. 育人效果明显，管理水平提高。"全员育人，自主管理"实施两学期后，我对两个实验年级的1200多名学生进行无记名问卷调查，统计结果是：学生自信提高96.2%，学会做人88.7%，良好习惯形成92.1%，改掉坏习惯77.3%。对1200多位家长进行无记名问卷调查，统计结果是：家长满意度98.9%，孩子主动干家务70.8%，主动关心父母76.6%，和父母顶嘴等叛逆行为消失率90%。对89名参与实验的教师进行无记名问卷调查，统计结果是：教师支持率100%，效果满意度100%，学生打架现象消失率98.2%，乱扔纸团现象消失率95.8%，学习积极专注80%，班级团结、文明向上90%。

总之，"全员育人，自主管理"是多彩德育教育的综合体现，它对推动学校发展，促进教师成长，提高学生素质起到了积极作用。它在改变学生的同时，也在改变着教师。它是一个非常有生命力的课题，它会为学生的终生发展奠基，为推进素质教育贡献力量！

（四）先进的技术支撑

随着课堂教学改革的深入，我深深地感觉到现代化教学手段的运用对促进课堂教学改革的重要性。于是，学校在2019年10月与科大讯飞合作，引进智学网个性化学习手册，用现代化网络手段助力"五步助学法"课堂教学的提升。

虽然"十三五"教育规划明确强调利用大数据优化教学模式，但现实情况往往是管理者无法量化评估教学质量，教师无法实时了解学生阶段性学情，大多数学生家长只关注分数，学生面对错题做不到举一反三，这都是由于过程性数据缺失造成的。而科大讯飞面向学校日常作业、考试、发展性教与学评价需求推出的智学网个性化教与学系统就有效地解决了上述问题。智学网通过对随堂练习、作业、考试等过程化学业数据的采集与分析，深度挖掘数据价值，既帮助管理者高效管理，帮助教师实现以学定教和精准教学，又帮助学生实现个性化学习，帮助家长实时了解学生学情，很好地实现了家校互通。

实践证明，智学网通过对教学全场景的数据采集与分析，实现了学情诊断分析与个性化服务，进一步引导了家长和学生关注成绩背后的学习问题。学情分析主要是告诉学生错在哪里、错误原因及学习建议，包括学生进退步分析、偏科分析、丢分题分析、知识点掌握分析以及专家学习建议等。在精准了解学生薄弱点的学情基础上通过创设讲、练、测闭环，为学生提供个性化学习服务，还基于错题为学生推荐举一反三的练习题目，这些都帮助学生彻底摆脱了题海的苦恼，减轻了学业负担。

在使用过程中，广大教师感觉到智学网个性化教与学系统对日常教学行为切实起到了以下五个方面的作用。

第一，实现个性化教学。传统数据的采集方式相对来说只能够彰显出学生的群体水平而非个人水平。大数据最大的特点和优点在于可以关注到学生学习各环节的表现，也就是说有了智学网不但可以关注学生的群体水平，还可以关注到学生的个性化学习，做到因材施教。

第二，实现考试精准化分析。教师想具体了解哪些题目做得不理想，想统计某些题目的具体错误名单，用传统的分析方式很难做到。但是大数据的应用就可以使考试分析精准化，每一道题的错误率、每个学生的答题情况教师都能了如指掌，考试也因此变得更简单便捷，更有针对性。

　　第三，教师改卷更轻松，出试卷更有针对性。有了智学网提供的阅卷系统，教师可以用手机随时随地阅卷，非常自由便捷。既减少纸质翻阅的麻烦，大大提高阅卷速度，又降低了批改和人工统分出错的概率，提高了精准度。另外，系统会自动保存学生的答题卡，便于教师查阅每一个学生的答题情况。教师还可以根据学生答题情况重新组卷，进一步加强试卷内容的针对性及实用性。

　　第四，教师辅导更有针对性。每次检测后，学生的问题得以集中暴露，系统会自动生成学生的错题本。这样既为学生手动整理错题本节省了时间，又可以使教师查漏补缺，有针对性地进行辅导。

　　第五，帮助学生为今后的考试做准备。网上阅卷能够模拟中考的阅卷形式，比较客观地反映学生的考试情况，也能够让学生适应网上阅卷的形式和要求，注意网上阅卷的细节，让学生争取少丢分。

　　应该说，智学网通过大数据分析，较准确地预设了课堂教学的重点难点，聚焦了共性薄弱的知识点。它既为广大教师实施高效备课和精准助学提供了依据，又为"五步助学法"课堂教学改革提供了强有力的技术支撑。

第六章

"五步助学法"应用价值

"五步助学法"课堂教学改革在商河县清华园学校进行得如火如荼，颇有成效。它从优化课程设置开始，逐步颠覆了陈旧的课堂秩序，彻底激发了学生的学习激情，全面提升了学生的学习品质和学习能力（如合作学习能力、独立思考能力、勇于质疑能力、创新思维能力等），真正实现了传统课堂难以实现的素质教育要求。

"五步助学法"课堂模式深刻诠释了"学生自主发展，教师助力成长"的高效课堂构建理念，全面落实了新课程倡导的自主、合作、探究的教学理念和学习方式，旗帜鲜明地把"立德树人"作为构建高效课堂的终极价值追求。

"五步助学法"的价值是多方面的，它不仅深刻改变了教师的教学行为和学生的学习方式，还切实带来了课堂的全面提升，促进了学校的跨越式发展。本章节将分教师篇、学生篇、课堂篇、学校篇四个部分对"五步助学法"的应用价值进行全面阐述。

一、教师篇

豪尔·罗森柏斯在《顾客第二》这本书中提到，要实现顾客第一、顾客至上这个宗旨靠的是员工，忽略了员工的情感和发展，就不容易实现公司的目标。他通过改善员工的生存状态和工作热情，使自己的公司在短短几年内，从一个小小的旅行社，成长为全国著名的旅游公司。书中所阐述的思想与战略也影响了世界各地无数的企业家与管理者。

由此，我想到了学校发展中教师和学生的先后关系问题。毋庸置疑，学生是成长的主体，居于学校关系的中心位置，但实现学生主体成长的关键仍然是教师。因此，在学校管理中，我始终把教师放在学校关注的第一位，始终把教师思想的解放和专业的成长作为"五步助学法"课堂教学改革的第一目标和重要保障。

随着课堂教学改革的深入，我们把集体备课、录课磨课、课堂展示、课堂反思、教师培训等教学行为认真坚持下来，使之常态化。广大教师也因此获得了快速的专业成长，他们对课堂规律有了深刻的理解，对学生的认知能力有了准确的把握，专业知识不断丰富，专业素养迅速提升，助学能力进一步增强。"教师第一"的改革目标也得以真正实现。

（一）集体备课常态化

在课堂教学改革之初，我提出"三备两研"的备课思路，又进一步明确目标，规范流程，强调纪律。有些教师当时疑虑重重：会不会加重负担？是不是以前大教研的升级版？有没有备课效果？能不能坚持下去？为此，我专门召开教研会，对广大教师关切的问题一一回应，并明确提出"团结协作，资源共享，面向未来，共同成长"的备课理念，还把常态化的具体做法及保障措施等一并讲清楚。广大教师对"三备两研"的疑虑消除，开开心心地坚持下来，并得到了快速的专业成长。

"三备两研"工作既促进了每位教师的专业成长，又成了学校教学工作不可或缺的组成部分。具体做法在《充分的备课准备》章节已详细交代，在此不再赘述。

（二）录课磨课常态化

一说录课有教师就打怵，总把它看成是多么高深的事儿，这和学校以前的做法有关。学校以前也要求教师录制优质课，通常做法是选一批领导认为优秀的教师，定点排班，专人管理，集体设计，录制存档，准备检查。一学期下来，课没录成几节，老师们却弄得焦虑不安。

录课磨课这种工作教师不待见，推行无底气，要想常态化更是难上加难。可是，录课磨课又是借助现代化手段帮助教师回顾课堂的优劣得失、迅速提升授课水平的有效方式。所以，我从学校和广大教师的实际出发，打破常规操作，将其变成了老师们乐此不疲的常态化行为，也切实助力了所有教师的专业成长。

第一，提倡每位教师每学期至少录制一节常态课，目的只是为了自己观摩反思，改进课堂教学，提升教学水平。

第二，录课内容一定是正常课时的教学进度，不特别调整。

第三，录课形式一定是原生态的，不反复打磨，不搞形式花样。

第四，录课过程是教师之间互助进行的，备课组内安排好常态课录制顺序，不同学科间若有冲突，年级负责协调。

第五，同年级教师常态课录制完成后，录课的内容有专人汇总后存到网盘上，年级共享。每一位教师都有一个专门账号，既可以欣赏自己的课，也可以观摩其他教师的课。

第六，常态课录制每学期进行一次，属于教学工作的常态化做法。各年级一般从开学后的第二个月开始录制，力争在一个月内完成。

这项工作已经坚持了四个学期，每位教师都录制了四节以上的常态课。他们在工作之余打开网盘，一边欣赏观摩，一边品评提升，很有成就感。在对自己不同时间段的课堂表现进行汇总、比照、鉴别、反思的过程中，所有教师的助学水平又上了一个崭新的台阶。

（三）课堂展示常态化

"五步助学法"课堂教学改革之所以迅速成功，很大程度上依赖于广大教师心态的开放。在平时，老师们不仅共享备课资源，常态化录课磨课，还敞开课堂大门，任由他人观摩评说。这期间，我们创造性地推广了"巡课式听课"这一高效听评课模式，还成功举办了两次"常态课展示"活动。

第一,巡课式听课

教师之间互相听课观摩,深入磨课评课是提升教学能力,助力教师专业成长的重要环节(特别是平均年龄只有25.8岁的年轻教师群体,作用更大)。只是学校以前推行的"五定式听课"(定时、定点、定人、定内容、定点评)与领导"推门听课"的方式不得人心,无法常态化,其效果也大打折扣。于是,我结合多年来的听评课经验提出并推广了"巡课式听课"的做法,具体要求是:

1. 教师间互相听评课要做到"五随"(随时、随地、随人、随性、随评),即在实验年级内听任何教师的课都不需要提前通知,可以随时去听。听课可以是学习式的,也可以是指导式的;可以听一堂课,也可以听同一堂课的某个环节(每堂课的相同时间段环节大体一致)。

2. 听课教师可以自己去听,也可以组团去听。听课教师要站立听课,可以走近学生进行观摩,也可以深入学习小组参与讨论,极为随性。

3. 听课后可以不评课,也可以评课。即使评课,也主要围绕学生的学习状态是否积极,教师的助学环节是否清晰,学习效果的检测是否有效等方面进行,不要求面面俱到。

4. 教师听课次数和听课时长不硬性规定,除了年级或学科组统一组织的"常态课展示"活动外,其他听课行为(频率、时间、教师、科目)均由听课教师自行决定。

5. 年级组每大周周五下午5点之前汇总教师的听课次数,并在年级教师群公示。

很快,整个实验年级的教师都行动起来,"随时、随地、随人、随性、随评"的巡课式听评课方式也蔚然成风,迅速成为助力教师专业成长的常态化教学行为。

第二,常态课展示

"五步助学法"课堂教学改革进行到第三个月,广大教师的教学方式和所有学生的学习方式都发生了很大变化。学生认真看书做题,积极讨论互学，大胆思考质疑，朗声回答问题成了课堂常态；教师的助学能力有很大提高，助学效果也明显增强。为了总结课堂教学成果，进一步将课堂教学改革引向深入，我组织了"五步助学法"常态课展示活动。

2019年5月24日上午，七年级的郑孝妮、朱金兰、焦茜等10位教师经讨认真准备，各展示了一节"五步助学法"常态课。这次活动，有120多位本校教师参加观摩，县教研室孙迎辉主任也带领初中各学科教研员莅临学校，深入课堂，与老师们共同观摩，一起评课。

他山之石，可以攻玉。评课时，各位教研员对"五步助学法"课堂教学改革给予了充分肯定，对学生们在课堂上积极高效地学习和年轻教师的快速成长给予了高度评价。这使得广大教师充分认识到"五步助学法"课堂教学改革对自己助学水平提升的重要作用，也更加坚定了走课堂教学改革道路的信念。

常态课展示也要常态化才会成效显著，于是，"五步助学法"常态课展示（第二季）便应运而生。2019年12月13日上午，六、七、八三个年级的17位教师各展示了一节常态复习课。这次观摩阵容进一步扩大，县教研室的中小学各学科教研员、郑路中学的20多位教育同仁和本校的170多位教师共同参加了观摩活动。应该说，这次常态课展示活动准备更加充分，成果更加显著，影响更加深远。

"五步助学法"常态课展示（第三季）又在途中……

（四）课堂反思常态化

教学反思是教师必备的素质，也是教师提高教学能力、促进专业发展的重要手段。美国心理学家波斯纳提出了教师成长的公式：成长=经验+反思。他认为教师只有经过反思，自己的教学经验才能上升到一定的高度，教学水准才能提高并对后继教学行为产生影响。的确如此，教学反思可以使教师的教学手段得到改进，教学效率得到提高，教学的有效性得到增强。正因为看清了这一点，我们在"五步助学法"课堂教学改革中极其重视广大教师教学反思能力的培养和教学反思水平的提高。

第一，教学反思的作用及意义

1. 教学反思来源于教师对教学的认识和思考，它要求教师把平时自发产生的对教学的思考变成一种自觉的行为习惯。同时，它也是教学的一个基本环节，是教师自我发展，不断提升的一种方式。

2. 反思教学的各个环节有助于教师不断熟悉教材，熟悉学生，改变教学观念，改进教学方法。这时，教师自身素质得到培养，驾驭课堂的能力得以提高，实现高效的课堂教学才有了保障。

3. 教学反思也是教师自身职业道德的一种表现。做反思型的教师可以提升教师的职业道德感和社会责任感，会带来职业幸福感和成长的获得感，这应是一个人终身为人师表的动力源泉。

第二，教学反思的内容

1. 反思教学前的备课是否充分。教师备课既要备教材，又要备学生；既要环节完整，又要知识全面；既要教法得当，又要学法有效。

2. 反思教学生成过程是否合理。对学生而言，生成意味着个性的表现，创造性的解放；对教师而言，生成已不再是知识的传授，而是生命活动和自我实现的过程。

3. 反思教学目标是否达成。课堂教学是否达到了预期效果，学生的知识和能力，情感、态度、价值观是否产生了预期变化，这些都是教学后需要反思的内容。

4. 反思教师课堂语言是否准确精练。高效的课堂教学离不开教师准确精练、生动有趣的教学语言，它是吸引学生认真学习，提高教学有效性的重要组成部分。

第三，教学反思的形式

教学反思应是形式灵活、丰富多彩的，大致可分为内心反思、口头反思、书面反思三种反思方式。

1. 内心反思是最真实、最常见、最自我的反思方式。上完一堂课，有意识地想一想，理一理，如饮甘泉，如品美食，味道十足，得失自知。这是课堂反思的最佳形式，是教师成长的源泉和动力。

2. 口头反思是最便捷、最热烈、最有效的反思方式。口头反思是我们集体备课常态化后必须进行的一个环节，同学科组教师坐下来，先回看自己的课堂得失，在互相学习借鉴和交流碰撞中，取得良好的反思效果。

3. 书面反思是最自觉、最恒久、最成长的反思方式。书面反思是我一贯提倡的反思形式，课堂结束后学生要在"助学提纲"的"学后反思"部分写下收获和感悟，教师也应写下助学得失和见解体会。当然，所写内容一定要实在，一定是自己教学后的真想法、真疑问、真感悟，这是书面反思的真谛所在。

在提倡老师们写书面反思的同时，我也清醒地意识到那种明确规定篇幅字数、明确要求检查督促的课堂反思只会助长教师的焦虑和反感。有些教师还把那样的反思当成一项硬性任务和工作负担来应付，写出来的不过是一些东拉西扯重复他人之言、洋洋洒洒毫无实际价值的文字垃圾，对自身成长没有任何益处。因此，我反复提醒老师们写反思一定要"真"，是自己上课后的真收获、真思考、真见解；一定要"活"，不看篇幅，不重格式，不求花样，要做到"如人饮水，冷暖自知"；一定要"勤"，要勤于练笔，形成习惯；一定要"恒"，要持之以恒，贵在坚持。随着时间的推移，广大教师对待课堂反思的态度越来越积极，课堂反思的效果越来越明显，课堂反思常态化的脚步也迈得越来越稳健。

我提倡广大教师写书面反思，也通过示范带动和观摩交流等形式增强他们的反思意识，提高他们的反思能力。这种宽松和谐的反思氛围一旦形成，广大教师对待课堂反思的态度也变得更积极、更认真，他们的反思水平和反思能力都提高很快，还写出了许多真实有效、精彩纷呈、很有深度的课堂反思。下边是三位教师的书面反思，可以相互印证观摩。

《醉翁亭记》课堂反思

《醉翁亭记》是人教版《语文》九年级上册第三单元的一篇经典文章，学生通过努力可以用两课时学完。第一课时要求了解《醉翁亭记》的创作背景，在诵读课文的基础上积累重点文言实词和虚词，并结合课下注释疏通文义，熟悉课文内容。第二课时要求学生在深入研读课文的基础上，理清文章叙事写景的顺序，加深对课文主题的理解，并体会作者寄情山水、与民同乐的情怀。学习目标和任务均符合课标要求和学生的实际学习能力。

上课过程中，我通过巡视发现学生能够借助课下注释顺利地掌握"自学深思"中的实词，实词填空也能迅速完成。但是，有些学生对虚词的理解不很准确，有的学生存在做题慢、不会做、空题的现象，尤其是虚词"而"的用法，学生对于"顺承"和"并列"这两种关系理解有难度，掌握不扎实，容易混淆。

"小组互学"时，学生积极参与、多向交流，既能顺利完成课文翻译，也能在讨论辨析与质疑问难中对重点难点问题深入理解。当然，极少数重点实词和虚词学生掌握起来有一定难度，还要在"教师助学"时与学生多向互动，重点强调。

在第一课时，我重点讲解了虚词"而"的用法，先引导学生回顾基础知识，再通过具体实例引导学生理解用法，还通过课堂练习提醒学生加强记忆。第二课时，学生通过互学讨论，对"乐"的表现已经有了明确的认识，但是对"醉"与"乐"统一的问题，有些学生领会起来有一定难度，我通过梯度提问的方式引导学生加深理解，有效发挥了教师的助学作用。

"自主检测"的题目，学生能够比较顺利地完成，说明他们已经扎实地掌握了基础知识，有效达成了学习目标。

整堂课，"激情导入、自学深思、小组互学、教师助学、自主检测"五个环节环环相扣，一气呵成。在课堂上，学生的自学能力得到有效锻炼，自学习惯得到很好的培养。我作为一名工作刚满一年的年轻教师，也得到了快速成长。

（九年级语文组：翟慧娟）

Unit 2　I think that mooncakes are delicious!
（Self-check Review）课堂反思

　　"I think that mooncakes are delicious!"是人教版《英语》九年级全一册第二单元的重点内容，主要是关于宾语从句的深入学习。前四个课时，我从学生实际出发，循序渐进地指导学生初步掌握了宾语从句的定义、常见关联词以及陈述语序等，这为本节课的复习巩固打下了良好的基础。

　　备好课是上好课的关键。我作为第二单元第五课时的主备人，在备课时进一步熟悉课文内容，深入研读课本，并依据学生实际提前编制好"助学提纲"和"助学训练"。教研时，组内教师又集思广益，补充订正，每个人都做到心中有学生，心中有课堂，为上课做了全面而充分的准备。

　　由于是复习课，学生们通过大声齐读本单元重点单词来完成1分钟"激情导入"极为有效。"自学深思"环节本来设计了18分钟，但因为短语归纳和佳作赏析用时较长，学生总体完成度不高，我及时调整了时间分配和方法策略，又往后延长了2分钟，待学生自学充分后再进入下一个环节。我感觉，课堂教学就像牵着蜗牛去散步，给予学生适合他们实际水平的较为宽松的时间与环境，比起功利性完成教学进度更为重要。

　　"自主检测"也是"五步助学法"课堂至关重要的一个环节。这时，学生可以通过完成自主检测题进一步查缺补漏，巩固知识。教师还可以在课堂提问和批阅训练的过程中及时发现学生的薄弱点再次加以强调，力争使绝大多数学生全面掌握本节课的知识。学生在"自主检测"后又自主完成本课的思维导图，进一步梳理了课堂知识，锻炼了发散思维，效果很好。

　　天下大事，必作于细。在"五步助学法"课堂上，教师更应该注重教学细节，为学生做好示范。如口语规范流畅、板书认真美观、用语简洁凝练等课堂行为都是对学生最好的引领。此外，教师也要指导学生学习方法，不断强调阅读策略及作文规范，力求授人以"渔"，赢在细节！

　　教育是一个潜移默化、不断渗透的过程，我们只有加强学习，深入反思，不断提升，才能真正影响和教育学生。我坚持教中学、教后思，也坚信自己会在"五步助学法"课堂教学改革中不断进步，茁壮成长！

（九年级英语组：焦茜）

《美国的独立》课堂反思

《美国的独立》是人教版《历史》九年级上册第18课的内容，主要讲美国独立战争以及美国1787年宪法。本课学习重点是美国独立战争的根本原因、过程以及性质，这些内容在"助学提纲"上都有体现。

上课时，我先从美国独立后的13个州就是英国在美洲的13个殖民地这一史实入手，通过展示美国国旗，引导学生思考国旗的象征意义，从而激发学生的学习兴趣。这样的导入也使学生获得了课堂学习的相关知识，为接下来的自主学习奠定了基础。

"自学深思"中的题目是依据历史学科五大核心素养（唯物史观、时空观念、史料实证、历史解释、家国情怀）以及本课重点难点来设置的，基本以问答题形式呈现。每个问题都设有提示语，既给学生的自主学习带来必要的提示，也向学生展示了历史答题的标准格式，潜移默化地培养了学生的良好答题习惯。对于本课的重点内容，"助学课件"上用标黑的形式做出标记，不仅让学生有深刻的印象，也为后边的深入学习做好准备。

依据历史学科的学科特点和"五步助学法"的课堂要求，"小组互学"环节设置时间较长，此环节主要形式为学生背诵与相互提问。因为美国独立战争的过程较为复杂，各个时间点有不同的意义，所以在背诵与相互提问后，要求学生按照各时间点发生的事件以小组为单位制作了时间轴。整个学习环节，学生互学讨论积极投入，学习效率较高。

在"教师助学"环节，我主要讲解了重点难点和学生在自学互学时存在的疑难问题。这时，我多采用提问的方式与学生进行互动，对"自学深思"与"小组互学"阶段的学习进行检查反馈和点拨答疑。各小组再次展示制作的时间轴，学生进一步理清了事件的发展脉络，加深了对美国独立战争的整体把握。

　　"自主检测"环节需要5分钟，检测题目是根据本课重点内容以及难易程度精心挑选或自主设计的，多是选择题或较为简单的材料题，题量不大，多数学生可以按时完成。

　　因为本课内容较多，在讲解独立战争的性质以及1787年美国宪法的三权分立原则时有些仓促。这说明自己在课堂预设、时间把控及语言提炼等方面还有待加强，需要以后多多改进。

　　当然，求索之路还很漫长，在"五步助学法"课堂教学改革中，我还要多多学习，努力探索，争取更大的进步。

（九年级历史组：韩欣欣）

（五）教师培训常态化

　　教师培训是教师专业成长的途径之一。培训形式也多种多样，有的是线下集中培训，有的是线上分散学习；有的是专家讲座引领，有的是一线教师经验交流；有时会走出去探访名校，有时会请进来传经送宝。在经历过各种形式的培训之后，我发现只有将教师培训与教师的日常教学行为有机结合，成为常态，才是引领教师专业成长最有效的培训方式。

　　在具体教学实践中，我们全面推广"三备两研"备课方式并使之常态化，有效带动整个教师队伍迅速形成了以老带新、资源共享的良好局面。录课评课和巡课式听课常态化又润物无声地调动了广大教师自主成长的积极性，常态课展示活动的开展也进一步激发了广大教师争当先进、追求卓越的信心和激情。这些常态化工作的有效展开，既带动了整个教师队伍快速成长，又对广大教师进行了最好的培训。

　　当然，新教师入职后，学校也会利用假期进行集中培训，既主题突出、目的明确，又安排灵活、收效显著。

　　第一，培训主题："五步助学法"课堂实施。

　　第二，培训目标：通过培训，使广大教师进一步转变教育教学观念，深刻理解"五步助学法"基本理念和课堂构建策略，全面掌握课堂教学的基本技能和扎实的教学基本功，切实提高课堂教学水平和教科研能力。

第三，培训内容：

1. 新课程教学理念培训，主要内容为学科课程标准。

2. 新课程教材培训，具体内容为教材编排解读和教材处理培训。

3. "五步助学法"课堂教学技能训练，主要内容为导入、提问、教法使用、学法指导、课堂评价、结课等教学基本技能训练。

4. 教师教科研能力培训，主要以"五步助学法"专题研究为载体，鼓励教师积极参与，进一步提高教师的教科研能力和专业素养。

5. 教师基本功培训，主要是普通话训练，板书训练，教学简笔画训练，"助学提纲"及"助学训练"的设计与编写训练，备课、上课、听课、评课训练，课件及教具制作训练，教育技术（含计算机及试验演示技术）能力训练等。

第四，培训时间：2019年暑假，2020年暑假。

第五，培训安排：

1. 2019年教师培训突出"专家引领"与"教师成长"两大主题。当时邀请县教研室孙迎辉、李以贤、周连梅三位主任进行专题讲座，还选拔各学科骨干教师进行专业引领。这些骨干教师都是在"五步助学法"课堂教学改革中迅速成长起来的年轻教师，他们能深刻理解课堂教学改革精神，熟悉"助学提纲"和"助学训练"的编制规范，能较熟练地使用"五步助学法"课堂模式进行教学，具有较强地指导新教师成长的能力。如朱金兰、王双、郑孝妮、侯永胜、焦茜、张燕、韩欣欣、炊家勇、刘苗苗等九位教师分别代表了本学科组教师的最高水平，在整个暑期培训期间对才入职的教师积极指导、大胆督促，起到了很好的引领作用。

2. 2020年的教师培训又从实际出发，做了许多调整，进一步体现出务实高效的特点。因为本学期招聘新教师很少，多数教师对"五步助学法"课堂教学改革也比较熟悉，所以培训内容主要是"五步助学法"实施策略及课堂教学改革的深化，培训形式基本以校内自主培训为主，培训时间缩短至两天半。这样的教师培训更有效率，更接地气。

培训中还进一步突出优秀教师的引领作用，选拔了李鹏飞、徐金涛、王昌峻、张露凡、伦忠亮、董文玉等六位优秀班主任代表做班主任经验交流，选拔了刘丹丹、刘学婷、周小娟、张吉芹、焦茜、孟鑫等六位优秀教师代表做教学经验交流。这些优秀班主任和优秀教师的发言在广大教师中引起了极大反响，不仅全面引领教师培训深入进行，还有效激发了广大教师干事创业的激情。

二、学生篇

随着时间的推移，商河县清华园学校的"五步助学法"课堂教学改革越来越显示出强大的生命力。

在教学实践中，广大教师大胆探索，不断创新，逐步完善了"五步助学法"课堂模式，有效助力了学生的自主学习和自我成长。这一简洁高效的课堂模式在转变学生成长观念、提升学生学习能力、减轻学生课下负担、丰富学生课余生活等方面卓有成效。它助力学校真正实现了"立德树人"的价值追求，真正达到了全面落实素质教育的课改诉求。

（一）转变成长观念

"学生自主发展，教师助力成长"是"五步助学法"课堂的核心理念，它符合新课程倡导的以"自主、合作、探究"为主的新型学习方式，既遵循学生身心发展的自然规律，又体现了以人为本、因材施教的教学原则。这一理念不仅要求教师成为学习情境的创设者和组织者，还要求教师成为学习活动的参与者与促进者。在"五步助学法"课堂上，教师的"教"是为了更好地促进学生的"学"，学生和教师的关系是和谐、民主、平等的，学生的学习方式、情感态度和思维形态等都会发生深刻的变化。

第一，学习方式的转变。每节新授课都要进行15—20分钟的自学深思，每天都上三节自主管理的自习课，学生这时可以积极主动地读书、思考、练习，既锻炼了自主学习的能力，又激发了主动学习的激情和自我成长的意识。这种学习方式的改变使学生的学习不再被动，做事不再应付，成长不再依赖。

第二，情感态度的转变。小组互学是个积极多向的交流过程，学生这时要认真准备互学，主动质疑答疑，积极讨论展示。学生整个过程都是兴奋的，他们不仅提升了语言表达能力，还体验到同学间互帮互助，团结协作的乐趣。在课堂上，小组成员共同攻破一道难题就像革命战士在战场上一起端了敌人的炮楼，胜利的自豪感油然而生，孩子们的性格也会潜移默化地发生改变。原来不爱言谈的内向学生变得外向起来，逐渐有了与同学交流思想和讨论问题的勇气与自信。

第三，思维形态的转变。在"五步助学法"课堂上，学生学习新知识要进行自学深思，遇到疑难问题要经过小组互学讨论，提升思维需要教师点拨启迪，巩固基础知识也要通过自主检测来强化训练；自习课上的系统练习更能助力学生形成举一反三、触类旁通的迁移能力。这种原生态的课堂生成使学生的思维训练由被动接受转变为主动建构，他们在思维碰撞中产生灵感，在不断求索中点燃智慧的火花。

实践证明，"五步助学法"课堂使学生的学习方式、情感态度和思维形态都有了很大变化，既大幅提升了他们的思维能力，也深刻改变了他们的成长观念。

（二）提升学习能力

客观地说，"五步助学法"课堂教学改革使学生实现了由被动学习到主动学习的转变。这种转变带来的新学习方式不仅彻底颠覆了旧的课堂秩序，真正激发了学生的学习激情，也有效提升了学生的学习品质和学习能力。

"自学深思"环节主要培养学生的阅读理解能力、自主学习能力、独立思考能力、信息整理加工能力和独立解决问题的能力。

"小组互学"环节主要培养学生的合作学习能力、质疑答疑能力、口头表达能力和辩论的能力。

"教师助学"环节主要培养学生的归纳综合能力、逻辑分析能力、发散思维和创造性思维能力。

整个"五步助学法"课堂既培养学生探究学习的能力，又培养学生主动发展的能力和综合实践的能力，还切实提升学生终身学习的能力。

（三）减轻课下负担

蔡林森校长多年前就主张上课要像考试一样紧张，这种说法初听起来有些极端。学生的学习负担本来就重，不仅每天从早到晚要上课，还有课下作业，甚至有的作业要做到晚上十一二点才能完成。上课再像考试一样紧张，学生还有轻松的时候吗？

平心而论，虽然应试教育和片面追求升学率是学生学习负担过重的根本原因，但课堂学习效率低下才是导致学生学习负担过重的关键因素。如果学生在课堂上不能积极高效地学习，不能全面掌握应会的知识，就只能把课堂上的学习任务留到课下，把校内应该学会的知识带到校外。这样恶性循环下去，学生的作业会越来越多，学习负担会越来越重。

我们知道，时间是个常数，学生要掌握的基本知识也是一个常数。课堂教学的辩证法就是课上教师讲得多了，学生自学和练习的时间就少；课上学生学得轻松了，留到课后的作业就多，负担就重。要是学生学习时有考试的状态，能做到注意力高度集中，思维敏捷，写字速度快，潜能得到彻底地激发，能够在课堂上把应该掌握的知识都掌握起来，就不需要再有课外作业。这时，学生便有了更充足的自主支配的课外时间，既能发展自己的爱好特长，也容易获得全面发展。

在评价课堂是否高效时，我常给老师们算两笔账：一是看40分钟课堂学生做了什么，有多大收获；二是看一天24小时，学生有多少时间是用来学习的，有多少时间是用来休息的，有多少时间是用来发展自己爱好特长的。为了实现课堂学习的高效率，我提倡学生"课上学习要发疯，课下身心要放松。"一定要在课堂上解决一切学习问题，坚决不允许把学习任务留到午休或者晚修时带到宿舍。这样，学生每天8小时以上的睡眠时间就有了保障，也就有了课堂上生龙活虎的表现。

"五步助学法"课堂在备课准备、上课步骤、课程安排、制度建设等方面都有明确而细致的规范要求，这为学生在课堂上高效学习提供了保障。学生上课时思维活跃，积极高效，每堂课都像"考试"一样投入，这既能使他们顺利完成学习任务，又能有效减轻课下负担，还为发展个人爱好特长留出了充足的时间和空间。

（四）丰富课余生活

"五步助学法"课堂高效实用，学生在课堂上主动学习，能够顺利完成学习任务。于是，他们便有了更多自由支配的课余时间，也能在教师的指导下积极开展丰富多彩的课外活动，真正享受充实快乐的学校生活。

一年多来，学生们成功举办了"诵我家国，展我风采"诗歌朗诵会、"我是书写小达人"书法比赛、趣味数学竞赛、"迎国庆，向祖国献礼"跑操比赛、"拂历史尘埃，现诗词华彩"诗词大赛、"唱响爱国曲，礼赞新时代"红歌赛等活动。这丰富多彩的校园活动给孩子们带来别样的心灵冲击，既开拓了他们的视野，又浸润了他们的灵魂，还灵动了他们的生活。特别是高水平活动的举办，不仅提高了学生的做事标准，提升了学生的审美品位，也助力了"五步助学法"课堂教学改革的推进与深化。

2019年11月28日晚，商河县清华园学校八年级在风雨操场成功举办"拂历史尘埃，现诗词华彩"诗词大赛巅峰赛。本次大赛由八年级语文组主办，分海选赛、晋级赛、巅峰赛三轮进行。晋级赛已于11月22日举行，八年级十二个班的代表队分三组进行对决，最后得分前八名者进入巅峰赛。

巅峰赛上，晋级赛前八名的代表队分两组进行对决，每组比赛都分为"厚积薄发""兵贵神速""一锤定音"三个环节。比赛过程中，所有选手都竭尽全力，大展风采，一次次将现场的气氛推向高潮。孩子们用扎实的国学功底、精彩的临场发挥尽显着中国诗词的无穷魅力，为广大师生奉献了中国传统文化的饕餮盛宴。

这次活动不仅丰富了学生的校园生活，也充分调动了学生学习诗词、热爱诗词的积极性，启迪了他们高雅的审美情趣。

2019年11月29日上午，商河县清华园学校七年级在风雨操场成功举办了"唱响爱国曲，礼赞新时代"红歌大赛。这次活动准备充分，还特别邀请了本年级的学生家长参加。比赛一开始，主持人用动情的话语引领现场所有人回首了战火纷飞的年代，用饱满的感情带领现场观众展望了民族的未来。

赛场上，每个班的学生都用洋溢的热情彰显着他们的青春，用充满活力的歌喉展示着自己的爱国情怀。孩子们嘹亮的歌声、抖擞的精神面貌也赢得了在场的家长和广大师生的阵阵喝彩。

最后，大赛在七年级教师的合唱中圆满结束。这次活动不仅激发了学生的爱国热情，增强了民族自信心和自豪感，也繁荣了校园文化，展示了商河县清华园学校莘莘学子的青春风采和崭新形象。

（五）落实立德树人

古人读书追求"修身、齐家、治国、平天下"，追求人生的"三不朽"，这些都是中华优秀传统文化，都是历代教育家共同遵循的教育理念，也是"立德树人"教育目标的具体体现。

道德之于个人，之于社会，都具有基础性意义。做人做事第一位的就是察德修身，特别是学生时代，是青少年形成人生观、世界观、价值观的关键时期，"扣好人生的第一粒扣子"至关重要。早在2007年，党的十七大报告就强调指出，要"坚持育人为本、德育为先，实施素质教育，提高教育现代化水平，培养德智体美全面发展的社会主义建设者和接班人"。党的十八大报告又进一步明确"立德树人"作为教育的根本任务，十八届三中全会再次鲜明地提出要坚持"立德树人"。

国无德不兴，人无德不立。将"立德树人"作为教育的根本任务，有着特定的内涵和时代的意义，这对增强民族的认同感，提升文化的归属感有着极大的推动作用。所以，在"五步助学法"课堂构建中，我要求老师们首先摆正培养人格与传授知识的关系，要将"立德树人"作为课堂教学永恒的价值追求，要坚信"五步助学法"课堂是"立德树人"的主阵地，应时刻对学生进行精神的启迪，灵魂的滋养。

第一，我们把教材作为"立德树人"的载体，备课时深入挖掘教材的德育要素，注意德育渗透的自然性。第二，各学科依据本学科性质和特点，找准学科知识与德育教育的契合点，精心设计"助学提纲"和"助学训练"。第三，课堂上教师要捕捉德育教育的最佳时机，对学生进行启迪和引导。第四，从本校学生实际出发，开展系列活动，创设德育情境，助力学生自主成长。第五，加强与生活的联系，深入推进"全员育人，自主管理"德育教育，把学生置于特定的生活情境中，让学生在故事体验中感受道德冲突，感悟道德选择，完成自主成长的发展过程。

在"五步助学法"课堂教学改革中，清华园人会始终坚持"立德树人"的根本宗旨，始终牢记为党育人、为国育才的伟大使命，始终在学生自主学习和自我发展的道路上不懈努力，大胆求索。老师们辛勤的付出会时刻引领着孩子们的成长，启迪着孩子们的智慧，濡养着孩子们的灵魂。

有些学生把自己的成长与"五步助学法"课堂教学改革紧密结合起来，他们领略了课堂的魅力，悟到了课堂的真谛，感受到了课堂的改变给自己带来的巨大变化。许多学生用真诚的文字书写了自己对"五步助学法"课堂的欣赏与赞美，下边这几篇课堂心得是九年级学生所写，是孩子们对"五步助学法"课堂的真实感悟，也是他们在"五步助学法"课堂助力下茁壮成长的最好见证。

和"深思"做伴，与"助学"共舞

"深处种菱浅种稻，不深不浅种荷花。"水的深度不同，适宜种植的作物也不同。种地讲究因地制宜，才会硕果累累；树人能够因材施教，才会桃李芬芳。不知不觉中，学校推行的"五步助学法"课堂合了同学们的胃口，成了同学们的最爱。

七年级下学期，刚开始实行"五步助学法"时，我不适应新的学习方式，成绩一下子跌入谷底。为此，家长认为我学习不再努力，老师也多次找我谈话。我在老师的启发下，开始寻找问题的根源：以前上课，老师讲解的方式是在给学生灌输知识和思想，这使我缺乏自己动脑的机会，思维也逐步僵化起来；而现在的课堂，在"激情导入"后，我们就需要自主学习，深入思考，我们还要与同学交流碰撞，与老师互动激发。因为我没有跟上课堂改革的节奏，所以学习成绩才会下降很多。

后来，我慢慢适应了这种自主解决问题的学习方式，遇到难题不再依赖和畏惧，遇到问题动辄讨论的现象也逐渐在我的学习过程中被淘汰。在"小组互学"时，不同学科的互学方式并不相同：语文和英语学科中的互学，重在分享思路和技巧，最后总结答案；数学中的互学是把会的讲给别的同学听，既是总结巩固，也是锻炼解题能力和思维能力的有效方式。"教师助学"环节也是我最喜欢的，这时候，老师会讲解我们不理解的重点难点，让我们在"自学深思"和"小组互学"的基础上更上一层楼。

我们的课堂追求"课堂高效率，课下不留疑"。每节课，我们都会在"助学提纲"的引领下，认真读书，深度思考，热烈讨论，大胆质疑。这一张张渗透着老师们汗水的学习资料是我们高效学习的保障，在同学们看来，纸张上印刷的不只是文字，更是老师们的辛劳和对我们的爱。我们用笔书写的也不只是题目的答案，更是自己的未来。

为了巩固知识，锻炼能力，在课堂结束后，老师们又为我们准备了"助学训练"。从以前的基础训练和限时训练到今天的"助学训练"，改变的不仅是名称，更是同学们的思维方式和学习方式。自习课上，没有老师讲解，没有同学监督，有的只是自觉主动地学习。整个40分钟，同学们无一人交头接耳，只有齐刷刷的写字声显示我们的高超境界。这样的"助学训练"不只是为了检验知识的掌握情况，更是为了提高我们的做题速度和答题的正确率；既为当下考试做准备，也为未来的人生做积累。所以，这样的自习课成了我们的最爱。

学习路上，我们和"深思"做伴，与"助学"共舞。"五步助学法"课堂上，我们发挥自己的优势，挖掘自己的潜能，展现自己的个性。我们一定会在成功的路上踏实前行，走出精彩。

（九年级四班　柳灿）

"五步助学法"之我见

别林斯基曾经说："人的命运决定于教育。"可见，好的教育、好的课堂对我们的成长是多么重要。

作为商河县清华园学校的一名学生，我是自豪的。因为我们有好的教育、好的课堂，我们有为之骄傲的"五步助学法"。我们的"五步助学法"分为"激情导入、自学深思、小组互学、教师助学、自主检测"五大模块，这些模块环环相扣，层层递进，共同为同学们打造了激情澎湃的课堂。

第一步，激情导入。"兴趣是最好的老师"，只要激发了学习激情，学习就会变得趣味盎然。前段时间，我们学习《中国人失掉了自信力了吗》，我原本对议论性文章不感兴趣，总认为学起来会枯燥无味。但是看到"助学提纲"上激情导入部分的背景介绍，了解到文章背后的故事，我一下子产生了想要深入探究的激情，再读课文时也就有了兴趣。

第二步，自学深思。苏格拉底曾经说："有效的教育方法，不是告诉他们答案，而是向他们提问。"在这一环节，同学们都拿出了120%的精神来认真作答老师们为我们精挑细选的高质量题目。这时，每个同学都在积极思考，奋笔疾书，就算针头掉到地上，也一样可以听得刺耳。这一次次的自学，一次次的深思，既锻炼了我们的自学能力，也培养了我们勤于思考的好习惯。

第三步，小组互学。萨迪说："只有在集体中，个人才能获得全面发展其才能的手段。"记得在学习《怀疑与学问》时，我们小组四人，你一句我一句，积极交流，共同合作，很快找准了文章的中心论点和分论点，那种喜悦之情是不言而喻的。有了"小组互学"，我们学习起来更积极，更踊跃。

第四步，教师助学。完成"自学深思"和"小组互学"后，我们也需要老师的启迪。老师在刚才巡视时，发现了同学们学习的问题所在，就会在"教师助学"时为大家讲解。这时，我们会学到解题的方法，会明白答题的思路，会掌握答题的格式。我们的学习在这时也得到升华，老师们那炯炯有神的眼睛如宝石一般放光，刺破无尽的黑暗；像普罗米修斯盗取的火种，为我们懵懂的心灵带来光明。

第五步，自主检测。一张好的照片是需要后期加工处理的，一座好的建筑是需要喷漆绘画的，我们的课堂也是如此。学完新知后，我们需要进一步巩固知识，温故知新，拓展思维，锻炼能力。这时，"自主检测"就为同学们提供了最好的舞台，它能助力我们收获新的知识，形成新的能力，最终完成一次美妙的课堂之旅。

晨曦中，夕阳下，春风里，细雨中。不知不觉，"五步助学法"这种新教学模式已陪伴我们两年了。老师们寓教于乐，同学们乐在其中。我们会继续乘风破浪，扬帆沧海。

（九年级一班　张晨曦）

我与"五步助学法"

上初中时，父母为我选择了商河县清华园学校。当时，我信心满满，想在新学校里再次大显身手，学出骄人的成绩。

可是，一学期下来，我大失所望。遇到的同学有好多是曾经的学伴，上课的方式也是极普通的，和以前在乡间读书时没有什么区别。或许自己的期望值太高，也许学习就应是这样，只有枯燥和乏味才是课堂的本来面目。

进入第二学期，学校在我们七年级进行了"五步助学法"课堂教学改革。一开始，我心里不住嘀咕，上课就那样，还能有什么新花样？由于自己的任性，上课时依然犯困，对学习提不起一点兴趣。

但渐渐地，我感到了课堂的变化。上课时需要我们参与的地方越来越多，我也慢慢地融入课堂。从前，我时时刻刻跟随老师的思路学习；而现在，学习是自己的，思路是自己的，成绩也是自己的。我上课时不再犯困，思维也慢慢活跃起来。

如今，我对"五步助学法"课堂有了浓厚的兴趣。我真正成了课堂的主人，课堂上五个环节时间分配很合理，每节课我都很兴奋，学习都很充实。在"激情导入"时，我会很迫切地想知道这节课要学的内容，老师讲述的时间很短，我听得也特别认真。"自学深思"时，由于没有老师的带领，思路完全由自己展开，我能够更认真地读书，更积极主动地思考问题。"小组互学"时，和本小组的同学交流，我会很大胆地表达自己的想法，并且和有异议的同学辩论。以前我不敢大声表达观点，现在我却能在课堂上积极回答问题，即使答得不完整、不全面，我也不再觉得丢面子，还会激起我要在下次回答问题时以雪前耻的想法。每次上课，我都是积极的，乐观的，向上的，充实的。

老师说，"五步助学法"课堂可以提高我们的自主学习能力、交流合作能力和应变能力，对我们以后的学习和生活会产生深远的影响。的确如此，我在一次次的课堂学习中就真切感受到了这种成长和进步。

最难以忘怀的是七年级下学期的期末测试，我的考试成绩有了很大进步，这让我更加坚信"五步助学法"课堂对提高成绩的重要作用。我越来越喜欢这样的课堂，此刻，将来，我会深深地怀念与感激，"五步助学法"课堂永远助我成长。

（九年级五班　李宁）

三、课堂篇

"五步助学法"课堂教学改革在商河县清华园学校推行以来，受到了广大师生的认可和青睐。它使得每位教师备课有依据，上课有底气；所有学生学习有动力，成绩有保障。现在的课堂规范严谨，活力四射，其流程设计不仅充分体现了新课程的教学理念，体现了新课程倡导的自主、合作、探究的学习方式，还呈现了以下几个鲜明的特点。

（一）遵循规律

"五步助学法"源于传统教育思想，体现现代教学论传统理论，吸收当代课改先进理念。它始终立足实践，扎根课堂，充分体现学生主体、因材施教、分层教学、循序渐进等原则。

"五步助学法"课堂模式深刻诠释了"学生自主发展，教师助力成长"这一高效课堂构建理念，它既遵循学生身心发展的基本规律，又体现现代教育教学的科学精神。课堂设计的"激情导入、自学深思、小组互学、教师助学、自主检测"五个环节遵循由浅入深、由表及里、去粗取精的认知规律，既尊重学生的自学感受，又体现知识学习中循序渐进、螺旋上升的科学精神。

"助学提纲"和"助学训练"中的题目分层设计，学生可以根据自己的知识水平和读书收获选择性地进行解答。在课堂上，学生就像一位旅人，既能将沿途风光尽收眼底，也可以细观美景，驻足观摩。而"助学免单记录卡""助学阶段调查表""故事化德育"等助学保障的恰当运用又进一步激励了学生自主学习和自我成长的主动性和积极性。

学生在"五步助学法"课堂上积极主动，兴致高昂，亢奋不已。他们既学得快，又记得牢；既愉悦身心，又锻炼思维。这也正是"五步助学法"课堂教学改革的目标所在，灵魂所在。

（二）公平教育

从教三十多年来，我始终深入思考两个问题：一是学生的学习兴趣是如何消失的？二是学困生是怎么形成的？第一个问题在《"好学乐学"是"五步助学法"的动力源泉》章节已有详细论述，在此不再赘述；第二个问题同样值得关注。

孩子一出生不是学困生，一上幼儿园不是学困生，一上小学时也不是学困生，为什么上了小学，到了初中就成了学困生？谁的责任？应该说课堂教学的责任最大。我们许多教师在课堂上没有关注到学生的真实状态，不能因材施教，不能有效启发和及时助力，致使学生在学习中逐渐形成了知识欠账，这种知识欠账日积月累，学生的学习困难逐步增加，学习兴趣日渐消失，厌学情绪不断滋生，步入学困生行列也就成了必然归宿。

孩子一旦到了学校，进了课堂，就会有大把的学习时间。这时，教师如果能关注到每个学生的学习状态，及时有效地施以教育与帮助，学生就不会掉队，就不会进入学困生的行列。一般而言，学生的学习靠家长课下督促不靠谱，靠教师课上助力就会很有成效，课堂才是学生不再进入学困生行列的主阵地。客观地讲，关注到全体学生的课堂表现是所有教师应尽的职责，如果教师的每堂课都能因材施教，做到堂堂清、人人清，就会减少学困生的形成，也会最大化地带来教育结果的公平。

绝不放弃任何一个学生，绝不放弃任何一次教育机会，是我从教30多年来一直坚守的基本原则。初到商河县清华园学校时，我接了一个全年级语文成绩最差的班，在班里有一个语文成绩全年级最差的学生，他不识拼音，汉字也认不了几个，每次语文考试基本不超过20分。好心的前任语文老师和我说，他在班里就是个打酱油的；班主任也和我说，上课别理他，沉默的他才是最好的。一般说来，语文考试考不了高分可以理解，但是150分的题考不到20分，绝不仅仅是基础差这一方面的原因了。一定要改变这个学生！我经过认真观察了解后，对他采取了三个步骤：第一步，在课堂上先坚定每个学生都能学好母语的信念，提出"激情学语文，誓做中国人"的课堂口号，对这位同学进行潜移默化地影响；第二步，分小组，定目标，说规矩，讲方法，暗中嘱咐组内其他同学积极帮助这位同学转变思想，改变学语文的方式方法；第三步，课堂上对他重点关注，一个个眼神的激励，一句句轻轻的提醒，一次次简单的提问都令他感到真诚的重视和精心的呵护。这样反复进行，锲而不舍，一个月的努力终于撬开了这位同学考试的天花板，月考时他考了57分，小组祝贺；第二次考试时，他考了78分，全班祝贺，重点表扬；第三次考试时，他考了89分，离90分及格线还差1分，在他兴奋地手舞足蹈时我握住他的手叹息良久。再往后的语文学习他更加专注，每次语文考试他都能考在及格线或者100分以上。

这位同学的进步再一次使我深刻地认识到，教师在课堂上只要对学生不放弃，他们的自主意识就会增强，自我发展能力就会提升，自主学习水平就会提高。身为教师，我们无法左右教育起点的公平，但是可以追求教育过程的公平，从而最大化地实现教育结果的公平。作为人民教师，我们应该理解教育公平的精神实质，更应担负起教育公平的崇高责任。

不放弃任何一个学生，坚信每个学生都有自主成长的渴求与动力是"有教无类"经典教育思想的现代发展，也是"五步助学法"课堂教学改革永恒的价值追求，更是在课堂上实现公平教育的完美实践。

（三）精致管理

"五步助学法"课堂十分重视课堂管理的有效性和精致性，要求教师"管住嘴，迈开腿"，做到三分教学，七分管理；学生则要自主学习，自我管理，做到专心致志，高效学习。当然，"五步助学法"课堂对教师、学生和学习小组有更明确的规范和要求，这在《严格的课堂规范》章节已有较充分的论述。

其实，课堂管理的任务比较复杂，一般包括课堂人际关系管理、课堂环境管理、课堂纪律管理等方面。课堂人际关系管理包括建立良好的师生关系、确立群体规范、营造和谐的同学关系等。课堂环境管理具体体现在座次安排公平合理、小组搭配层次分明、学习用品摆放整齐简洁等方面。课堂纪律管理是指课堂行为要合理规范，准则制订与实施要结合实际，落地生根，对学生的问题行为处理要有法可依、灵活高效等。

"五步助学法"课堂规则的制订也体现了精致管理的特点，力求做到认真细致，坚持原则；既满足基本课堂需求，又充满灵动的人文关怀。

第一，课堂规则应符合四个条件，即简短、明确、合理、可行。规则简明扼要，学生才能迅速记住；规则明确合理，对学生才能起到约束与指导作用。如"自学深思"时，学生看书要做到紧盯、默念、圈画、评点。这种规则就明确务实，具有很强的可操作性。

第二，课堂规则应通过教师与学生的充分讨论，共同制订。课堂是教师的，更是学生的。课堂规则只有经过学生的讨论与认同，由师生共同制订，才最容易落实，才会使学生更自觉遵守并乐于承担责任。

第三，课堂规则应少而精，内容表述应以正向引导为主。教师要对所制订的课堂规则进行归纳和删改，删除那些不相关或不必要的规则，并制订出最简明、最基本、最适宜的规则。即便规则不够全面，也应等学生适应并掌握一些规则后再逐步增加内容。规则内容的表述应多用"希望……"和"建议……"等积极的语言，少用或不用"不准……"及"严禁……"等祈使性语言，以起到正向引导作用。

第四，课堂规则应及时制订和不断调整。教师应抓住学期开始的机会，全面了解学生的基本状况和学习方式，征求学生对课堂规则的意见，与学生共同分享课堂的需要与教师的要求。在课堂规则实施过程中要不断进行检查和反馈，并根据各方面的具体情况加以修改和调整、补充和完善。

课堂上遇到学生违纪行为，除了依据规定进行处理外，我还提倡广大教师使用艺术化的处理方式。提供的处理方法也比较丰富，如：规范预防，有意忽视，突然沉默，接近安慰，直接提醒，及时转换，语调变换，幽默调节，表现激励，教育合同等。这些方法，老师们可以根据学生实际违纪情况灵活选取，综合运用。

"五步助学法"课堂教学改革以来，我们基本做到了管理规范明确化，管理任务科学化，课堂规则人性化，违纪处理艺术化。这样精致的课堂管理也为课堂教学改革的深化提供了前提和保障。

（四）重视练习

"五步助学法"课堂重视学练结合，特别强调练，这在传统的课堂上并不多见。前些年，由于极端应试教育的存在，教育界曾经搞过反"题海战术"，导致有些学校不留作业，以讲代练的做法泛滥，造成的直接影响是学生眼高手低，不仅能力难以培养，知识也难以巩固。

虽然我国古代教育有"学而时习"的好传统，但是并没有发扬光大。由于教学中过分强调传道、授业、解惑，致使许多课堂忽视、剥夺了学生动手练习的机会，最终导致了学生动手能力差的局面形成。须知，无论是科学的研究发现，还是技术的改进升级，都是需要动手实验和进行大量计算的，我们在这方面的教育与发达国家依然有差距。

再者，平时忽视练习，学生也很难适应中考和高考，因为中考、高考本身就侧重于考察动手做题的能力，平时练题多了，考试时才会既快又准。大题量练习不能与应试教育等同起来，而是更接近素质教育的本质，在这个问题上需要拨乱反正。因为个体的认识过程和规律是"实践—认识—再实践—再认识"，循环往复，螺旋上升的。所以"五步助学法"课堂旗帜鲜明地把学生自己动脑动手的课堂练习放到重要位置，明确提出学就是为了用，用就需要动手做题，科学有效地进行练习就是很好地践行新课改理念，就是全面落实素质教育。

我们坚决杜绝那种大讲特讲、大水漫灌、纸上谈兵的陈旧课堂行为。在"五步助学法"课堂上，"自学深思"需要学生动手圈画，认真答题；"小组互学"与"教师助学"需要学生积极思考，动手记笔记或做演示；"自主检测"更需要学生认真做题，自主反馈。自习课上，学生还要自主完成"助学训练"上三个层次的练习题目。可以说，"五步助学法"课堂的每个环节都重视学练结合，都强调必要的课堂练习，都追求通过自主练习促进学生自学能力的提高和自我意识的增强。

重视练习是"五步助学法"课堂高效的精髓所在，它贯穿了课堂学习的全过程。这样的课堂充分实践了毛主席提出的"自己动手，丰衣足食"的伟大号召，彻底实现了"自主练习，提高成绩"的课改诉求。

（五）激发兴趣

来到商河县清华园学校后，我进行课堂调研，发现学生在课堂上昏昏沉沉，萎靡不振，自由散漫，毫无斗志。再进行问卷调查，结果更令人大跌眼镜，课堂上有瞌睡史的学生竟然高达85%以上，上课不知所云者也占到70%以上。

"五步助学法"课堂教学改革首先解决了学生上课浑浑噩噩、消极怠工的问题。课堂设计的每个环节都很好地给学生把准了脉，开对了药方，彻底激发了学生自主学习的激情。整个课堂生态也发生了根本性转变，有学生兴奋地和我说："现在上课谁还瞌睡啊，就是头一天晚上半宿不睡，上课也不会没精神。"也有学生真诚地说："我们上课还要认真读书、做题、展示、交流呢！再萎靡瞌睡就对不起老师、对不起课堂、对不起自己的良心了!"

的确,"五步助学法"课堂能充分调动学生学习的积极性,它的五个学习环节从自学到互学再到助学,逐层深入,连环设计,既环环相扣,又切换自如。每个环节都目标具体,要求明确,检查及时,交流充分。这样的设计能够确保学生在上课时不走神,不瞌睡,积极思考,持续兴奋,兴趣盎然,高效学习。在课堂上,学生学习积极主动,他们不停地阅读、思考、质疑、辩论、动手练习,他们对课堂学习内容不断进行由此及彼、由表及里地分析解剖。通过这样的学习,学生熟悉了知识,锻炼了思维,真正实现了举一反三、触类旁通的能力要求。

"五步助学法"课堂真正实现了课堂主角由教师到学生的转变。在课堂上,学生的学习从重视基础知识和基本技能转变为重视学习过程和学习方法,教师则从知识的传授者转变为学生学习的启迪者、促进者、引导者和助力者。这样的课堂,学生通过自主、合作、探究,能充分自主地学习,积极尽情地表达,大胆自由地辨析,骄傲自豪地总结。学生成了学习的主角,他们便有了参与课堂的激情,枯燥乏味的课堂立即变得生动活泼起来,学生打瞌睡和注意力不集中等问题也得到彻底解决。

"五步助学法"课堂是生本教育理论和模式的大胆探索,它从以教师的"教"为中心彻底转变为以学生的"学"为中心,把以学生的"学懂""学会"为目标真正转变成以学生的"会学""会用"为目标。学生在这样的课堂上学得快、记得牢、效率高,既增长知识、提高能力,又濡养情感、激发兴趣。

(六)高效学习

"五步助学法"课堂既有正确的"学生观"又有"整体观",它的每一个学习环节都经过了学科组全体教师的精心设计,既规范细致又连贯高效。课堂各个环节时间安排科学合理,对教师助学行为和学生学习行为都有具体明确的要求和规范。特别是三大助学支撑的有效使用,既助力了整个课堂活泼精彩,又保障了学生课堂学习规范高效。

　　课前100秒，学生拿到"助学提纲"后就进入了学习状态，他们通过浏览"助学提纲"看清了本节课的学习目标、读书范围、学习方法、时间分配等内容，为课堂的正式展开做好了知识上和心理上的准备。

　　悦耳的上课铃声响起，学生们用个性十足、激情四射、声震全班的课堂口号彻底唤醒了上课的激情，有味道有魅力的学习之旅就此开启。课堂开始的60秒内容丰富，设计精致：教师往往用简洁的语言开门见山地导入新课，接着再进行导学，将本节课的学习内容、学习目标、重点难点、自学方法、自学要求等都简洁明了地呈现出来。可以说，这开始的60秒，秒秒必争，丰富实用，激趣高效，魅力无穷。

　　精致60秒之后，学生要进行自学深思，他们读书做题，深度思考，自主管理，自我发展。这时学生精力高度集中，思维敏捷严谨，学习扎实深入，能力有效提升。很快到了小组互学环节，学生们对它总是热切期待，欲罢不能；它体现的是速度，放飞的是激情；既有思维的碰撞和知识的升华，又有情感的交流与互信的加深。

　　教师助学仍然是一个火花四射、高潮迭起、双向交流、师生共同精彩的过程。在短短的15分钟里，教师要精讲知识，拓展思维，点睛方法，探寻规律；学生则积极展示，大胆质疑，动脑动手，对话交流，最终得出学习结论。自主检测是课堂收尾环节，学生可以通过口头或书面的形式对课堂重点知识进行检测和巩固。本环节形式是检测，其核心依然是"自主"，是学生对课堂所学内容进行反思总结、反刍内化和自我评价的过程。"助学提纲"上还设计了自学反思，要求学生下课后迅速记下课堂学习中最大的收获、最深的思考和最无法忘记的触动。

　　"五步助学法"课堂是学生自主学习、自我发展的主阵地。它从课前100秒准备开始，运用精致60秒开启，经过"自学深思"的准备，"小组互学"的精彩，"教师助学"的提升，"自主检测"的回顾，最终形成自学反思的余韵。这一次次的循环往复，一次次的高效学习，把课堂的节奏之美、构建之美、高效之美、收获之美做了完美的诠释。

四、学校篇

商河县清华园学校是一所建校时间短、教师队伍年轻（平均年龄只有25.8岁）、缺少文化积淀和教学资源、处于起步期的民办学校。

"五步助学法"课堂教学改革之初，这所学校建校才一年半，招聘来的教师90%以上没有教学经验；招收的学生基本来自偏远乡村，特殊家庭（留守儿童家庭、单亲家庭等）学生占到75%左右。学校以前的教学管理僵化刻板，形式主义满天飞；课程设置极不合理，语文、数学、英语这些主要考试科目每天要上3—4节课，而音乐、体育、美术等非考试科目只是应景式存在；教师教学观念陈旧落后，满堂灌、填鸭式教学方式大行其道，课堂气氛沉闷，效率极低。

面对上述困境，"五步助学法"课堂教学改革从优化课程设置开始，逐步完善了课堂模式，落实了人性管理，施行了激情教育，最终颠覆了陈旧的课堂秩序，改变了教师的教学行为，优化了学生的学习方式。课堂教学改革不仅迅速扭转了学校被动发展的困难局面，还带动学校明晰了发展目标，形成了自己特有的办学气质。

（一）完善模式

"五步助学法"课堂教学改革已经过去三个学期，从开始的酝酿命名到形成体系，从最初的七年级实验到后来的六、七、八三个年级联动发展，再到现在的全校推广，一路走来，扎实推进，波澜壮阔。

"五步助学法"课堂首先理清了"学生"与"教师"的关系，它始终把学生当作课堂的主体，始终承认学生具有自主发展的渴望与动力，始终坚持教师是助学者，具有唤醒灵魂、启迪智慧、呵护成长的使命。"五步助学法"课堂既符合凯洛夫"五环"教学模式的基本结构，又充分体现"助学"的基本理念，课堂运行的五个步骤符合人的思维发展规律，各个助学环节都能有效助力学生高效学习。

随着课堂教学改革的深入，广大教师对"五步助学法"课堂构建有了更深刻的认识，他们在备课组长的带领下大胆实验，认真探索，逐步规范了"助学提纲""助学训练""助学课件"这三大助学支撑。当时，七年级语文组是课堂教学改革的领头羊，老师们充分发挥学科优势，反复斟酌后将"助学提纲"的五个助学环节依次命名为"激情导入、自学深思、小组互学、教师助学、自主检测"，将"助学训练"的三个助练层次分别确定为"夯实基础、活用知识、提升能力"。"五步助学法"课堂框架在广大教师的共同努力下很快搭建完成。

课堂教学改革的快速推进需要方方面面的助力和保障，广大教师思路开阔，不断创新，在实践中逐步尝试了许多新方式和新方法。如"深度助学题库""助学免单记录卡""助学阶段调查表"等既提升了课堂品质，又促进了学生的深度学习，还有效助力了课堂教学改革的深入进行。

再往后，"故事化德育"教育有效展开，其内涵也不断丰富。"每早一故事""每日一新闻""每周一红歌"等基本形式很快在各个年级落地生根，成为常态。在此基础上，全员育人、全过程育人、全方位育人的现代教育理念又在全体教师中进一步贯彻，各年级学生会也得以充分运行。至此，"全员育人，自主管理"教育模式基本完备，"五步助学法"课堂体系最终构建完成。

（二）激情教育

一般而言，激情教育包括两个层面：一是通过目标导航、环境营造和政策激励着力养育全体教师的工作激情，进而打造一支富有激情的教师队伍，创设一种激情文化。二是通过活动开展、环境营造和氛围烘托对学生进行激情教育，培养大批阳光自信、活力四射、激情澎湃、积极进取、奋发向上的学子，让整个校园激情燃烧。我们的具体做法是：

第一，高远目标，引领激情

对学生进行理想教育和目标教育是激情教育的重要内容之一。在教育实践中，学生们通过听故事，看新闻，唱红歌，谈理想，定目标，能够有效开启一段有梦、追梦、圆梦的校园生活。许多学生也能自觉追求人生大目标，有成名、成家、成就大事业的宏伟蓝图。孩子们每天生活在理想之中，目标之中，追求之中，在激情燃烧的学生时代就种下了理想的种子，也必将成为他们一生的精神财富。

第二，爱国主义，点燃激情

老一辈革命家之所以能抛头颅，洒热血，经得住残酷战争的洗礼，是因为他们对祖国和民族充满着挚爱。正值青春年少的中学生，也只有把自己的未来和国家的命运联系在一起，有一份爱国情怀，才会有努力学习，奋发向上的不竭动力，才会在学习中充满激情。

我们进行"故事化德育"系列教育，其目的就是润物无声地濡养学生的爱国情怀，"每早一故事""每日一新闻""每周一红歌"等教育形式落地生根，春风化雨般地洗涤着孩子们的灵魂。在青年节、儿童节、国庆节等特殊的日子，学校还要举办有意义的大型活动对学生进行集中系统的爱国主义教育。如举办过的"为振兴中华而发奋读书"大型报告会、"诵我家国，展我风采"诗歌朗诵会、"迎国庆，向祖国献礼"跑操比赛、"拂历史尘埃，现诗词华彩"诗词大赛、"唱响爱国曲，礼赞新时代"红歌赛等都是极具代表性的活动。这些活动既带来心灵冲击，又点燃爱国激情，把孩子们的情感与祖国和民族的命运紧紧地联系在一起。

第三，开展活动，调动激情

实践证明，德育教育常态化、德育活动系列化才会营造良好的育人环境。学校既重视重要节日的大型活动，也重视平时的常态化活动，如学生早晨要激情诵读、闻鸡起舞，课间要激情跑操、气势如虎，课上要激情辩论、挑战权威，课外要雷厉风行、健步如飞。一旦这一切成为常态，学生的脸上就会充满着朝气，洋溢着激情。

每周的快乐小周五系列活动，全校师生都走出教室，奔向运动场。拔河比赛、花样跳绳比赛、踢毽子比赛、健美操比赛、折返跑、运球跑、花样跑等活动同时开展，整个校园都充溢着青春的活力、快乐的激情。

在教学中，常态课录制、巡课式听课、常态课展示、常态化教研等教学活动的有效展开使"五步助学法"课堂充满着激动人心的力量。各类学科竞赛，优秀教师报告会，激情学子报告会等更是不断激发师生的拼搏意识和进取精神。特别是鼓励平行班之间举行挑战赛，由成绩暂时落后的班向成绩好的班在年级大会上递交挑战书等形式更激发了师生的斗志，调动了师生的激情。

第四，树立榜样，引导激情

为激发广大教师的工作激情，学校在教师中树立榜样，弘扬正气，开展了一系列评优活动，如"十大最受欢迎教师""十大激情班主任""最富激情年级部""最富激情备课组"等。每次评选之后，都要在大会上进行隆重表彰，让榜样人物讲述自己的事迹。教师暑期培训时，举行优秀教师和优秀班主任事迹报告会，树立广大教师学习的榜样。榜样的力量是无穷的，你追我赶、激情澎湃的工作氛围在这一次次地激励中迅速形成。

另外，学校还在学生中开展"造星运动"。每大周评选一次"校园之星"，如"希望之星""进步之星""诚信之星""勤奋之星""创新之星""挑战之星""发明之星""孝敬父母之星"等；每学期还要评选"十佳班长""十佳标兵""十佳歌手""十佳国学小名士"等。评选之后，学校不仅举行隆重的颁奖典礼，邀请家长参加颁奖活动，把喜报寄回家中，还把他们的先进事迹张贴在校园醒目的位置，供其他同学参观学习。

第五，净化心灵，养育激情

在学校里，我们提倡人与人之间建立一种简单化、纯洁化、高尚化的人际关系，追求一种"同事之交淡如水"的高贵状态。特别是新选聘的教师来到学校后，不用考虑如何同领导、同事搞好关系，只要把工作干好了，一切关系也就搞好了。老师们也不用考虑自己的奖金、荣誉、职称、房子等问题，所有这些问题都由领导来考虑，工作干好了，什么都少不了。

学校重视广大教师的专业成长和教育情怀的大力培育，既充分挖掘教师中的先进事迹，用身边的例子引领他们快速成长，还定期组织读书报告会和专家讲座，持续不断地向他们介绍一些教育人物的生平事迹，以此养育他们的教育情怀。如"捧着一颗心来，不带半根草去"的陶行知先生，毕生致力于教育事业，对我国教育的现代化做出了开创性的贡献。平民教育家晏阳初，当年放弃了北洋政府教育部长的官位，立志不去做官发财，而是到农村去，把自己的一生献给平民教育事业。这些感人的事迹不断净化着广大教师的心灵，深深滋养着他们的教育情怀。

广大教师在一个关系简单的环境中可以专心做事，坦然育人。他们不断向先进看齐，总是向名家学习，在不断滋养情怀和净化心灵的同时，干事创业的激情也充分爆发出来。

第六，公平竞争，诱发激情

现实生活中，没有公平就没有竞争，有了公平必然会引发竞争，有了竞争必然会涌起工作激情。在学校里，如果教师感觉所处的工作环境是公平的，他就会有公平感和安全感，就会安下心来认真工作。特别是在民办学校，教师职业稳定感比较差，成就事业的愿望较为淡漠，追求职业幸福的激情较为缺失。此时，营造公平成长的环境，通过公平竞争诱发教师的激情不仅是激情教育的必要保障，还具有深远的现实意义。

因此，在管理中，学校非常注重为每位师生提供一个公平竞争的舞台。如任用干部时，学校坚持任人唯贤、唯才是举、公平竞争、择优聘任的原则。新生入学时，学校按均衡平行的原则进行计算机编班，任何人不许挑班择师。师资配置上，各个平行班整体实力旗鼓相当，同一学科的任课教师资历相当，年龄相近。考试组织上，力求严格严密，其组织形式比照中考高考，以确保教学评价的准确公平。

有了公平竞争的舞台，广大教师变得心齐气顺，热情高涨。学校也越发政通人和，蒸蒸日上。

（三）人性管理

学校管理的核心是管人，每个人都是有思想、有情感、有个性和主观能动性的个体。如果过分强调制度的严格，就会窒息创造精神，更会导致人际关系紧张、气氛压抑局面的出现。

因此，冰冷的制度管理绝不应是学校管理的主基调。在推行"五步助学法"课堂教学改革中，学校很重视人性化管理水平的提高，也形成了尊重与理解、激励与约束、严格与宽松的管理机制。

第一，尊重与理解

尊重人才会重视人才，理解人才会发现并使用人才。因此，尊重人和理解人是搞好管理的先决条件，是人性化管理最主要的手段。

一要尊重教师人格，给教师心理带来一种平等感。在工作中，绝不能用"你必须这样做！""我要求你照办！""我命令你执行！"等方式要求教师。在工作检查时也要注意方式方法，要从了解"工作完成怎么样了？是否还有什么困难？""还需要学校做什么吗？"等关心的角度去落实。检查完成情况，也不能用"怎么还没完成？""必须马上完成！""这点儿事都做不来，还能做什么？"等大伤教师自尊心的说法。在总结工作成绩时，要多看优点，大力表扬，广泛宣传；对缺点和不足要说现象，背后交流，一般不能当众点名批评。有的工作即使没完成甚至做错了，也要给予理解，帮助教师找出错误原因，耐心指导工作方式。

二要一视同仁，给教师心理带来一种公平感，满足教师心理的高级需要。在此不再赘述。

三要注重情感交流，营造一种和谐的环境氛围。在管理中坚持做好沟通与交流，要深入了解工作情况，多方听取意见建议，充分体现教师主体地位，有效增进彼此的尊重和理解。现在，学校关心教师、教师热爱学生、学生尊敬教师、教师支持领导的融洽氛围已成为我校最好的教育资源。

另外，学校在教师的提职、晋升、分配、奖励等方面也要做到合理规划，科学分析，既要给广大教师适度的期望，又要充分考虑实现的可能性，尽量使期望值和实现值之间趋于平衡。

第二，激励与约束

激励可以使人有更远大的目标，并为实现目标不懈努力；约束能使人按要求去做，不放纵自己，不犯错误或少犯错误。好的学校管理一定是在约束的同时从激励着手，力求把有形约束化为无形约束，寓约束于激励之中。

在日常教学管理中，学校追求以人为本、依法治校、人性管理、情理并重的管理理念。在情感上给老师们送一份温暖，献一份爱心，给一份关怀；在成长中采取切实可行的教师培养方案提升广大教师的政治、业务、科研水平。面对荣誉，学校注重适度激励，正面引导，对取得优异成绩的教师及时给予精神上和物质上的奖励。在工作上，学校能够充分信任教师的主动性和积极性，广大教师既能激情满怀地放手工作，也能取得优异成绩。

此外，学校能够真正爱护教师，设身处地考虑教师在工作、学习、生活上的实际困难，随时注意调节各方面的关系，为广大教师解决一切后顾之忧。

第三，严格与宽松

制度的严格与环境的宽松并不矛盾。一个单位没有严格的规章制度，就不能规范管理；只有严格的规章制度，又显得过于冰冷，太没有人情味。只有做到制度与情感的和谐统一，才能达到人性化管理的最高境界。

在学校管理中做到宽严有度并不容易，执行制度时既要考虑制度的严肃性，又要考虑教师的实际需求，特别是在关乎教师切身利益的问题上，只要条件允许就可以适度宽松执行。比如，学校现在推行的灵活坐班制度，婚假、产假、丧假等请假时间可以视教师实际情况弹性处理的规定，都是在充分信任和体谅教师的基础上，把休息权和休假权还给教师的具体体现，也是学校对教师真正的人文关怀。

在学校管理中还要做到奖罚分明。学校的规章制度是考核的基础，考核是奖惩的依据，考核和奖惩又是法治管理的保证。有赏无罚或有罚无赏在管理上都是不科学的，赏罚分明是法治管理中巨大的管理力量。但实施奖惩时必须慎重，特别是对于受过处罚的教师，切不可一棍子打死，还要适时发现其闪光点，并抓住时机予以肯定，使消极因素尽可能转化为积极因素。

在管理过程中，有时宽容比奖励更有效，如那些勤勤恳恳、认真工作的教师偶尔有一次过失，若能视而不见或微微一笑要比当面指责更有积极作用和管理力量。即便有教师行为出现明显偏颇，管理者也要有礼让三分的君子风度和"猝然临之而不惊，无故加之而不怒"的高尚修养，这种风度和修养都是最好的管理资源。

总之，学校人性化管理是多方面的，需要在探索和实践中不断提高和完善。一所学校要想长足发展，也必然追求人性化管理的良好状态，进而达到"无管理"的最高境界。

（四）愿景清晰

"五步助学法"课堂教学改革为商河县清华园学校的长远发展奠定了坚实的基础。学校不仅明晰了发展目标，还形成了自己特有的办学气质。

学校将全面贯彻"以人为本，平等民主"的办学思想；认真落实"全员育人，自主管理"的教育理念；积极构建"学生自主发展，教师助力成长"的课堂模式；努力培养会学习，会创新，会共处，会生活，德智体美劳全面发展的社会主义接班人。

第一，学校目标

1. 营造快乐、健康的学习环境；

2. 培养尊重、和谐的校园文化；

3. 追求卓越、创新的教育品质；

4. 启迪差异、多元的教育智慧；

5. 保护别样、率性的个性发展。

第二，学校气质

教师：树儒雅之风，积教师之魂。以爱为源，润泽生命；以智为根，因材施教。为学生终身发展负责，为学生一生幸福奠基。于求真务实中体会育人的快乐，于平和心态中寻找教师的幸福。

学生：以德为魂，学会做人；以能为本，学会自强。追求进步，让成长成为常态；追求卓越，让优秀成为习惯。劳逸结合，让学习变得轻松；乐观向上，让生活变得明媚；挑战自我，让人生变得精彩。

学校：使命呼唤担当，梦想照亮未来。顺应历史潮流，不负伟大时代。携手并进，谱写生命故事；秉持使命，挥洒家国情怀！

第三，学校规划

1. 校园硬件提升：

（1）学校硬件建设应更趋于现代化和国际化，如在小广场、花坛、路边增加具有学术文化气息的雕塑。

（2）可整体规划建设文化长廊，做艺术墙，力争使整个校园文化主题鲜明、和谐统一。

（3）完善教室、办公室、教研室配置，增设学生书柜，扩大办公区域，配置展示型电脑，提高电脑配置并定期维护维修多媒体等电子设施。

（4）参照省标2017Ⅲ标准建设使用面积10580平方米的科艺综合楼，将科学技术、艺术人文、体育健康、创新制作、语言思维、会议就餐及休闲健身等功能设施配套齐全，整体设计。科学技术设施包括课程中心（STEAM课程及STEAM综合高阶）和科创工坊（动漫制作、电脑编程、机器人、无人机、航空航天、全脑思维开发等）；艺术人文设施包括戏剧表演中心、琴棋书画专用设施、茶艺及服装设计中心等；体育健康设施包括情绪管理、室内攀岩、击剑、跆拳道、健美操、棋艺魔方等配套设施；创新制作设施包括西点烘焙、手工折纸、绘本教学、面塑泥塑、乐趣烹饪等配套设施；语言思维设施包括英语短剧表演及快乐英语、播音主持及少儿口才、日语口语等配套设施；会议就餐及休闲健身设施包括校史馆、阅览室、多功能会议中心、室内游泳池及辅房、水吧（咖啡、茶、饮料）、健身房、卡拉OK厅、台球室等。

（5）完善后勤保障，扩大宿舍、餐厅有效使用面积，配置一流的安全设施及配套设施；按照省标2017Ⅲ标准建设使用面积2299平方米的停车场和3360平方米的教师公寓。

2. 校园软件提升：

（1）扩大学校网站与教学发展网站的服务器存储空间。

（2）成立信息交流中心，整合校刊编辑、校园广播、文学社等资源宣传学校教育教学理念及办学理念；拍摄校园宣传片，创办《清华园校报》，出版系列图书。

（3）成立科创交流中心，实现教育科研与现代科学技术的全面融合，积极推进"五步助学法"课堂模式的大面积推广。

（4）完善课程设置，按照国家课程标准开齐开足音乐、美术、体育等课程，培养学生的想象力，提升学生的艺术修养，增强学生的体质。将科艺课变为常态，让学生能够学有所得，学有所长。

（5）制定以人为本、科学公正的考评制度，对教师的考评可以依据班级成绩变化、日常备课态度及质量、师德师风等方面综合考量；进一步完善学校的用人制度和晋升制度，使之更人性化和科学化。

3.师资力量提升：

（1）给教师发展空间。为教师提供学习培训的机会，鼓励教师参加赛课、优课等活动，并予以相应的奖励。

（2）给教师安全感。解决教师的后顾之忧，让优秀教师能够全心全意与学校共同发展，如每年申请编制名额给予考核优秀的教师编制，与工作达十年或二十年以上的教师签订终身合同等。

（3）给教师归属感。通过举办集体婚礼或联谊活动为年轻教师解决婚姻及恋爱问题，建设教师公寓解决年轻教师的居住问题，给予工作突出的优秀教师和在本校工作十年以上的教师高档公寓永久居住权（两室一厅及以上），解决广大教师的后顾之忧。

（4）逐步提高教师待遇。随着学校的发展，教师的绩效工资也相应提高，如按照二三线城市当前标准课时费10元、超课时费20元每节发放；将班主任待遇参照其他私立学校，小学各年级提升到平均1200元每月，中学各年级提升到平均1500元每月。还要按工作年限逐步提高补助水平，如3年以上增加补助500元，5年以上增加1000元，10年以上增加2000元等。

（5）改善工作环境，引进优秀教师。为优秀教师配备专业教学工具和办公用具，全面实现教学现代化、信息化和国际化。高薪引进优秀教师、特长教师、外籍教师，为优秀教师带领教师团队发展、带领优秀学生参加国内及国际高端竞赛提供平台。

4.学生质量提升：

（1）选出有学习潜力、体育潜力、艺术潜力的学生单独设置更高端的课程方案，进行培优辅导，实现追求卓越的目标要求。

（2）在教育公平的大背景下不断提高入学门槛，在本校小学就读的学生可以不参加摇号直接升入初中部就读。

（3）进行小班化教学，任课教师能够全面关注每一个学生。

（4）增进国际交流，为有条件的学生开拓国际视野提供平台。

目前，商河县清华园学校发展态势良好，人心思上，愿景清晰：追求卓越、争优创先的信念已成燎原之势；抢抓机遇、迈向高端的目标已成各方共识。学校已确立文化立校、民主治校、学术兴校、开放办学的发展策略，已建立基础课程、拓展课程与潜能课程相融合的课程结构。在大力推行"五步助学法"课堂教学改革的同时，学校积极引进STEAM课程，努力探索出了一条既符合时代要求，又符合学生成长规律的新型育人模式。

（五）口碑四溢

"五步助学法"课堂模式不仅助力教师快速成长，助力学生素质全面提高，还能大面积提高教育教学质量，切实带来学校教学成绩的大幅提升。

具体说来，"五步助学法"课堂真正把学生当成学习的主人，充分唤醒了学生自我改变和主动发展的主体意识。学生在课堂上既能像竞赛和考试那样高效地看书、练习、更正、讨论，又能及时准确地反馈学习信息，发现学习疑惑，解决学习问题。一般而言，多数学生能够当堂完成学习任务和作业任务，他们在"自学深思"与"小组互学"时遇到的问题能够通过"教师助学"及时更正和解决，也能通过"自主检测"进行巩固和强化，能够做到"堂堂清，日日清"。教师课后及时批改"助学训练"，对存在的问题迅速指导学生订正并进行必要的个别辅导，做到"今日事，今日毕"。

在"五步助学法"课堂上，学生既锻炼了思维能力，又掌握了学习方法；既养成了自主意识，又培养了质疑精神。他们不仅学知识、会动手、勤动脑，还要会做事、能生存、懂得与别人合作共赢。这样的课堂既能面向全体，因材施教，又能培优补差，助力成长。不放弃每一个学生，不让任何一个学生掉队，追求所有学生都能通过自主学习获得自我发展，力争在课堂上真正实现教育公平等理念，都是"五步助学法"课堂教学改革的整体诉求。

"五步助学法"课堂模式在商河县清华园学校全面推广后，学校的课堂面貌焕然一新，课堂效率大幅提高，教学成绩全面提升。课堂教学改革进行了一个学期，小学四、五、六三个年级就率先突破，达到了区域内最佳水平；初中的七、八两个年级也奋起直追，接近了区域内最好成绩。到了第二学期，小学各年级进一步拉大了和第二名的距离；七年级又取得了区域最好成绩，八、九两个年级也紧紧跟上。这看得见摸得着的成绩使学生们彻底信服，使老师们积极拥护，使同行们羡慕不已，使家长们交口称赞。

一次次成绩的飞跃彻底扭转了人们对新建民办学校的不解、疑虑、非议、责难，也彻底改变了学校招生难的心酸历史。从2020年秋季开始，不管是小学还是初中，都出现了一位难求的良好局面。学校即使调动所有能调动的资源扩大教室、宿舍、餐厅的容纳规模，也无法满足家长和学生们青睐商河县清华园学校的热切需求。

"五步助学法"课堂教学改革的丰硕成果还引起了各方关注，商河县教学研究室积极指导"常态课展示第三季暨'五步助学法'工作室年会"的筹备工作，准备通过这次活动向全县推广课堂教学改革的成功经验。济南市教研院在2021年初中学考调研时，商河县清华园学校的九个学科分别准备了一节观摩课。座谈时，市教研院各学科教研员对任课教师先进的教学理念和学生精彩的课堂展示给予了高度评价，对商河县清华园学校的"五步助学法"课堂教学改革给予了充分认可，并拟定在下学期初通过现场会向济南市各初中学校推广这一课改成果。

《齐鲁晚报·齐鲁壹点》栏目于2020年12月31日对商河县清华园学校的课堂教学改革做了专题报道。报道中称"五步助学法"是探索符合时代要求与学生成长规律的新型育人模式,它不仅有效解决了学生成长中的两大痼疾,还彻底担负起培养新时代少年的伟大使命;称赞灵动高效的"五步助学法"课堂和"全员育人,自主管理"的德育教育都充分体现了新课改理念,具有极高的推广价值。

《济南教育》在2020年第8期也曾对商河县清华园学校"五步助学法"课堂教学改革及"五步助学法"工作室做了专题介绍。我和郑孝妮、朱金兰的论文《"五步助学法"课堂改革研究与实践》《"五步助学法"初中数学课例解析》《"五步助学法"初中语文课例解析》同时发表在本期刊物上。这是"五步助学法"课堂教学改革带动学校长足发展、助力教师专业成长最有力的见证。